교양을 위한 스피치

**교양을
위한
스피치**

초판인쇄 2017년 6월 1일
초판발행 2017년 6월 1일

지 은 이 김규현

펴 낸 곳 이모션미디어
주   소 서울시 중구 퇴계로41길 39, 3층 302호(정암프라자)
등   록 2016년 10월 1일 제571-92-00230호
전   화 02)2263-6414 | 팩스 02)2268-9481
이 메 일 emotion-books@naver.com
홈페이지 www.emotionbooks.co.kr

ISBN 979-11-88145-08-9
값 14,000원

*이모션미디어는 이모션북스의 임프린트브랜드입니다.

이 도서의 국립중앙도서관 출판예정도서목록(CIP)은 서지정보유통지원시스템 홈페이지
(http://seoji.nl.go.kr)와 국가자료공동목록시스템(http://www.nl.go.kr/kolisnet)에서 이용하실 수
있습니다. (CIP제어번호 : CIP2017011620)

이 책은 저작권법으로 보호받는 저작물입니다.
이 책의 내용을 전부 또는 일부를 무단으로 전재하거나 복제할 수 없습니다.
파본이나 잘못된 책은 바꿔드립니다.

화술, 설득, 대화, 면접, 발표 등 현대인이 꼭 알아야할 스피치 종합필독서

교양을 위한 스피치

이모션 미디어

머리말

왜 말을 잘해야 하는가?

지금은 '스피치의 시대'이다.

'말'의 시대다.

집에서도 직장에서도 우리는 끊임없이 말을 한다.

어떤 사람은 첫인상이 좋았어도 말을 했을 때, 용두사미의 경우를 볼 수 있고,
어떤 사람은 인상이 좋지 않았어도 대화를 하면서 호감으로 바뀌는 사람이 있다.

이것이 '말의 힘'이다.

비호감을 호감으로 만들고, 말 하나로 많은 연봉을 받고, 말 하나로 대통령이 될 수 있는
그야말로 '말의 시대'를 살고 있다.

어렸을 때부터 우리는 말에 대한 스트레스에 시달린다. 우리는 자신의 감정을 주체적으로 표현하는 것이 아니라 타인의 시선에 의한 의식적 감정을 표현하는데 익숙해져 있기 때문에 자신의 의견이나 생각을 주체적으로 설명하는데 어색한 부분이 많다. 그리고 주입식 교육으로 인해 토론이나 토의에 있어 논리적으로 자신의 생각을 주도적으로 설득하는데도 어색하다.

또한, 우리는 많은 사람들 앞에서 지나친 의식으로 인해 긴장을 하는 경우도 많다. 단적인 예로 외국의 법정드라마를 보면 검사나 변호사가 자신의 생각을 논리적으로 때로는 감성적으로 자연스럽게 화술과 제스처와 같은 비언어를 활용해서 설득하는 경우를 많이 볼 수 있다. 하지만 우리는 어렸을 때부터 스피치가 얼마나 중요한지는 잘 알고 있지만, 한국인의 특성인 지나친 긴장과 엄숙한 문화로 인해 학교에서도 직장에서도 늘 우리는 말에 대한 스트레스를 가지고 있다.

특히나 면접과 같은 공적인 자리에서는 말의 영향력이 막대할 수 있다.

유명한 일화 중에, 모 아나운서가 최종면접에서 "자네는 만약 떨어지면 어떡할 거지?"라고
물었더니 "저 같은 유능한 인재를 떨어뜨린다면 후회하실 텐데요."라고 웃음을 지으며
말하자 그녀의 당당함에 모두들 웃음을 지었고, 결국 최종면접에서 합격을 했다.

말은 곧 그 사람의 품격과 능력이다.

말을 잘하게 되면, 최소비용으로 최대효과를 얻을 수 있고, 경제적인 가치가 충분한 메리트를 얻을 수 있다.

비단, 경제적 효과뿐만 아니라 주위에 늘 사람이 많게 되는 즉, 인맥의 인프라를 구성할 수 있는 엄청난
효과를 얻을 수 있다.

이 책은 말을 주체적으로 잘 할 수 있는 실질적인 방법을 제시한다.

어휘력과 표현력과 논리를 기반으로 해서 자기소개, 면접, 프레젠테이션, 소통, 토의, 토론, 강의, 사회,
회의 등 스피치에 관한 모든 방법을 제시한다.

또한 단순히 책을 읽는 것이 아니라 직접적인 훈련을 하면서 말을 잘 하는 방법을 제시해 주는 책이다.

책을 다 읽고 난 후 하루하루의 일상이 행복해 지고 사람들을 대면하는 것이 즐거워졌으면 하는 바람이다.

- 2017년 봄 어느 날... 김규현 -

차례

Contents

Part 1

실전 스피치 ···5

1강. 스토리텔링
1. 도입부 2. 본론 3. 마무리 4. 스토리텔링 유형

2강. 실전스피치 훈련
1. 발음,억양 2. 소리 3. 화술 4. 호흡 5. 감정 6. 제스처 7. 논리 8. 다양한 표현 9. 유머 10. 속담 활용 11. 명언 활용 12. 사자성어 활용 13. 에피소드활용 14. 비유활용

3강. 다양한 스피치방법
1. 자기소개 2. 소통의 방법 3. 토의, 토론 4. 프레젠테이션 5. 면접 6. 강의 스피치 7. 사회진행 8. 앉아서 말하기 9. 서서 말하기 10. 회의진행 11. 3분 스피치

Part 2

마음을 움직이는 대화 ···107

1. 대화 시 주의할 점 2. 부탁할 때 3. 거절할 때 4. 싫은 말을 해야 할 때 5. 강하게 말을 해야 할 때 6. 거짓말을 해야 할 때 7. 사과할 때 8. 용서할 때 9. 충고할 때 10. 칭찬할 때 11. 약속을 어겨야 할 때 12. 협상할 때

Part **3**

감성 프레젠테이션 ·· 129

1강. 프레젠테이션 구성
1. 핵심키워드 2. PPT 스토리텔링 방법 3. PPT 유의할 점 4. 다양한 PPT 스토리텔링

2강. 프레젠테이션 발표
1. 발표자가 대통령 2. 신뢰를 주는 소리와 표정 3. 청중을 집중시키는 시선 4. 매력적 화법 5. 예술적 제스처 6. 인상적인 오프닝과 클로징 7. 다양한 프레젠테이션 방법 8. 감동적인 프레젠테이션

Part **4**

실전 면접 ·· 179
1. 자기소개서 2. 인성면접 3. 실무면접 4. PT면접 5. 토론면접 6. 압박면접

Part 1

실전스피치

1강. 스토리텔링
1. 도입부 2. 본론 3. 마무리 4. 스토리텔링 유형

2강. 실전스피치 훈련
1. 발음,억양 2. 소리 3. 화술 4. 호흡 5. 감정 6. 제스처 7. 논리 8. 다양한 표현 9. 유머 10. 속담 활용 11. 명언 활용 12. 사자성어 활용 13. 에피소드 활용 14. 비유활용

3강. 다양한 스피치방법
1. 자기소개 2. 소통의 방법 3. 토의, 토론 4. 프레젠테이션 5. 면접 6. 강의 스피치 7. 사회진행 8. 앉아서 말하기 9. 서서 말하기 10. 회의진행 11. 3분 스피치

Part 1 실전 스피치

1강 스토리텔링

1 도입부

스토리텔링이란 소위 스피치를 할 때의 이야기구성을 말한다.
건물로 말하자면 뼈대에 해당하는 역할을 한다. 아무리 건물이 겉모습이 좋다고 해도 뼈대가 튼튼하지 않다면 허울만 좋은 건물이다.

스토리텔링은 도입부, 본론, 마무리로 나눌 수 있다.

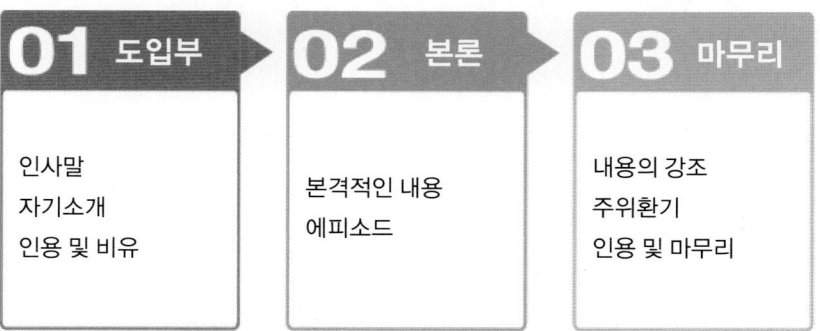

도입부는 말의 시작 부분이다. 스피치의 주제가 '긍정의 힘'이라고 했을 때, 긍정의 힘이라는 주제를 이끌어 나갈 때, 도입부는 첫 단추에 해당할 수 있다.

도입부를 세울 때, 인용이나 속담 또는 에피소드 등의 방법을 통해 청중을 솔깃하게 만드는 것은 매우 중요하다.

첫 시작에 있어 흥미를 끌지 못한다면, 본론 결론을 이끌어 나가는 과정이 더 힘들 수밖에 없다.
먼저 명언으로 도입부를 만드는 방법은 다음과 같다.

예컨대, 탈무드에서 "행복한가 행복하지 않은가는 자기 마음에 달려있다고 했습니다." 또는 "'배우지 않으면, 곧 늙고 쇠해진다.' 라는 말이 있습니다." 라고 도입부를 시작한다면 충분히 흥미를 유발할 수가 있다.

속담의 경우는 "미꾸라지 한 마리가 물을 흐립니다. 오늘 저는 할인마트에 갔는데 거기서 진상 손님을 봤습니다." 등의 표현이다.

사자성어의 경우 "'과유불급' 제가 재테크를 배우면서 느꼈던 말입니다. 몇 번의 투자실패를 통해 지나친 것은 오히려 부족한 것보다 못하다는 것을 깨달았습니다." 등의 표현이다.

에피소드도 마찬가지이다. "어렸을 때 저는 부정적인 생각을 많이 하는 아이였습니다. 그런데 어느 날 차에 치일 뻔했는데, 한 지나가는 어른의 도움으로 구사일생을 했습니다. 그 이후 저는 제가 살아있는 것에 기쁨을 느끼기 시작했고, 지금의 긍정적인 생각을 하는데 매우 많은 도움을 받았습니다." 등의 일화를 통한 서론구성 방법이다.

이번에는 '칭찬'이라는 주제를 가지고 스토리텔링 도입부를 만들어 보자.

먼저 명언이나 격언을 활용해서 "칭찬은 고래도 춤추게 합니다." 라고 이야기를 시작하면서 주위를 환기하는 방법이 있다.
또한 "오늘 아침 아내에게 헤어스타일이 너무 예쁘다고 칭찬을 하자 갑자기 안 하던 애교를 부리는 모습을 보고 '칭찬이 정말 중요하구나.' 라는 것을 깨달았습니다." 라고 에피소드로서 말의 물꼬를 틀 수도 있다. 그리고 "여러분들은 하루에 몇 번이나 칭찬을 하세요?" 라고 주위를 환기시키는 방법도 있다. 그렇게 되면 청중들은 화자의 말에 관심을 갖게 되고, '저 사람이 지금 무슨 얘길 하려고 하지?' 라고 궁금함을 갖게 된다.

따라서 도입부를 어떻게 꺼내는가는 매우 중요한 부분이다.

다만 격언이나 에피소드, 속담을 반드시 고집할 필요는 없다.
때로는 무난한 도입부를 통해 본론과 마무리를 오히려 강조를 할 수도 있기 때문이다.

가령 "사람들은 왜 행복을 추구하려 할까요?"라고 주위를 환기시키는 도입부도 있고,

처음 강단에 서자마자 침묵을 한 5초 동안 보여주면서, 주위를 환기시키는 방법도 있다.

어떤 것이 옳고 어떤 것이 틀린 것은 없다.

다만 적재적소에 상황에 맞는 도입부를 이끄는 것이 좋은 방법이다.

2 본문

도입부에서 인용이나 속담, 에피소드로 흥미를 유발했다면, 본론 부분에 있어서는 본격적으로 이야기를 풀어나가야 한다.
'행복'이라는 주제를 가지고 도입부에 인용을 사용했다면, 화자의 에피소드, 주장 또는 예시를 하고 이야기를 전개해야 한다.

가령, "행복은 우리 인생에 매우 중요합니다."라는 주제를 갖고 도입부에서 "만약 우리가 행복하지 않다면 과연 인생에 어떤 의미가 있을까요?"라는 질문을 통해 도입부를 이끌었다면, "제가 어렸을 때 집안이 매우 어려웠습니다. 그래도 우리 가족은 서로 똘똘 뭉쳐 가난했지만, 더 행복할 수 있었죠."라는 자신의 에피소드를 얘기하는 방법이다.

또한, 비교나 분석의 방법도 있다. "행복과 불행은 공통점과 차이점이 있습니다. 공통점은 감정에 대한 부분이고요. 차이점은 한쪽은 긍정적인 마음에서 비롯되고 다른 한쪽은 부정적인 마음에서 생긴다는 점입니다."라는 비교와 대조의 전개방식이다.

의견제시와 주장의 방법도 있다.

"행복이라는 것은 마치 신기루와 같습니다. 실제로 신기루는 존재하지 않지만, 인생이라는 사막에서 그것을 얻으려 갈구하듯이 행복이라는 것도 우리의 마음속에 있을 뿐입니다. 그러한 감정을 얻기 위해 현실이 고통스러워도 참고 견딜 수가 있는 것이죠."

구체적 예시나 진술은 좋은 본론의 방법 중 하나이다.

예를 들어 '사랑'이라는 주제를 가지고 얘기할 때, 도입부에서 "사랑은 부모와 자식 간의 사랑, 선생님과 제자 사이의 사랑, 국가와 국민 간의 사랑, 연인 간의 사랑 등 수많은 종류의 사랑이 있을 수 있습니다"라고 사랑의 종류나 정의에 대해 얘기를 했다면 본론은 말하고자 하는 사랑의 방식이나 사랑에 대한 내용을 구체적으로 이끌어 가야 한다.

가령 "연인의 사랑은 전에 열거한 사랑과는 다른 무언가가 있습니다. 혈육관계의 무조건적인 사랑과는 달리 심장을 뛰게 만들고 온종일 그 사람만 생각하게 만드는 그런 사랑입니다. 제가 경험한 연인 간의 사랑은 친구 같은 편안한 사랑이 아니라, 교통사고처럼 피할 수도 없고 후유증도 오래간 그런 사랑이었습니다. 중략." 등으로 예시를 통한 구체적 전개를 할 수 있다.

이때 주의할 점은, 말의 반복이 없어야 하고, 도입부에서 나온 것을 지루하게 나열식으로 얘기하지 말아야 한다는 것이다.

지루한 전개나 표현은 청중을 잠 속으로 빠져들게 하는 지름길이다.
따라서 도입부에 부합되도록 본격적인 주장이나 예시 또는 에피소드를 통해 매력적인 전개를 해나가는 것이 본론의 역할이라 할 수 있다.

본론은 스피치의 형태에 따라 달라질 수 있다. 면접, 자기소개, 강의, 프레젠테이션, 발표 등 다양한 형태의 스피치가 있기 때문에 '반드시 본론을 이렇게 구성해야 한다.'는 정답은 없다.

가령, 프레젠테이션이나 발표의 경우 사실적인 근거를 바탕으로 예시나 비교, 대조 등의 방법을 쓰는 것이 논리적이다.

예를 들어, 프레젠테이션을 할 때, "우리나라의 선진국 도약을 방해하는 요인은 바로 '소통의 부재'라고 생각합니다. 세대 간의 격차, 지역 간의 격차, 남녀 간의 생각 격차 등 우리는 수많은 '격차의 시대'를 살고 있습니다. 00리서치에 의하면 노년층과 청년층을 비교했을 때 서로의 세대를 공감할 수 있느냐의 질문에 70% 이상이 이해가 가지 않는다고 얘기했습니다. 이러한 문제는 우리나라의 발전을 퇴보시킬 수 있는 원인이 됩니다."라고 사실적인 근거를 토대로 말하는 것이다.

자기소개, 강의, 사회진행 등은 본론을 얘기하면서 딱딱하지 않게, 적절히 유머 비유를 통해 다양한 재미거리를 주는 것이 중요하다.

가령 자기소개를 할 때 "사실 전 어려서부터 긍정적인 것은 아니었습니다. 늘 친구들한테 소외되었고, 가장자리에서 혼자 놀기를 좋아했습니다. 그래서 친구를 사귀려고 시도해도 잘 되지 않아서, 결국 먹을 것으로 매수하기 시작했습니다. 역시 돈 앞에는 장사 없더군요." 등의 재미를 곁들여 흥미를 유발하는 것도 좋은 방법이다.

중요한 것은 '재미와 감동'이다.

그리고 상황에 따라 어떤 것을 얘기할지, 어떤 부분에 초점을 맞추어야 할지를 생각을 하면서 스토리텔링을 구성하는 것이 중요하다.

하지만 '과유불급'이라는 말이 있듯이, 감동도 너무 지나치면 오히려 역효과를 낳을 수도 있고, 재미도 지나치게 되면 오히려 가벼워 질 수 있다는 것을 유념하라.

3 마무리

이제 스토리텔링의 마지막 결론 부분에 대해 얘기할 것이다.
서론, 본론에서 이야기를 잘 끌어갔다면, 결론 부분에서는 그것에 대한 강조와 정리를 하는 것이 중요하다.

"사랑"이라는 주제를 갖고 도입부에서는 격언을 본론에서는 에피소드로 이끌어 나갔다면, 결론은 도입부를 한 번 더 강조해 "그래서 사랑은 아름다운 것입니다." 또는 "여러분도 예쁜 사랑을 하세요." 아니면 "저도 이제부터는 사랑을 찾겠습니다." 라고 강조와 부연설명을 하는 것이다.

이때 중요한 점은 서론과 본론의 취지에 어긋나는 즉, 다른 방향의 이야기를 해서는 안 된다는 점이다.

그러면 실컷 도입부, 본론에서 얘기했던 것들이 모두 물거품이 되어 오히려 청중들을 헷갈리게 하게 된다.

가령, '행복'에 대해 서론과 본론에서 여러 가지 명언이나 에피소드를 통해 청중들을 집중시켰는데, 갑자기 결론에서 "우리는 과연 행복해야 할까요?"라고 상황에 맞지 않는 반문을 하거나, "그래서 우리는 돈을 벌어야 합니다."라고 얘기하면서 앞에서 얘기했던 것과는 조금은 어이없는 이야기로 마무리 한다면, 청중들은 혼란을 겪게 될 수 있다.

결론 부분에서 주위를 환기시키나 자신의 주장을 내세우는 것도 좋은 방법이다.

'행복'이라는 주제로 서론, 본론을 이끈 후 결론부분에서 "여러분들은 과연 행복하십니까?"라고 되묻는다면 청중들은 곰곰이 생각해 볼 수 있는 좋은 고민거리를 갖게 될 것이다.
또는 "행복이라는 것이 무엇일까요? 우리가 한 번 더 생각해 본다면 행복을 만드는 것도 불행을 느끼는 것도 어쩌면 우리 자신의 문제라고 생각합니다. 동상이몽이라는 말이 있듯이 시각에 따라서 그것을 느끼는 방향이 다르다는 것이죠. 그래서 '행복은 우리가 느끼기 나름이다.'라고 말씀드릴 수 있습니다."라는 자신의 주장을 펼치는 것이다.

또는 여러 가지 통계나 자료를 요약함으로써 자신의 생각을 일목요연하게 정리를 하는 것도 하나의 좋은 스토리텔링 결론 방법이다.

예를 들어, '기초생활 수급노인'에 대한 도입부, 본론을 거쳐 얘기를 하면서 "통계청에 의하면 우리나라 기초생활 수급노인이 현재에 40만 명에 육박하고 있습니다. 이는 심각한 사회문제를 야기할 수 있습니다. 정부, 시민단체를 비롯해 이것은 우리 모두의 문제라고 생각하며 함께 머리를 모아 해결책을 반드시 찾아야 합니다." 등의 결론방식이다.

마지막으로 사자성어나 명언으로 마무리하는 것도 또 다른 방법이다.

예를 들어, '나눔'에 대한 얘기를 한참 하고나서, "백지장도 맞들면 낫습니다." 또는 "십시일반의 중요성을 새삼 느끼게 됩니다." 등의 명언이나 속담 등으로 요약하면 쏙쏙 귀에 들어올 수 있다.

또는 '친구'에 대한 얘기의 마무리로써 "오래된 친구는 숙성된 와인과 같습니다." 또는 "인생에 있어 진실한 친구가 한 명만 있어도 성공한 인생이라 할 수 있습니다."

따라서 그러한 인상적이고 매력적인 전개를 하려면, 다양한 경험과 책을 통해 배경지식을 풍부하게 만드는 것이 무엇보다 중요하다.

그리고 상황에 맞게 청중들에 맞게끔 적합한 결론을 얘기하는 것도 좋은 스토리텔링의 방법이다.

4 스토리텔리 유형

스토리텔링은 핵심적으로 6가지로 분류할 수 있다.

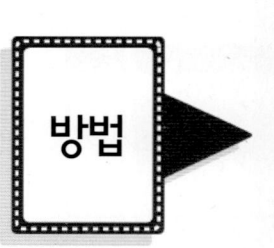

1. 전제 - 구체적 전개 - 결론 (A-B-C)
2. 공감대 - 에피소드 - 결론 (F-B-C)
3. 낯설게 하기 - 전개 - 결론 (U-B-C)
4. 주위환기 - 전개 - 마무리 (Q-B-C)
5. 문제제기 - 반증 - 결론 (Q-B-C)
6. 결론 - 근거 - 강조 (C-B-C)

스토리텔링은 각각의 상황과 유형에 맞게 전개하는 것이 중요하다. 예를 들어, 면접과 자기소개의 경우는 공감대나 에피소드 유형이 효과적이고 강의나 프레젠테이션의 경우 오프닝에서 낯설게 하기나 문제제기와 같은 유형을 통해 강한 인상을 심어주는 것도 좋은 방법이다.

이제부터는 스토리텔링의 6가지 방식을 하나하나 설명해보자.

A. 첫 번째 유형 : 전제 – 구체적 전개 – 마무리

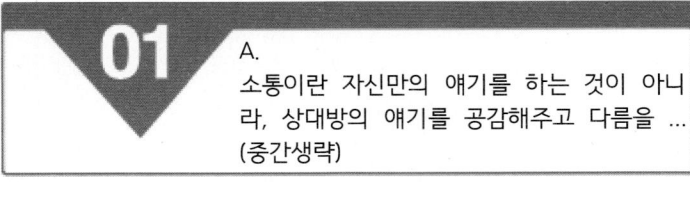

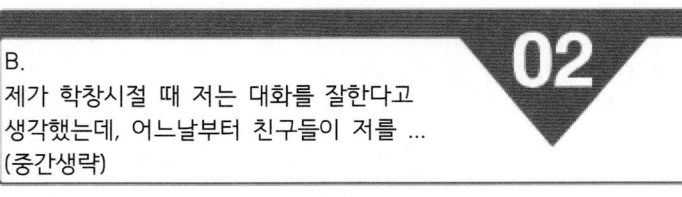

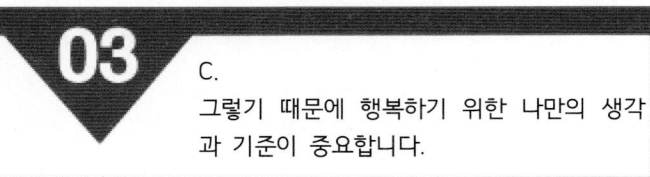

"소통이란 자신만의 얘기를 하는 것이 아니라, 상대방의 얘기를 공감해주고 다름을 인정할 때 생기는 것이라 생각합니다. 제가 학창시절 때 저는 대화를 잘한다고 생각했는데, 어느 날부터 친구들이 저를 기피하는 것을 느꼈습니다. 그래서 한 친구에게 넌지시 그 이유에 대해 물어보니, "넌 너무 일방적으로 너의 얘기만하고 상대방의 얘기를 들어주지 않아."라는 말에 충격을 받고 소통에 대해 다시 한 번 생각을 한 계기가 되었습니다."

이 유형은 어떻게 보면 가장 기본적인 스피치의 형태라고 볼 수 있다. 먼저 전제 부분은 본론에 앞서 이야기를 소개하거나 본론으로 들어가기 전에 먼저 내세우는 이야기로 구성해야 한다. 이때 주의해야 할 점은 자연스럽게 본론과 마무리로 이어질 수 있는 도입부가 되어야 한다는 것이다. 이 형태에서 가장 중요한 것은 일관성이다. 그렇기 때문에 청중에게 자연스럽게 어필할 수 있는 도입부를 생각하는 것이 중요하다. 전제가 마련되었다면 다음은 본론부분이다. 이 유형에서 가장 좋은 본론의 형태는 에피소드이다. 에피소드란 자신의 경험이나 타인의 경험과 예를 통해 전개를 하는 방법인데 청중에게 어필을 하려면 자신의 경험을 사실적으로 묘사나 설명을 하는 것이 좋다.

마무리는 에피소드를 통해 느낀 것을 통해 어떤 것을 느꼈는지를 도입부와 본론에서 얘기한 것을 자연스레 연결해야 한다.

B. 두 번째 유형 : 공감대 형성 - 에피소드 - 마무리

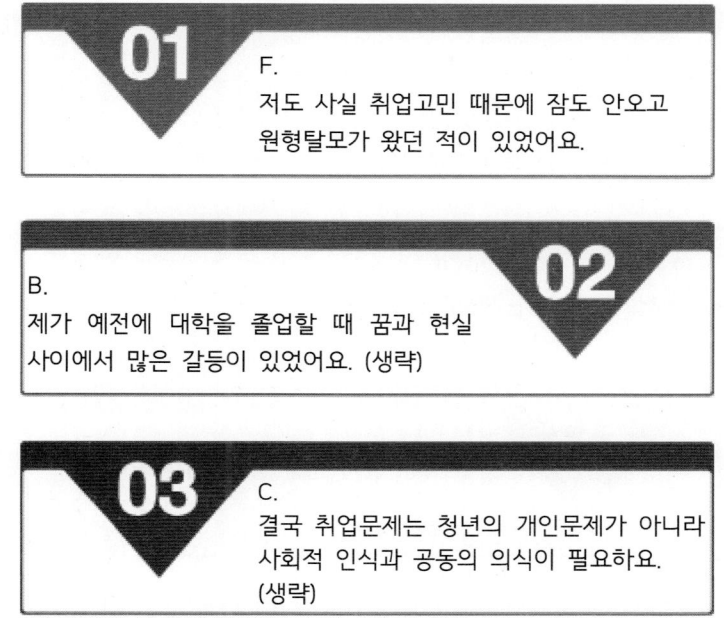

"요새 취업하기가 너무 팍팍합니다. 세상이 너무 각박한 것 같아요. 예전에 비해 청년 취업문제는 점점 더 어두운 것이 현실입니다.'라고 말을 하며 저 역시 그 당시 원형탈모가 올 정도로 심각하게 고민이 많았던 적이 있어서 지금의 문제에 많은 공감이 갑니다. 바로 지금은 '청년 실업시대'라고 불릴 만큼 각박한 시대에 살고 있는 것이죠."라고 얘기하는 것이다.

본론 부분에서는 공감대에 대한 설명이 있어야 한다. 가령, '청년 취업문제'에 대해 전달을 하고자 현실에서 자신이 느낀 에피소드나 설명을 충분히 제시해야 거기에 맞게 상대방이 더욱 공감을 할 수 있다. 즉, 그 이유에 대해 충분한 논리를 갖고 얘기를 해야 한다. 가령, "제가 예전에 대학을 졸업할 때 집이 넉넉하지 않은 형편이었지만 꿈을 찾아서 대학원을 가느냐 아니면 바로 어디라도 취업을 하느냐의 결정 때문에 부모님과도 갈등이 많아졌습니다. 결국은 부모님의 설득으로 바로 제 꿈을 도전한 것이 아니라 그와 비슷한 교육 쪽으로 제 진로를 잠시 변경했었습니다. 그 모든 것이 그때의 경제 불황과 앞이 보이지 않는 암울한 현실을 반영한 결정이었습니다."

결론 부분에서는 도입부와 본론에서 얘기했던 논지의 근거를 가지고 분명한 마무리를 하는 것이 중요하다. '청년 취업의 해결방법'에 대한 얘기를 가지고 도입부에서 공감대를 형성하고 본론에서 그것에 대한 에피소드를 제시했다면 결론에서는 청년 취업문제가 왜 중요한지 그리고 어떠한 해결방안이 필요한지에 대해 보다 인상적인 이야기로써 결론을 짓는 것이다.

이 방법은 친숙한 방법으로 접근함으로써 상대방의 마음을 녹이는 교감을 하거나 공감대를 형성하는데 적합할 수가 있다.

C. 세 번째 유형 : 낯설게 하기 – 전개 – 마무리

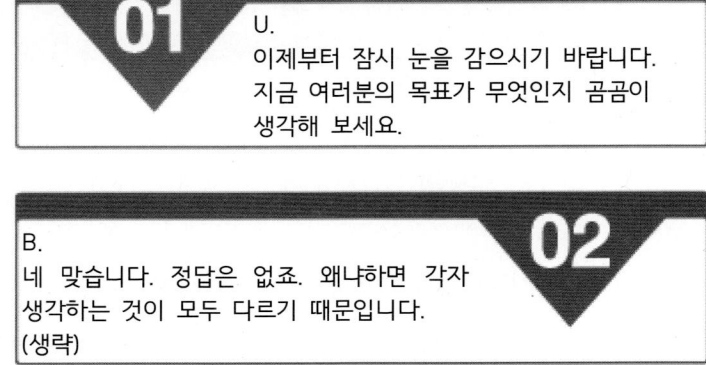

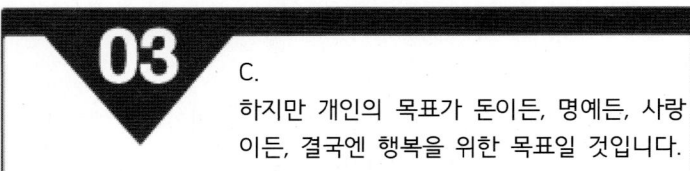

세 번째 유형은 청중에게 질문을 던지거나 궁금증을 유발함으로써 낯설게 하는 방법이다. 이미 청중은 진부하거나 틀에 박힌 스토리텔링에 싫증을 느낄 수 있기 때문에 이러한 방법은 오히려 신선하게 다가갈 수 있다.

먼저 도입부에서 궁금증을 유발하게 한다. 가령, "자, 제가 이제부터 무엇을 설명하려고 하는지 맞춰보세요."라고 말해 청중의 궁금증을 유발하게 한다. 또는 "이제부터 조용히 1분간 아무 말도 하지 마세요."

라고 한다면 청중은 '왜 그럴까?'라고 호기심을 갖게 된다. 즉 도입부에서 이 방법은 청중의 호기심을 충분히 유발할 수 있도록 하는 것이 중요하다.

본론 부분에서는 낯설게 한 부분에 대한 근거 제시나 전개를 해야 한다. 가령, '침묵의 중요성'에 대해 전달을 하고자 청중에게 1분간 말을 하지 말라는 얘기를 했을 때는 그 이유에 대해 충분한 논리를 갖고 얘기를 해야 한다. 가령, "말을 하지 않으니까 답답하죠? 그만큼 말의 소중함을 우리는 잠시 느낀 게 아닐까요?"라는 근거로 주위환기를 했던 이유 또는 낯설게 했던 이유에 대해 전개를 하는 것이다.

결론 부분에서는 도입부와 본론에서 얘기했던 논지의 근거를 가지고 청중에게 인상을 심어줄 만한 마무리를 하는 것이 중요하다. '말의 중요성'에 대한 얘기를 가지고 도입부에서 낯설게 하는 방법을 쓰고 본론에서 그것에 대한 근거를 제시했다면 결론에서는 말이 왜 중요한지 그리고 왜 말이 필요한지에 대해 보다 인상적인 이야기로써 결론을 짓는 것이다.

이 방법은 익숙하지 않은 방법으로 청중에게 접근함으로써 청중에게 새로움과 호기심을 불러일으키는 데 적합할 수가 있다.

D. 네 번째 유형 : 문제제기 – 반증 – 마무리

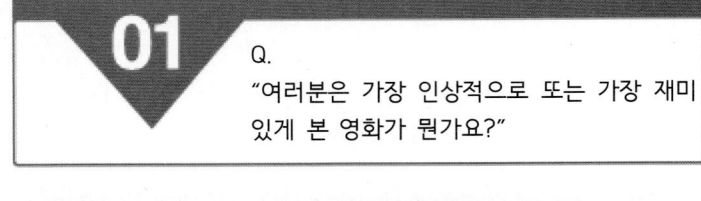

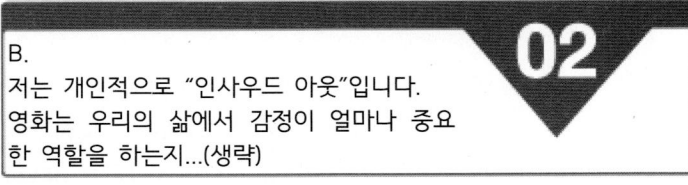

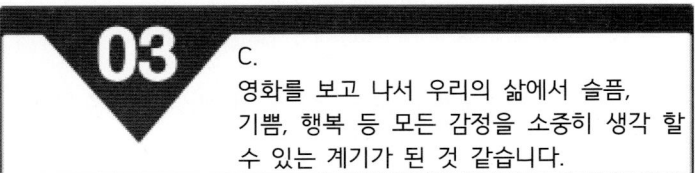

네 번째 유형은 질문을 통해 청중의 관심을 유발하는 방식이다. 즉, 청중이 무엇을 원하는지 그리고 청중이 어떤 것을 생각하는지를 질문을 통해 같이 공감할 수가 있기 때문에 매우 좋은 스토리텔링의 유형이라 할 수 있다.

먼저 도입부에서 질문을 던진다. 주위환기라는 것은 청중에게 질문을 통해 관심을 유발하는 방법이다. 가령, '"여러분은 가장 재미있게 본 영화가 무엇인가요?"라는 질문을 통해 청중의 관심을 유발하거나 청중의 가려운 곳을 긁어줄 수 있다. 이때 중요한 부분은 핵심과 어긋나는 질문이 아니라 주제와 맞는 그리고 청중과 공감할 수 있는 질문이어야 한다는 것이다. 질문이 날카롭지 않거나 청중의 공감을 사지 못하는 경우는 오히려 반감이나 냉랭함을 만들 수도 있다.

본론 부분에서는 질문에 대한 자신의 생각이나 질문에 맞는 답변을 해야 한다. 가령, '가장 재미있게 본 영화.'라는 질문을 도입부에서 했다면 본론에서는 '어떤 영화가 재미가 있었는지 그리고 왜 그 영화를 재미있게 봤는지.'에 대한 분명한 생각이나 의견을 제시해야 한다.

결론 부분에서는 도입부에서 질문에 대한 자신의 생각이나 당위성을 얘기함으로써 청중을 자연스럽게 설득해야 한다. 이때 주의할 점은 도입부 - 본론 - 마무리로 이어지는 질문과 답변이 청중에게 공감을 살 수 있도록 자연스럽게 이어져야 한다는 점이다. 그렇지 않으면 청중의 공감을 얻을 수가 없다.

E. 다섯 번째 유형 : 문제제기 – 반증 – 마무리

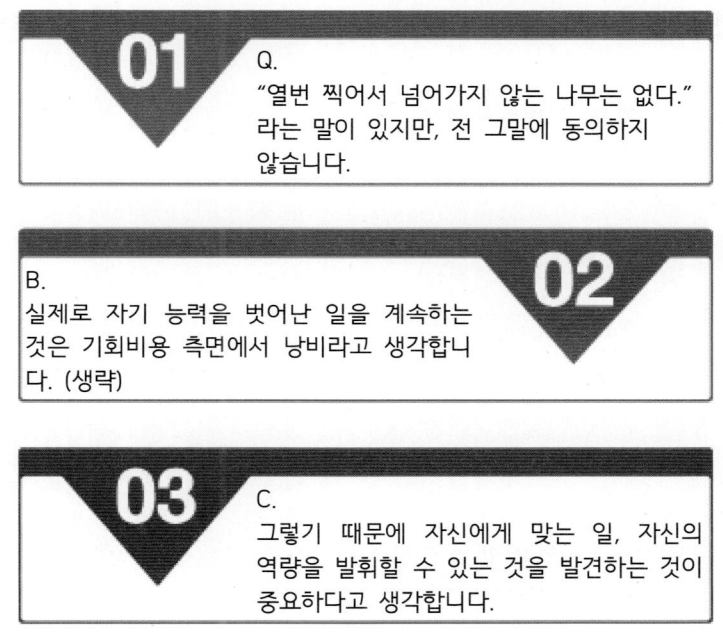

다섯 번째 유형은 어떻게 보면 상당히 자극적일 수가 있다. 그렇기 때문에 청중들이 솔깃할 수도 있지만 자칫 직설적이거나 도전적으로 보일 수가 있기 때문에 그러한 점을 유념해야 한다. 또한 이 유형은 촌철살인과 같은 스토리전개가 필요하다. 즉 처음에는 청중의 호기심을 자극할만한 문제제기를 해야 하고 본론과 결론으로 갈수록 그 긴장을 완화시켜 청중을 내 편으로 만드는 방법이다.

먼저 도입부에서 문제제기를 한다. 문제제기라는 것은 기존의 어떤 사실이나 개념에 대해 말 그대로 질문이나 문제를 야기하는 방법이다. 가령, "'모든 사람에게 친절해야 한다.'라는 말이 있지만 저는 그 말에 동의할 수 없습니다." 또는 "'백지장도 맞들면 낫다.'라는 말이 있지만 백지장을 너무 많은 사람이 들면 찢어질 수도 있습니다."라고 말하는 방식이다.

본론 부분에서는 문제제기를 한 부분에 대한 증명을 해야 한다. 가령, '모든 사람에게 친절해야 한다.'라는 말에 문제제기를 했다면 본론에서는 '모든 사람에게 친절하기 보다는 자신의 가족 그리고 지인들에게 더 잘하는 것이 낫다.'라는 식의 증명이다.

결론 부분에서는 도입부에서 왜 문제제기를 할 수 밖에 없었는지에 대한 당위성을 얘기함으로써 청중을 자연스럽게 설득해야 한다. 이때 주의할 점은 도입부 - 본론 - 마무리로 이어지는 부분이 논리적으로 이해가 되도록 자연스럽게 이어져야 한다는 점이다. 그렇지 않으면 청중을 절대 설득할 수 없다.

F. 여섯 번째 유형 : 결론 - 본론 – 강조

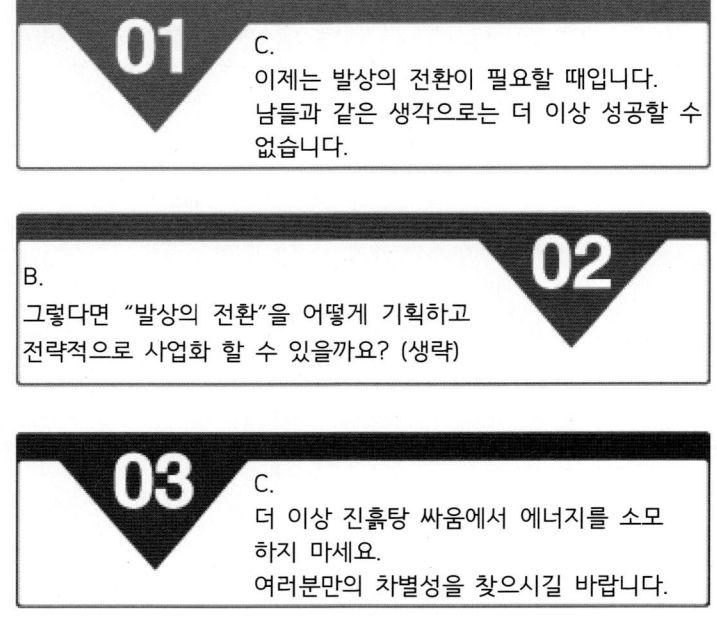

이 유형은 결론을 먼저 제시하는 유형이다.

그래서 청중의 귀를 솔깃하게 만드는 것이다. 가령, "지금 우리나라 기초노령연금의 방향은 보편적 복지보다는 선별적 복지시스템으로 가야 한다고 생각합니다. 왜냐하면, 예산문제와 효율성 문제에 있어 기초노령연금의 보편화는 문제가 많다고 생각합니다. 따라서 소득과 재산에 따라 선별적으로 노인에게 연금을 지급하는 방향으로 바뀌어야 합니다." 라고 얘기하는 방식이다.

이때 중요한 것은 결론을 내세울 때 그 결론은 신빙성이 있어야 하며, 참신해야 한다. 그래야 대중의 시선을 잡을 수 있다. 또한, 본론에서는 왜 그러한 결론이 나오게 되었는지 또는 그러한 주장을 하는지를 논리적 전개에 근거해서 증명해야 한다.

결론을 증명하는 데 있어서 사실적이지 않거나 일반화, 감정, 흑백논리의 오류가 들어가게 되면 설득력이 떨어지기 때문에 이러한 전개는 특히 그러한 점을 주의해야 한다.

마무리에 있어서는 서론, 본론에서 얘기했던 것을 한 번 더 강조해서 처음 결론을 제시한 것에 대해 흐름을 끝까지 유지해야 한다.

이처럼 스피치에서는 스토리텔링이 중요하고 특히 이런 다섯 가지 유형을 생각해서 얘기하는 습관을 들이는 것이 좋다.

또한, 자기소개, 면접, 강의, 프레젠테이션 등 스피치의 유형에 따라 어떻게 스토리텔링을 만들어야 할지를 고민해 보는 것이 좋다.

그렇게 스토리텔링 연습을 하다보면 누구나 스피치의 달인이 될 수 있다고 과감하게 말할 수 있다.

2강 실전스피치 훈련

1 발음억양

발음은 선천적인 부분과 후천적인 부분이 있다. 거의 95%는 후천적인 이유 때문에 발음을 교정해야 한다.

선천적인 부분은 턱이라든가 혀가 유난히 긴 경우, 또는 유난히 짧은 경우를 얘기하는 것이다. 이런 경우는 의학의 도움을 받아야 한다.

후천적인 경우는 어렸을 때, 발음을 짧게 하거나, 얼버무리듯이 말을 해서 생긴 습관성 원인이다. 이러한 경우는, 입 모양과 혀의 위치를 제대로 자리 잡는 발음연습을 통해 다시 제자리로 위치시켜야 한다.

그리고 자음과 모음을 또 구별해서 어떠한 부분이 문제인지를 인식하는 것이 중요하다.

대부분의 경우 ㅅ, ㅈ 발음이 문제가 된다.

왜냐하면 어렸을 때부터 저 두 발음은 신경 써서 해야 하는데, 편하게 발음하다보니 습관이 되어 혀 짧은 발음으로 고착이 되어 있는 것이다.

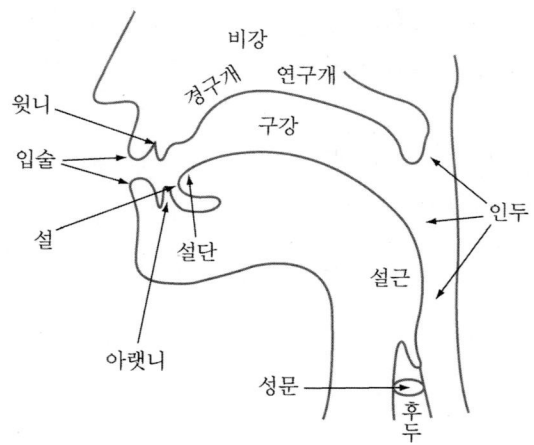

위의 그림과 같이 혀와 치아 그리고 입의 모양에 따라 발음기호가 형성이 된다.

그래서 발음훈련을 할 경우, 아나운서의 정확한 입의 구조를 흉내 내면서 녹음을 하면 자신의 어떤 자, 모음이 정확하지 않은 것인지 파악할 수 있다.

특히 'ㅅ'의 경우 치아가 닫힌 상태에서 혀를 정확히 뒤로 빼지 않고 말해서 부정확하게 발음이 되는 것이기 때문에, 'ㅅ' 발음 앞에 '으'를 붙여서 '으싸' 발음을 의도적으로 하면 더 정확한 'ㅅ' 발음을 할 수 있다.

'ㄹ'의 경우는 혀를 말아서 천정에 붙인 다음 발음을 해야 하기 때문에 발음이 안 좋은 경우는 혀가 말리지 않아서인 경우가 대부분이다.

그렇기 때문에 'ㄹ' 발음 앞에 '을'을 붙여서 '을르' 발음을 하면 된다.

또한 'ㅈ'의 경우는 치아가 닫힌 상태에서 혀를 밑에서 뒤로 보내는 발음이기 때문에 발음이 잘되지 않을 때에는 의도적으로 'ㅈ' 발음 앞에 '은'을 붙여서 '은자' 발음을 내면 된다.

또 안 되는 발음 중에 하나가 이중모음인데 예를 들어, '여' 발음은 'ㅣ'와 '어'를 합해서 내야 하므로 의도적으로 '이어' 라고 발음을 하면 더 정확히 이중모음을 할 수 있다.

그리고 'ㅚ'와 'ㅙ'의 구별 'ㅣ'와 'ㅟ'의 구별도 입모양을 정확하게 해야 분별을 할 수 있기 때문에, 발음을 할 때는 입을 크게 벌리고 연습을 해야 한다.

이것은 마치 씨름선수가 모래주머니를 차다가 모래주머니를 빼면 날아갈 듯이 가벼운 느낌이 드는 것과 마찬가지로 입을 크게 벌리면서 연습을 하다보면 어색하던 발음이 자연스러워질 때가 있다.

매일 연습을 통해 정확한 입의 모양과 혀의 위치를 자리 잡으면서 연습을 한다면 누구나 분명 정확한 발음을 하실 수 있을 것이다.

다음은 표준어를 쓰는 방법에 대해 알아보자.

사투리는 사실 하루아침에 고쳐지지는 않는다. 그렇기 때문에 매일매일 연습과 훈련을 하는 것이 중요하다. 신문이나 짧은 소설 등을 자주 읽어 보는 것을 추천한다.

이때 주의할 점은 자신의 말을 꾸준히 녹음을 해서 들어봐야 한다.

또는 지인이 있으면 자신의 말을 들려주고 받은 조언을 참고하며 교정을 해 나가야 한다. 그렇지 않으면, 어디가 잘못됐는지, 무엇을 바꿔야 하는지를 알 수가 없다.

중이 자기 머리를 깎지 못하기 때문에 사투리는 반드시 다른 사람에게 조언을 구하거나 본인의 말을 녹음해서 듣는 것이 지름길이다. 그리고 뉴스프로그램 진행 등 정확하게 말을 전달하는 아나운서의 발음을 따라하다 보면, 처음엔 힘들겠지만, 어느새 자신도 모르게 발전하고 있다는 것을 느끼게 될 것이다.

예전에 학원에서 한 학생이 사투리를 쓰면서, "선생님 저는 왜 사투리가 고쳐지지 않을까요?"라고 질문을 한 적이 있었다.
그래서 "하루에 사투리를 고치기 위해서 얼마나 연습을 하며, 어떻게 고치고 있니?"라며 되물어 보았다. 그랬더니 "일주일에 두세 번 삼십분 정도 연습을 하고, 신문을 읽어요."라고 대답했다.

하루에 삼십분을 연습을 하고 신문을 읽는 것은 좋은 연습이다. 하지만 중요한 것은 매일 얼마나 구체적으로 하는가이다.

사투리를 고치는 것은 영어를 공부하는 것과 매우 흡사하다.

우리가 원어민이 아니고, 영어권 나라에서 태어나지 않은 이상, 매일매일 연습을 할 수밖에 없다. 그렇지 않으면 다시 원래대로 돌아가기 때문이다. 그리고 매일매일 읽고 듣고 쓰기를 반복해야 종합적으로 영어가 늘기 시작하듯이, 사투리도 마찬가지이다. 매일매일 신문을 읽고 아나운서의 발음을 듣고, 자신이 직접 녹음해 보기도 하면서 서서히 늘기 시작한다.

이때 주의할 점은 친구나 주변 사람과 대화할 때도 사투리를 쓰면 안 된다는 것이다.

영어를 잘하려면 영어를 쓰는 환경에 자주 노출되어야 하듯이 사투리를 안 쓰려면 표준어를 쓰는 환경에 자주 노출되어야 하는 것이다.

그렇게 하다보면 어느새 표준어를 쓰고 있는 스스로를 발견하게 될 것이다.

다음은 발음연습표이다.

- 가갸거겨고교구규그기
- 나냐너녀노뇨누뉴느니
- 다댜더뎌도됴두듀드디
- 라랴러려로료루류르리
- 마먀머며모묘무뮤므미
- 바뱌버벼보뵤부뷰브비
- 사샤서셔소쇼수슈스시
- 아야어여오요우유으이
- 자쟈저져조죠주쥬즈지
- 차챠처쳐초쵸추츄츠치
- 카캬커켜코쿄쿠큐크키
- 타탸터텨토툐투튜트티
- 파퍄퍼펴포표푸퓨프피
- 하햐허혀호효후휴흐히

- 경찰청 쇠창살 외 철창살, 검찰청 쇠창살 쌍 철창살
- 김서방네 지붕 위에 콩깍지가 깐 콩깍지냐 안 깐 콩깍지이냐?
- 깊은 산속 부엉이는 부엉부엉 하고 깊은 계곡 꾀꼬리는 꾀꼴 꾀꼴
- 깐 콩깍지나 안 깐 콩깍지나 콩깍지는 다 콩깍지인데
- 꿀꿀이네 멍멍이는 꿀꿀꿀 하고 멍멍이네 꿀꿀이는 멍멍멍 하네
- 내가 그린 그림은 구름그림이다.
- 눈이 오는데 눈에서 물이 흐르니 이게 눈물인가 눈물인가?
- 니 붕어 알이 크냐 내 붕어 알이 크냐.
- 다람 다람 다람쥐 알밤 줍는 다람쥐 보름 달밤에 알밤 줍는 다람쥐
- 다우네 외가는 외 중에 있고, 다우네 외숙모는 윗마을에 있다.
- 담임 선생님의 담당과목은 도덕 담당이고 담임 닮은 담임선생님의 담당
- 단골집 담 큰 주인은 닭장에서 닭 모이를 주는 게 그의 취미이다.
- 대한관광, 대한관광공사, 대한관광공사 공무원

- 두리 뭉실 두리 뭉실 감자 같은 내 엉덩이
- 들의 콩깍지는 깐 콩깍지인가 안 깐 콩깍지인가?
- 똘똘이네 똑똑이는 똘똘하고 똑똑이네 똘똘이는 똑똑하다
- 뜰에 콩깍지 깐 콩깍지인가 안 깐 콩깍지인가?
- 라디오는 랄라라라 노래하고, 나는 랄라라라 춤을 춰요.
- 라일락 꽃 같은 라이안의 처녀들이 랄라라라 랄라라라 춤을 춥니다.
- 마차는 덜컹덜컹 우차는 삐그덕 삐그덕
- 버스 타고 꼬부랑길을 꼬불 깽깽 꼬불꼬불 뱅뱅 돈다.
- 봄 꿀밤 단 꿀밤, 가을 꿀밤 안단 꿀밤
- 사람이 사람이면 다 사람이냐 사람이면 사람구실을 해야 사람이지
- 상표 붙인 큰 깡통은 깐 깡통인가? 안 깐 깡통인가?
- 새장 속에 흰 꼬리 새는 새 장사를 싫어한다.
- 서울특별시 특허 허가 과 허가과장 허 과장

- 저기 저 콩깍지가 깐 콩깍지냐? 안 깐 콩깍지냐?
- 조달청, 조달청 청사, 조달청 청사 창살, 조달청 창살 쌍 창살
- 중앙청 창살은 쌍 창살이고 시청의 창살은 외 창살이다.
- 찹쌀떡 떡방아는 덩더쿵 떡방아, 멥쌀 떡 떡방아는 쿵더쿵 떡방아
- 키가 큰 코끼리가 쿨쿨 코를 골며 자고 있는데 쿵쿵쿵 큰 소리를 내며 코뿔소가 키 작은 코알라에게 다가갔어요. 키 작은 코알라는 콩콩콩 가슴이 뛰었지요.
- 탱글탱글 오렌지를 톡 터뜨리면 새콤달콤 오렌지 주스가 되지요.
- 포도밭에서 먹는 포도는 포도향기가 퐁퐁 풍기고 포장마차에서 먹는 파전은 파 냄새가 팡팡 풍긴다.
- 하늘의 하얀 구름은 요술쟁이인가 봐. 하마도 되고 호랑이도 되고 해님도 하하하 웃고 있네요.
- 한양 양장점 옆에 한영 양장점, 한영 양장점 옆에 한양 양장점
- 항만청, 항만청 청사, 항만청 청사 쇠창살이

매일매일 하루 10분정도만 투자해서 자신의 소리를 녹음해서 들어보기도 하고, 또한 어떤 발음이 안 되는 지 체크하면서 연습을 한다면 발음이 몰라보게 좋아질 것이다.

2 소리

스피치를 하는 데 있어 소리의 역할은 매우 중요하다. 시각적인 것과 더불어 청각적인 부분이 기억에 남기 때문이다.

소리에 관한 리서치에 의하면, 사람이 말할 때 내용만큼 중요한 것이 억양과 말의 템포 등의 청각적 기호라고 한다. 즉, 화자가 어떤 내용을 말하는가도 중요하지만, 어떻게 얘기를 했는가는 그것 못지않게 의미를 차지한다는 것이다.

면접, 자기소개, 강의, 사회를 볼 때 청중의 귀에 즐겁게 하기 위해서는 안정적이면서도 매력적인 음성과 피치로 얘기하는 것이 중요하다.

그럼 신뢰감이 있으며 매력적인 음성을 어떻게 만들 것인가? 그 해답은 '복식발성'에 있다.

'복식발성'은 횡격막을 자극해서 소리를 내는 것이다. 일반적으로 우리가 소리를 낼 때는 성대만을 사용해서 소리를 내는데, 이것은 마치 악기의 원리와 같다.

기타를 연주할 때 소리를 울려주는 부분이 깊지 않으면 울림이 좋은 소리가 나올 수 없듯이 가슴만으로 즉, 흉식호흡으로 소리를 내면 당연히 소리의 울림이 적기 때문에 안정적인 소리가 나올 수 없다.

그에 반면 복식발성을 이용하게 되면, 소리가 깊고 울림이 생기기 때문에 안정적이면서 매력적인 음성을 전달할 수 있는 것이다.
그럼 복식발성을 하게 하는 '횡격막'에 대해 알아보자. 먼저 횡격막의 위치이다.

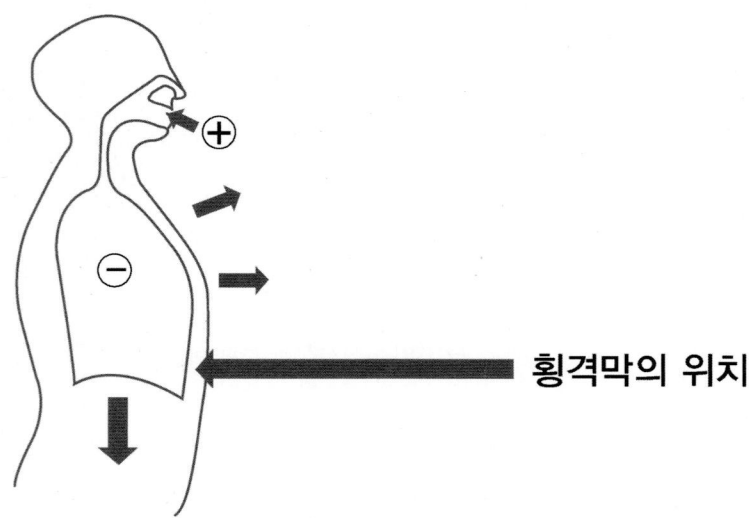

그림에서 볼 수 있듯이, 가운데 창자를 둘러싸고 있는 얇은 막이 바로 '횡격막'이다.

이 부분을 늘려주려면, 호흡을 들이 마시고 내뱉는 훈련을 해야 한다.
이것은 마치 풍선효과와 같다.

풍선을 불 때 공기가 들어오면 풍선이 커지는 것처럼 공기가 신체에 들어왔을 때 횡격막을 늘리고 소리를 내뱉을 때 마치 펌프질처럼 배를 당겨서 소리를 내면 '복식발성'의 효과를 얻을 수 있다.

매력적인 소리를 내기 위해서는 '복식발성'으로 소리연습을 하는 것이 중요하다.

왜냐하면, 울림이 있는 소리는 청중들에게 안정적으로 전달이 될 수 있고, 특히 사람이 많을 때 빛을 발휘할 수 있기 때문에 복식발성은 매우 중요하다.

하지만 배우들이나 성악가들의 평소소리 자체에 울림이 있는 것은 일부러 그렇게 소리를 내는 것이 아니라, 자연스레 훈련이 된 것이다.

그렇기 때문에 실제 면접이나 강의 등의 발표에서 복식발성을 하면 개그맨 박명수씨처럼 '호통개그'가 될 수 있다. 즉, 평소 하루에 10분정도의 훈련을 통해 자연스럽게 안정된 소리를 만들라는 것이다.

복식발성만큼 중요한 소리의 부분 중 하나가 '피치'이다. '피치'는 바로 음의 높낮이다.
똑같은 음으로 소리를 낸다면, 청중은 지루함을 느낄 수밖에 없다. 소리의 피치는 음악으로 비유할 수 있다.
음악의 종류에는 클래식도 있고, 재즈, 힙합, 일렉트로닉 등 다양한 장르가 있다. 스피치에서의 주제가 가사라면 스피치에서의 소리는 바로 음악의 악기와 장단 리듬에 해당된다.

아무리 가사가 좋아도 음이 일정하거나, 리듬의 변화가 없다면 지루할 수밖에 없다. 그렇기 때문에 소리의 톤, 그리고 길이, 억양 등을 마치 음악의 연주처럼 표현하는 것이 중요하다.

그렇기 때문에, 같은 내용을 여러 가지 음으로 얘기함으로써, 지루하지 않고 생동감 있게 전달할 수 있는 훈련이 필요하다. 피치훈련은 화술훈련에서 자세히 언급할 것이다.

3 화술

스피치의 내용을 음식의 재료에 비유한다면, 표현은 곧 음식의 양념에 해당한다.

사람의 오감은 이미 리듬과 템포에 익숙해져 있다. 지구의 자전과 공전, 사계절의 변화 등에서 볼 수 있다시피, 우리는 이미 생활 속 리듬에 익숙해 있고, 그 리듬은 어머니의 뱃속에서부터 느껴온 것이다.

따라서 말에 있어서도 리듬과 템포가 없는 것은 파도 없는 바다와 마찬가지로 지루하기 그지없게 된다.

바로 이 말의 '리듬과 템포'가 화술에 해당한다.

보고서나 직장에서 프레젠테이션을 할 때는 강약과 강조를 동원한 신뢰감을 주는 화법, 생동감을 주는 자리에 있어서는 고저와 빠르기를 활용한 화법, 즉 말하는 환경에 따라 적재적소의 화법을 활용하는 사람이 매력적으로 화법을 구사하는 사람이다.

---

1. 음의 고저와 빠르기는 생동감과 재미를 더함
2. 음의 강약과 강조는 신뢰감과 감동을 전함
3. 말하는 환경에 따라 적재적소의 화법

그렇다면 말을 할 때 리듬과 템포는 어떻게 만들어 가는 것일까?

음악을 연상하면 된다. 재밌게 그리고 인상적으로 말하는 사람들의 특징을 들여다보면 인상적인 리듬이 있다. 예컨대 "우리는 행복해야 할 권리가 있습니다. 행복 없는 삶은 마치 의미 없는 삶과 같기 때문입니다."라는 연설을 할 때, 어디서 강조가 되어야 할지, 그리고 어떤 부분을 세게 말할 것인지, 어떤 말에 높낮이를 둘 것인지를 연습해 나가는 것이죠.

즉, 리듬과 템포는 음의 높낮이, 음의 강약, 음의 장단, 음의 빠르고 느리기 등으로 표현될 수 있다.

"사람은 누구나 행복을 추구합니다."라는 말을 갖고 실전 리듬과 템포훈련을 해보자.

먼저 높낮이 훈련이다.

사람은 누구나 행복을 추구합니다.

'사람은'을 올린다. 그리고 '누구나'를 내린다. 그리고 '행복을 추구합니다.'를 천천히 얘기한다. 그럼 음의 높낮이가 생기면서 자연스레 강조가 될 수 있다.

사람은 누구나 행복을 추구합니다.

이번에는 '행복을 추구합니다.'를 올린다. 그럼 '행복을 추구합니다.' 부분을 더 주목할 수가 있다.

강약도 마찬가지이다.

사람은 누구나 행복을 추구합니다.

'사람은 누구나'를 강하게 얘기한다. '행복을 추구 합니다.'를 약하게 얘기한다.
그럼 '행복을 추구 합니다.'라는 말에 임팩트가 실린다.

사람은 누구나 행복을 추구합니다.

이번에는 '누구나'만을 강하게 얘기하고 나머지를 약하게 얘기한다. 그럼 '누구나'라는 말이 상대적으로 더 힘이 실리게 된다.

다음은 '빠르기와 느리기' 훈련이다.

행복해서 웃는 것이 아니라 웃기 때문에 행복할 수 있습니다. 라는 문장을 가지고 연습해보자.

행복해서 웃는 것이 아니라 ▮ 웃기 때문에 행복할 수 있습니다. ▮

'행복해서 웃는 것이 아니라'를 천천히 점점 빠르게 얘기하고 '웃기 때문에 행복할 수 있습니다.'를 점점 느리게 얘기한다.

행복해서 웃는 것이 아니라 ▮ 웃기 때문에 행복할 수 있습니다. ▮

이번에는 반대로 '행복해서 웃는 것이 아니라'를 느리게 얘기하고 '웃기 때문에 행복할 수 있습니다.'를 빠르게 얘기해 본다.

눈치가 빠른 분은 눈치를 챌 수도 있었겠지만, 반드시 음이 높게 올라가고 빠르고 강하게 얘기한다고 해서 강조가 되는 것은 아니라는 것이다. 즉, 감정을 어디에 싣고 어떻게 느낌을 주느냐에 따라서 오히려 음이 낮게 내려가고 천천히 약하게 얘기하는 부분이 더 강조가 될 수도 있다는 점을 유념하라.

행복해서 웃는 것이 아니라 ⌣ 웃기 때문에 행복할 수 있습니다.

이 부분을 얘기함에 있어 '행복해서 웃는 것이 아니라'를 얘기하고 2초나 3초의 '쉼'을 갖고 다음 문장을 얘기해 보아라.

그럼, 뒤에 문장에 커다란 임팩트가 될 수 있다. 즉 '쉼'은 화술에 있어서 커다란 힘을 발휘한다. 어렸을 때를 생각해 보라. 학생들이 말을 안들을 때 선생님이 처음에는 교탁을 탁탁치다가 큰 소리로 "조용"이라고 외친다. 그래도 말을 안들을 때는 가만히 계신다. 그럼 아이들이 조용해진다. 이것이 바로 '쉼'의 효과다.

화술에서 '쉼'을 적절히 활용할 때 너무나 매력적인 화술을 할 수가 있다. 덧붙여서 얘기하면 먼저 얘기한 강함과 빠름과 높음의 음 대신 약함과 느림과 낮음을 오히려 역발상으로 활용하고 거기에 '쉼'을 적재적소에 활용한다면 당신도 화술의 대가가 될 수 있다는 것이다.

화술의 대가는 오히려 후자 쪽을 많이 선택한다. 왜냐하면 우리의 귀는 익숙한 것보다 신선한 것에 더 자극이 되기 때문이다.

이것이 바로 명사들이 사용하는 화술의 리듬과 템포의 기술이다.

4 호흡

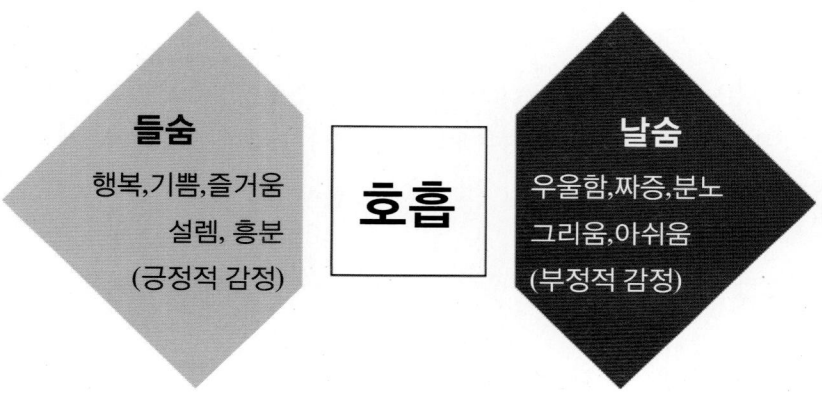

감정을 표현함에 있어 가장 중요한 부분은 호흡이다.

여기서 호흡은 들숨과 날숨으로 구성할 수 있는데, 들숨은 주로 행복, 환희 등의 긍정적인 감정에서, 날숨은 우울, 분노 등의 부정적인 감정에서 사용된다.
호흡은 상당히 연기적인 부분이 있어 어려울 수도 있다고 생각하지만, 충분히 연습을 통해 스피치에서의 스킬로 사용될 수 있다.

자, 실전훈련을 해보자.
"왜 우리는 이렇게 살아야 할까요?" 라는 말을 할 때, 호흡을 먼저 한꺼번에 들이마시고 천천히 내뱉으면서 말을 호흡에 실어 얘기한다.

그럼, 흥분을 참는 것처럼 보인다.

이번에는 호흡을 격하게 들이마셨다가 내뱉는다. 그럼 격정적인 강조로 보이게 된다. 이때 중요한 점은 인위적으로 보이지 않게, 충분히 내적인 감정이입을 해야 한다는 것이다.

호흡을 천천히 들이마시느냐 아니면 빨리 마시느냐 그리고 호흡을 천천히 내뱉느냐 빨리 내뱉느냐에 따라 감정의 변화를 표현할 수 있다.

긍정적인 감정 즉, '행복', '기쁨', '즐거움' 등은 주로 호흡을 들이마시면 생긴다. 특히 '웃음'의 경우 빨리 호흡을 들이마시고 내뱉는 것을 반복하면서 소리를 실으면 된다.

부정적인 감정 '우울', '짜증', '분노', 등은 호흡을 내뱉으면 쉽게 감정이 생긴다. 특히 정적인 감정 '우울', '그리움', '불쌍함' 등은 호흡을 천천히 내뱉고, '분노'나 '짜증'은 호흡을 빠르게 내뱉으면 그러한 감정이 생긴다.

이때 호흡량에 따라서도 의미가 달라질 수 있다.

강한 강조를 할 때는 호흡을 크게 마신 후 그 호흡을 그대로 내뱉으면 매우 강하게 표현이 될 수 있다. 그리고 호흡을 조금만 마시고, 그 호흡을 끝까지 다 쓰면 의미 있게 말이 들릴 수 있다.

이처럼 호흡의 양과 호흡의 속도에 따라 감정의 다양한 표현을 할 수 있게 된다.

방법을 천천히 실행에 옮겨보라. 그리고 반복적으로 해보라.

5 감정

스피치에 있어 감정은 생동감을 넣어주는 중요한 요소이다. 또한, 감정과 같은 비언어는 상대방의 감성을 자극할 수가 있다. 우리가 누군가를 만났을 때 그 사람이 하는 말을 기억하는 것보다 말을 할 때의 그 사람의 행동과 표정이 더 인상에 남는다.
그만큼 비언어적인 표현이 언어적 표현보다 더 생생하게 전달될 수가 있다. 그렇기 때문에 그 사람의 논리력이 아무리 좋아도 비언어적인 표현이 약하면 절대로 상대방을 설득할 수가 없다.

비언어적인 표현의 핵심은 바로 '감정표현'이다. 말을 할 때 표정과 감정을 그 대화에 맞게 풍부하게 표현한다면 생생한 전달이 될 수가 있다.

그렇다면, 감정 표현을 연습해 보자.

가령 "우리가 어떻게 하면 행복할 수 있을까요?" 라는 말을 한다고 생각했을 때, 이 말을 어떻게 표현하면 좀 더 생동감이 있을까?

먼저 어디를 강조할지를 생각해야 한다.

지난 시간에 말한 것처럼 "행복"을 강조할지, "어떻게 하면"을 강조할지, 또는 "우리가"를 강조할지에 따라 느낌은 다르게 표현이 된다.

이러한 화술적인 방법 외에 감정표현 역시 말에 생동감을 넣어 줄 수 있는 좋은 요소다.
흥분하며 말을 할 것인지, 차분히 말을 할 것인지에 따라 그 느낌은 현저히 다를 수 있다.

가령 격양되게 강조한다면 분위기가 조용해지면서 긴장된 상태에서 화자의 얘기를 들을 것이고, 차분히 아주 천천히 얘기를 한다면 숨을 죽이면서 얘기를 듣게 될 것이다.
그리고 "우리가 어떻게 하면"을 차분히 얘기하고 그 뒷부분 즉, "행복할 수 있을까요?"를 흥분상태로 힘을 주어 얘기하면 청자들에게 분명한 의미를 실어줄 수 있다.

이처럼 감정은 말에 생동감을 불어넣는다. 그리고 감정은 호흡과 밀접한 연관이 있다.

사람이 표현하는 감정은 대략 108가지 정도에 이른다.
이렇게 수많은 감정들은 크게 '긍정적 감정'과 '부정적 감정'으로 나눌 수 있다.

행복, 기쁨, 쾌락, 환희 등의 감정은 '긍정적 감정'이고 짜증, 분노, 우울, 슬픔, 오열 등은 '부정적 감정'에 포함된다.

스피치를 할 때 무미건조 한 것보다 이처럼 다양한 감정을 섞어서 표현하면 훨씬 생동감 있는 표현이 될 수 있다.

이때, 감정을 잘 표현하기 위해서는 호흡을 활용하는 것이 중요한 포인트이다. 기쁨, 설렘, 흥분 등의 감정에서는 들숨을 통해 즉, 감탄사를 활용해 호흡을 짧게 들이마시면 감정을 생동감 있게 전달할 수 있다. 또한 우울, 미안함, 슬픔 등의 부정적인 감정에서는 날숨을 활용해 호흡을 내뱉으면서 가정을 표현하면 훨씬 생생하게 전달할 수 있다.

자, 실전 감정연습을 해 보자.

처음에는 낯설지만 기쁨, 환희, 우울, 분노, 슬픔, 행복 등의 다양한 감정으로 '안녕하십니까?' 라는 말을 해 보는 것이다.

그리고 점점 내용을 길게 하면서 즉 "안녕하십니까? 이 자리에 참석해 주셔서 감사드립니다. 저는 오늘 여러분들께 하고자 하는 이야기가 있어서 나왔습니다. 바로 '소통'입니다." 이 문장 안에 처음엔 웃음과 우울, 그리고 웃음, 흥분, 차분함 등으로 감정을 늘려나가는 것이다. 그리고 처음엔 감정을 천천히 변화시켜 보다가 익숙해지면 빠르게 감정을 바꿔본다.

다시 말하면 '안녕하십니까? 이 자리에 참석해 주셔서 감사드립니다.'를 웃으며 얘기하고 '저는 오늘 여러분들께 하고자 하는 이야기가 있어서 나왔습니다.'를 차분히 얘기한다. 그리고 '바로 소통입니다.'를 힘을 주어 얘기한다.

또한 반대의 감정으로도 이야기를 해 보고 다양한 감정으로도 얘기해 보는 것이다. 처음에는 당연히 어색하겠지만, 연습을 통해 그 부자연스러움은 자연스런 표현으로 채워질 수 있다.

다음은 감정을 표현하기 좋은 남녀 영화, 연극 대사를 모아보았다.

집에서 혼자 연습하면서 영화나 연극의 주인공처럼 자꾸 따라 하다 보면 어느새 감정표현이 늘어있는 스스로를 발견하게 될 것이다.
다음은 감정표현 연습을 하기 위한 남녀대사를 모아보았다.

먼저 영화 '건축학개론에'서 납득이 역할과 '미녀는 괴로워' 하나 역할에 대해 감정을 어떻게 하는지 자세히 설명해 보았다. 이것을 참조해서 나머지 대사들도 연습을 하면 많은 도움이 될 것이다.

「건축한개록」 중, 납득이 - 영화

딱 다가가.(과감히) 딱 다가가. 그럼 걔가 첨엔 무서우니까...(차분히)뒤로 슬슬 물러 난다고. (자신있게) 그러다가 벽에 딱? 부딪히잖아. 그러면 오른손으로 니가 벽을 딱(조용히)짚어. (신나서) 그러면 걔가 완전히 쫄아서 (재연하며) "왜에.. 그래?.."그런다고 (과감히) 그때 딱! 기습적으로! (승민이 숨죽인다) (차분히) 아무 말도 않고 그냥 가. 터프하게! (강조) 절대 뒤 돌아보면 안돼. 뒷모습이 컨셉이야. (도취되어) 남자의 뒷모습. 왠지 쓸쓸해 보이는 그런..(반응) 응? 왜? 너무 함축적이야? (이해) 오케이. 그럼.. 딱 한마디만 해. (진심) 널 갖고싶어! (강조) 딱! 그래. 아니면 더 세게! 도발적으로! (남자답게) 내 아이를 낳아줘! (강조) 딱! 그래.

「미녀는 괴로워」 중, 한나 - 영화

(미소) 너무 사랑해서 헤어지셨어요?(갸우뚱 하는 숯 검댕) (차분하게) 너무 부족한 게 많아서 헤이지셨어요? (무섭기까지 한 미소) (화를 누르며) 왜 벌써 헤어지셨어요. 사우나 기구 효과는 직접 눈으로 보셔야지요.. (부드럽게) 왜 살 빼는 게 싫어서 그러셨어요? 살 빼면 오빠 화낸다. 그러셨어요?(정색하며) 차라리 뚱뚱해서 싫다고, 물건이나 좀 팔아달라고, 솔직하게 말씀하시지.. (화가 치밀어) 사랑하는데 왜 헤어지니 이 자식아!!! (숯 검댕이를 패티 시작한다) (억울해서) 뚱뚱하다고 바보냐, 바보야? 왜 애를 두 번 죽이세요!!! 이 나쁜놈아! (따지며) 뚱뚱한 게 죄니? 못생기면 사람도 아냐? 벌레야? 호구야? 우리도 여자야!

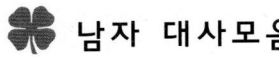
남자 대사모음

『달콤 살벌한 연인』중, 대우 - 영화

어떻게 혈액형이 사람 성격하고 관련 있다는 헛소리를 온 나라 여자들이 믿을 수 있는 겁니까? 와인도 혈액형별로 골라 마신 대요! 지하철이나 버스에서 여자들 혀 짧은 소리 하는 거 들으면 정말 짜증나지 않나요? 애들도 아니고 대학생 직장인들이 왜 말투가 그 따윈지 모르겠어요. 인터넷이 다 망쳐놨어요! 책을 안 읽으니까! 신문을 사서 안 읽고 포탈 뉴스의 그 연예인 스캔들 기사만 읽고 있으니까! 똑같은 그림, 사진, 또 뭐냐, 사랑이 어쩌고 인생이 어쩌고 하는 시답잖은 글을 어록이랍시고 퍼 와서 한 줄짜리 감상 찍 갈겨 놓고, 지가 인생에 대해 진지하다고 착각해요. (비꼬듯) ㅋㅋㅋ. 너무 감동적이야... 공감한다는... 내가 그런 거 다 맞춰 주면서 유치하게 놀아야 됩니까? 차라리 혼자 지내는 게 낫지. 그렇지 않습니까, 선생님? 제가 이상합니까?

『고지전』중에서, 일영 - 영화

우리 중대는 이 동부전선에 배치되어 미군들로부터 악어중대라는 별명으로 불리게 되었다. 왜 악어인지 아는 사람? (앞에서 군인들이 하나둘씩 망연자실한 표정으로 주저앉는다) 악어는 50개정도의 알을 낳는다. 그중 절반이상이 다른 짐승한테 먹힌다. 그리고 간신히 알에서 나온 새끼악어 대부분이 다른 짐승의 먹이가 되고 고작 한두 마리가 어른악어로 변한다. 근데 말이야... 그 한두 마리가 50개의 알 중에서 살아남은 고작 그 한두 마리가 늪을 지배 한다 그게 악어다! 이게 이 전쟁에 마지막 전투다! 이렇게 전선이 교착된 그 2년 6개월 동안에 50만 명이 죽었다! (주저앉아 있던 군인들 일어섬) 하지만 우리는 살아남았다. 우리가 악어고 우리가 전장을 지배한다! 알겠나? 누가 가장 독한가? 12시간만 버텨라! 살아서 집에 가자.

『유리동물원』중에서, 톰 - 테네시 윌리엄즈

난 어떨 거라고 생각하세요. 참을 수 있을 거라고 생각하세요. 그렇겠죠. 그러실 거예요. 어머닌 내가 하고 있는 일, 내가 하고 싶어 하는 일 따위엔 관심도 없으니까요. 어머닌 중요하게 생각하실지 모르겠지만 난 내가 하는 일이 맘에 들지 않아요. 어머닌 내가 그놈의 창고에 환장한 줄 아세요? 내가 그 양화점을 좋아하는 줄 아세요? 어머닌 내가 거기서 평생을 살 거라고 생각하세요? 베니다 판과 형광등만이 달린 그 창고 속에서. 제 말 좀 들으세요. 난 아침마다 그곳으로 출근하는 게 넌덜머리가 나요. 차라리 누군가 쇠망치로 내 골통을 박살내주면 속이 후련하겠어요. 하지만 난 출근을 하죠. 매일 아침 어머니가 내방에 와서 '일어나서 세수해라. 일어나서 세수해' 소리칠 때마다 난 혼자말로 '죽은 사람은 얼마나 행복할까'라고 말해요. 그렇지만 난 자리에서 일어나 출근을 합니다. 한 달에 65달러를 벌기 위해서 내가 원하는 모든 꿈들을 포기하면서. 그런데도 어머닌 내가 나 자신밖에 모르는 애라구요. 저 좀 보세요. 나 자신만을 생각한다면 난 벌써 아버지가 계신 곳에 가있을 거예요. 닥치는 대로 아무거나 잡아타고 말이에요. 이젠 절 붙잡지 마세요.

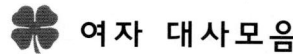 여자 대사모음

『내 아내의 모든 것』중, 정인 - 영화

최근에 아주 절실히 깨달았어요. 제가 낙천주의자를 혐오한다는 걸요. 세상을 어떻게 낙천적으로만 살 수 있죠? 그건 거짓말이에요. 길들여진.. 제가 얼마 전에 친구를 만났는데 교통사고를 당했다는 거예요. 엉덩이부터 발목까지 깁스를 했더라고요. 그런데 그 애 말이. 그래도 이거 운 좋은 거야. 이러는 거예요. 근데 그게 어떻게 운이 좋은 거예요? 세상에 운 좋은 사고가 어디 있어요? 제 말은 왜 세상을 좋게만 보냐는 거죠. 그렇게 큰 사고를 당하면 이렇게 말하는 게 상식 아닌가? "더럽게 재수 없네." 전 불평불만을 입에 달고 사는 사람들이 좋아요. 솔직한 거지. 얼마 전에 삼겹살을 먹으러 갔다가 전 진짜 깜짝 놀랐어요. 간판에 분홍색 여자 돼지가 파란색 앞치마를 두르고 불판에서 춤을 추고 있는 거예요. 불판에서 춤을 추고 있는 돼지가 다 익은 삼겹살을 이렇게 들고 있는 거예요. 전 채식주의자도 아니고 고기 마니아인데요. 그래도 돼지에 대한 예의라는 게 있는 거 아닌가요? 설마 개가 자기 친구들 요리된 걸 보고 '맛있어요. 이쪽으로 오세요.' 하면서 춤추면서 꼬시겠어요?

『손톱』중에서, 혜련 - 영화

왜 그렇게 놀라니? 넌 내가 정신병동에서 영원히 썩어 없어질 줄 알았니? 이 나쁜 년.....내가 때 마침 아주 잘 왔구나, 애까지 뱄네? 기분이 어때? 넌 아직도 내가 쓰레기로 보여? 무슨 말? 날 이렇게 짓밟아 놓고도 할 말이 남아있어? 난 더 이상 들을 말이 없어. 이제 남아있는 건 내 손에 죽어 주는 것뿐이야. 고통스럽게, 아주 천천히 말야........ 너 저게 뭔지 알아? 기름이야....... 저 걸루, 니가 뻐기고 자랑하던 이 모든 것들을 싸글히 태워줄꺼야....... 그리고 넌 그걸 끝까지 지켜보면서 죽어줘야 해. 이 나쁜 년! 난 널 이렇게 죽이고 싶은 생각이 없다고 했잖아! 난 아직도 너에게 할 말이 남아있어.......처음에 니가 아는 척만 안 했어도 이런 일은 없었을 거야. 왜 그때 날 그냥 가게 내버려 두지 않았지? 넌 이 모든 걸 자랑하고 싶었던 거야. 아니긴 뭐가 아냐! 난 널 용서할 수도 있었어. 하지만, 넌 날 끝까지 무시하고   모욕했어. 이 모든 건 다 너 때문이야! 니가 나한테 조금만 양보하고 겸손했어도, 난 이렇게 망가지지 않았을 거야. 세상은......... 너무 불공평해..........

> **『가을 소나타』중, 에바 - 잉그마르 베르히만**
>
> 엄마에게 있어서 나라는 존재는 그저 시간 있을 때 잠깐 가지고 노는 인형에 불과했어요. 내가 귀찮게 굴거나 아파서 칭얼대면 엄만 항상 날 유모나 아빠에게 건네 줬죠. 엄만 아무도 들어갈 수 없는 방에서 혼자 연습만 했고, 그걸 누구도 방해할 수 없었어요. 난 숨을 죽이고 문밖에서 엄마의 연습을 엿듣곤 했죠. 커피를 마시느라고 엄마가 잠깐 연습을 쉬면 엄마란 존재가 정말 현실인지 아니면 내게 있어서 엄마란 그저 꿈에만 존재하는 몽상 같은 것인지 알고 싶어서 몰래 들어다 보곤 했어요. 엄만 늘 마음은 딴 곳에 있으면서도 내겐 친절했죠. 마루에 무릎을 꿇고 앉아 의자에 앉은 엄마를 올려다보곤 했죠. 키가 크고 아름다웠던 엄마. 그 방은 언제나 신선한 공기로 가득 차 있었고 차양이 드리워져 있었어요. 그리고 밖에는 싱그러운 바람에 초록의 잎새들이 날리고 있었어요. 그림처럼 모든 것이 초록의 연속이었죠. 가끔 우리는 바다 저 멀리까지 노를 저어 나갔었잖아요? 엄마의 길고 하얀 드레스는 앞이 파져서 엄마의 가슴이 들여다보였어요. 엄마의 가슴은 정말 예뻤어요. 맨발에 머리는 굵게 땋아서 올렸었죠. 엄만 물속을 들여다보기 좋아했었죠.

6 제스처

소리가 청각을 기쁘게 한다면 제스처는 시각적인 기쁨을 주는 것이다.

아무리 연설의 내용이 좋고, 좋은 소리로 말을 했다 하더라도 시각적인 효과를 주느냐 못 주느냐에 따라 말의 감칠맛이 더 어우러지기도 하고 효과가 반감되기도 한다.

제스처는 연사의 말을 손짓과 몸짓을 통해 표현하는 것이다. 이 제스처는 단어에 대한 몸짓, 상황에 대한 몸짓으로 또 나눌 수 있다.

가령, "인생을 행복하게 사는 것은 중요합니다."라는 주제를 가지고 제스처를 한다면 '중요합니다.'를 표현함에 있어서 엄지를 치켜든다거나, 또는 고개를 한 번 끄덕거리는 것을 '말 제스처'라고 할 수 있다.

이에 반해 몸 제스처는 "예전에 고속도로에서 차를 운전했을 때, 사고가 날 뻔한 적이 있었습니다."라는 것을 표현할 때 손으로 고속도로에서 차가 쌩쌩 달리는 모양이라든지, 사고가 날 뻔한 장면을 손짓과 몸짓으로 표현하는 것을 '상황에 대한 제스처'라고 할 수 있다.

먼저, 움직임은 기본적으로 직선과 곡선, 정적과 동적인 움직임으로 나눌 수 있다.

직선의 움직임은 평행선, 대각선, 사각형 등의 형태로 표현할 수 있다.

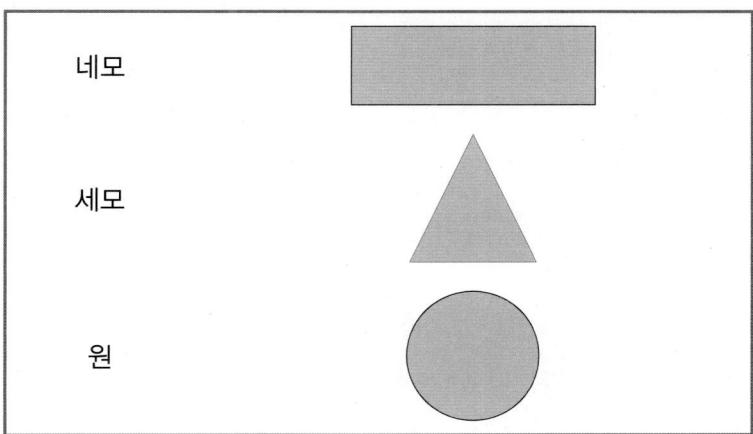

실전연습으로 들어 가보자.

먼저 손을 펴서 모은 채로 허공에 네모를 정성껏 그려본다. 이때 주의할 점은 손끝의 움직임이다. 손끝의 움직임에 중점을 두고 가슴에서부터 느낌이 살아 움직여 손끝까지 그 느낌이 세심하게 살아있게끔 움직이는 것이 포인트다.

이번에는 원을 마찬가지로 정성스럽게 그려본다. 최대한 원의 형태를 생각하면서 손끝으로 가장 정확한 원을 그려본다. 이때 최대한 부드러우면서 섬세하게 원을 그려야 한다.

그리고 다음에는 앞에 어떤 사물이든 놓아본다. 예를 들어 가방, 전화기 등의 흔한 물건들을 놓고 똑같이 그려보는 것이다. 그렇게 되면 손의 감각이 키워지게 된다. 그렇게 자꾸 사물을 갖고 똑같이 손으로 그려보면 손의 느낌이 섬세해 지는 것을 느끼게 될 것이다.

이때 주의할 점은 수화가 되면 안 된다는 점이다.

모든 것에 대한 설명을 제스처로 한다면 오히려 설명이 조잡해져서 시선이 더 분산되기 마련이다. 특히 국내 기업 중 보수적인 기업이나, 공무원 면접 같은 경우는 제스처를 많이 쓰는 것은 오히려 마이너스가 된다. 산만해 보이고, 정신없어 보이기 때문이다.

따라서 강조할 부분, 꼭 필요한 부분을 보다 감칠맛 나게 설명하기 위해 필요한 부분이 제스처라고 말할 수 있다.

이런 제스처를 통해 표현을 더 풍부해질 수 있음은 아무리 강조해도 지나치지 않는다.

7 논리

논리는 질서정연하게 말을 이끌어가는 필수조건이다.

어떤 분들은 말은 참 잘하는 것 같은데, 얘기를 듣다 보면 핵심이 없는 것 같고, 어떤 분들은 재미있게 말을 하는데 두서가 없는 경우가 많다. 그만큼 논리는 말의 핵심을 이어갈 수 있게 만드는 중심축이다.

논리적으로 말하려면 네 가지 '핵심', '일관성', '논리적 전개', '어법'이 중요하다.

먼저 '핵심'이다. 핵심은 나무로 비유하면 뿌리와 같다. 뿌리가 없으면 나무가 자라는 방향을 잃고 만다. 그렇기 때문에 말하고자 하는 분명한 핵심이 있어야 한다.

예컨대, '저는 이 자리에서 말하고자 하는 것이 있습니다. 그것은 우리나라 인성교육의 문제입니다. 어느 날 제가 우연히 길을 걷는 데 거리에 쓰레기가 넘쳐나는 것을 볼 수 있었습니다. 그리고 성형외과도 많이 볼 수 있었습니다. 중요한 것은 무분별한 성형입니다.' 이게 과연 무슨 얘기인가? 이 문장에서 없는 것은 바로 '핵심'이다.

처음은 나쁘지 않다. '우리나라 인성교육의 문제'에 대해 얘기하고자 하는 의지가 보인다. 그러다가 성형외과의 이야기로 넘어갔다. 즉 말의 핵심이 없어지다 보니, 횡설수설하고 산만한 전개가 되었다. 그만큼 '핵심'은 나무의 뿌리처럼 중심을 잡아주는 역할을 한다.

두 번째는 '일관성'이다. 일관성은 나무의 줄기와 같다. 뿌리가 탄탄해서 나무가 생겼는데 줄기가 바르게 성장하지 않으면 나무가 휘어 버리고 만다.
일관성을 키우려면 이야기의 흐름이 A-B-C로 이어갈 수 있도록 연습을 하는 것이 중요하다. 예컨대, 우리나라 교육의 문제점과 개선방안을 얘기하는 데 있어서의 논리적인 전개는 다음과 같다.

먼저 서론에서, 우리나라 교육의 현재 상황을 얘기한다. 그래서 학생들이 무엇 때문에 고통 받고 있는지, 선생님들의 한국교육에 대한 고충은 무엇인지 등을 설명한다.

그리고 본론에서는, 본격적인 문제점에 대해서 얘기한다. 제도의 문제점과 자꾸만 바뀌는 현 제도에 대한 부분 등을 심층적으로 얘기한다.

마지막으로 결론에서는, 이러한 문제점을 개선할 수 있는 방안에 대해 설명한다. 앞으로의 대책과 교육의 개선방안 등을 구체적으로 얘기하는 것이다.

다음은 '논리적 전개'이다.

먼저 구체적 전개가 있다. 구체적 전개는 예시, 인과, 비교, 대조, 비유 등의 전개방식이다.
가령, "저는 찬물을 좋아하지 않습니다. 왜냐하면 찬물을 너무 많이 마시게 되면 소화력이 약해져 배가 아프기 때문입니다." 이렇게 원인과 결과로 전개하는 방법이 인과전개이다.
비교는 "A와 B 영업 방식을 비교해서 말씀드리겠습니다. A와 B의 방식의 공통점은 온라인 마케팅 방식입니다. 그리고 차이점은 오프라인 마케팅입니다."

"무상급식은 형평성에는 적합한 복지이지만, 효율성면에서 단점을 보이는 제도입니다. 예를 들어, 모든 학급의 아이에게 무상으로 교육을 제공할 경우, 예산의 문제가 야기될 수 있습니다." 이러한 전개방식은 예시에 해당된다.

다음은 논증의 방식이다. 즉, 논리적으로 말하는데 있어서 설명의 방식은 쉽게 풀어서 얘기하는 것이라면 논증의 방식은 논리적으로 증명을 하는 방식을 말한다. 논증은 주장과 다르다. 주장은 자신의 기준을 가지고 어떤 것을 판단하는 것이지만, 논증은 구체적인 근거를 가지고 얘기하기 때문에 글쓰기나 말하기에서 객관적인 설득력을 높일 수가 있다.

가령, '하와이는 아름답다. 왜냐하면 내가 봤을 때 아름답기 때문이다.'라는 말은 주장은 되지만, 논증은 되기 어렵다. 왜냐하면, 아름답다는 가치기준이지 보편적 사실의 판단이 아니기 때문이다. 그러므로 논증이 되려면 명제가 구체적인 사실이면서 보편적 사실이어야 한다. 논리를 정확히 알기 위해서는 먼저 논리용어에 대한 개념이 있어야 한다.

> 1. 명제 : 참인지 거짓인지를 명확하게 판별할 수 있는 문장
> 2. 추론 : 어떠한 판단을 근거로 삼아 다른 판단을 이끌어 냄
> 3. 형식논리 : 내용 상관 없이 형식만으로 진위를 판단하는 논리
> 4. 선언적 추론 : 선택적으로 결론을 추리하는 것
> 5. 가언적 추론 : 가정해서 결론 추리하는 것
> 6. 정언적 추론 : 확정해서 결론을 추리하는 것
> 7. 삼단 논법 : 2개의 전제와 1개의 결론으로 형성하는 논법
>   (정언, 가언, 선언)

추론은 어떤 판단을 근거로 다른 결론을 이끌어 내는 것을 말한다. 논증을 잘하기 위해서는 논리적인 근거로 구체적인 추론을 이끌어야 한다. 그리고 그러한 결론을 이끄는 추론의 종류에는 정언적 추론, 가언적 추론, 선언적 추론이 있다.

> 1. 정언적 추론 : S는 P이다
>   (모든 사람은 죽는다)
> 2. 가언적 추론 : S면 P이다
>   (비가 오면 나는 우산을 쓴다)
> 3. 선언적 추론 : S는 P 또는 Q이다
>   (평인에 난 집이나 도서관에 있다)

정언적 추론은 말 그대로 일반적 명제를 바탕으로 하는 추론을 말하고 가언적 추론은 가정법을 바탕으로 하는 추론, 선언적 추론을 선택적 추론을 말한다. 보통은 삼단 추리형태를 통한 논리적 증명을 하는데 활용할 수 있다.

예를 들어 모든 사람은 죽는다. 나 역시 사람이다. 그러므로 나도 죽는다. 라는 말이 정언적 삼단추론이라 할 수 있다.

가언적 삼단추론은 '비가 오면 나는 우산을 쓴다. 오늘은 비가 왔다. 그러므로 나는 우산을 썼다.' 라고 말해야 참이 된다. 이때, '내가 우산을 쓰면 비가 온 것이다.'라는 명제를 '역'이라 하고 '비가 오지 않으면 나는 우산을 쓰지 않는다.'라는 명제를 '이'라고 하며, '내가 우산을 쓰지 않으면 비는 오지 않는다.' 라는 명제를 '대우'라 한다. 그런데 대우만 참이며 나머지는 모두 거짓이 된다. 왜냐하면, '역'의 경우 우산을 썼을 때 비의 경우가 아니라 눈이 왔을 때 쓸 수도 있기 때문이며, '이'의 경우도 비가 오지 않았더라도 우산을 쓰지 않을 수 있기 때문에 이 명제 역시 거짓이 된다. 그런데 대우의 경우는 원인과 결과에 의해 결과의 부정은 원인의 부정을 가져올 수 있기 때문에 참이 될 수 있다.

선언적 삼단추론은 '철수는 평일에 집이나 도서관에 있다.'와 같은 구조의 선택적 명제의 추론형태이다. 예를 들어, '철수는 지난주 금요일에 집에 없었다. 그러므로 철수는 도서관에 있었다.'라는 말은 참이지만, '철수는 지난주 토요일에 집에 없었다. 그러므로 철수는 도서관에 있었다.'라는 말은 거짓이 된다. 왜냐하면 '철수는 평일에 집이나 도서관에 있다.'라는 명제에는 철수가 평일에 집이나 도서관에 있다는 말이고, 주말인 토요일에는 그 외의 장소에 있을 수도 있기 때문이다.

다음은 대표적인 정언명제의 논증의 방식을 알아보자.

먼저 '삼단논법'이다.

A-B-C 전개 중, 대전제 - 소전제 - 결론의 형태이다. 삼단논법은 연역법의 대표적인 형태로써 실증적인 논증을 할 때 많이 쓰인다.

예를 들어, '사람은 누구나 죽는다. 아리스토텔레스는 사람이다. 그러므로 아리스토텔레스는 죽는다.'의 형태이다. 이때 중요한 것은 소전제가 반드시 대전제에 포함되는 범주여야만 논리가 형성된다는 것이다. **즉, 소전제는 대전제를 위한 충분조건이어야 하며 대전제는 소전제를 포함하는 필요조건이어야 한다는 의미이다. 이 삼단논법은 특히 토론과 설득에서 많이 쓰이는 방법이다.**

토론에서는 "모든 국민은 행복추구권이 있습니다. 그리고 김영수 학생 또한 국민입니다.

그러므로 김영수 학생은 행복할 권리가 있는 것입니다." 이렇게 삼단논법을 적용할 수 있다. 삼단논법은 이미 검증된 또는 실제로 증명된 사실을 바탕으로 하기 때문에 매우 신뢰성이 높은 논리이다.

이에 반해 귀납법은 제1전제 - 제2전제 - 결론으로 흘러가는 논증 방식인데 실증적 방법이 아닌 해석적 방법이기 때문에 설득력이 약할 수가 있다.

가령, '우리나라에도 토끼가 있다. 그리고 일본에도 토끼가 있다. 그러므로 모든 나라에는 토끼가 있다.' 라고 얘기하는 방식이 귀납법이다. 하지만 결론이 해석으로 치우칠 수 있기 때문에 일반화의 오류 등의 논증의 오류를 범할 수 있는 여지가 있다. **그렇기 때문에 보다 설득력을 높이려면 전제의 토대가 되는 조건이 최대한 동일해야 하고 예시 전제가 많아야 한다.**

다음은 '변증법적 논리'이다.
헤겔의 변증법이 설명하는 논리이론인데 정-반-합의 전개이론이다.
예컨대, '인간은 감정을 표현하는 동물이다. 하지만 어떤 동물들은 감정을 표현하지 못하는 경우도 있다. 그러므로 모든 동물이 감정을 표현하는 것은 아니다.' 라고 전개하는 방법이다.

논리에 있어서 중요한 마지막 부분은 '어법'이다.
아무리 뿌리가 튼튼하고 나무의 줄기가 곧게 뻗어 나가도 나무에 벌레가 많이 꼬여서 나무를 갉아 먹으면 안 된다. 어법이 바르지 않은 논리는 나무를 갉아먹는 벌레와 같다.

어법에서 중요한 부분은 바로 '주어와 서술어'를 일치시키는 것이다. 가령, '어머니가 급하게 뛰어 들어가서 머리를 잘랐는데 웃음이 났다.' 이 문장에서 가장 이상한 부분이 무엇인가? 그것은 바로 '어머니'가 '너무 했다.'로 이어지는 엉성한 주어와 서술어의 연결이다. 즉, '어머니'가 뛰어 들어간 것이고, 웃음이 났다는 '내'가 웃음이 난 것이므로 주어와 서술어가 일치하지 않은 문장이 된다.

주어와 서술어가 일치하지 않으면 마치 얼굴은 사람인데 다리는 물고기의 꼬리지느러미와 같은 이상한 형태가 되어 버린다.

그렇기 때문에, 어떤 논리를 전개하기 위해서는 반드시 주어와 서술어를 일치시켜야 한다.
그다음은 지나친 남용과 생략이다. 위의 문장은 '미용실에'라는 부사어가 생략되어 있고, '웃음이 났다.'

앞에 '나는 그 모습을 보고'라는 주어와 부사어가 들어가야 한다.

또한, 접속사의 문제도 중요하다. 문장은 인과관계, 비교, 대조, 유추, 예시 등으로 이루어진다. 여기에 적합한 접속사가 들어가면 논리는 물 흐르듯이 자연스러워진다. 위에 언급한 것처럼 "나는 배가 고팠다. 그래서 냉장고에서 우유를 꺼내 마셨다."라는 인과관계의 문장.

문장의 남용도 논리를 방해하는 요소가 될 수 있다. "머리카락을 자르도록 미용사에게 시켰다."라는 문장 역시 불필요하게 사역동사의 남용을 통해 어색함을 만들고 있다. 이때는 "미용사가 내 머리카락을 잘라 주었다."라고 말해야 한다.
다시 정리하자면, 논리에서 가장 중요한 것은 핵심을 파악하고 유지하는 것이다. 그래서 많은 책을 읽고 이야기의 '핵심'을 파악하는 연습은 논리력을 키우는데 상당한 영향을 준다.

처음에는 이솝우화나 동화부터 시작해서 차츰 수필이나 소설로 옮겨야 한다. 그렇게 읽어서 핵심을 파악하는 능력과 더불어 쓰기와 말하기를 통해 핵심, 일관성, 논리적 전개, 어법을 키운다면 누구나 논리의 대가가 될 수 있다.

8 다양한 표현

말을 하다 보면 내용을 말하다가도 막히는 경우가 종종 있다. 또한, 어떤 표현을 하고 싶은데도 그 표현이 생각나지 않아 쩔쩔매는 경우가 허다하다.

말을 잘하는 사람의 공통점은 어휘구사력이 뛰어나다는 것이다. 대화에 있어서 중요한 부분은 재미와 감동인데, 어휘력이 부족하면 이 두 가지 모두 충족시킬 수가 없다.

즉, 어휘적 표현력이 중요하다는 것이다.

가령, 자기소개를 할 때 "안녕하세요. 저는 김철수입니다. 감사합니다."라고 얘기하는 사람과 "안녕하세요. 김철수입니다. 저는 이름 때문에 초등학교 때부터 국어 시간에 유명했어요. 만나 뵙게 돼서 반갑습니다."라고 얘기를 하는 사람과는 사람들의 반응이 다를 것이다.

공식적인 보고를 할 때도 "네 이번 설문 조사에서 사람들이 원하는 것은 더 좋은 품질이었습니다. 그래서 좀 더 우리 회사가 그쪽으로 신경을 많이 써야 할 것 같습니다."라고 얘기하는 것과 "이번 설문 조사에서 고객이 원하는 것은 다름 아닌 품질이었습니다. 물량공세로 고객들에게 접근하는 미봉책으로는 오히려 고객의 역풍을 맞을 수 있습니다."라고 얘기하는 것은 느낌이 다르다.

무조건 한자어와 사자성어를 쓰라는 의미가 아니다.

말을 잘하는 사람은 고유어와 한자어를, 고급유머와 통속적인 유머를 적재적소에 사용할 줄 아는 사람이다. 또한, 그들은 현인처럼 생각하고 범인처럼 말하는 데 능숙하다. 그래서 어려운 의미를 쉽게 표현하거나 생생하게 표현해서 귀에 쏙쏙 들리게 하는 재주가 있다.

그런데 한국 사람들은 말을 아끼는 습관이 강했기 때문에 어휘력에 있어 부족함이 많다. 어휘력을 기르려면 우선 독서를 많이 해야 한다. 독서를 하다 보면 관용어나 비유 등의 수사가 다양해질 수 있기 때문이다. 또한, 자신의 언어, 자신만의 비유 등을 할 줄 알아야 하기 때문에, 독서를 하는 것에 그치지 않고, 그것을 활용해야 자기 것이 될 수 있다.

자 실전연습을 해보자.

'하늘이 맑다'에 대한 다양한 표현이다.
1. 하늘이 깨끗하다.
2. 하늘이 티 없이 맑다.
3. 하늘이 청아하다.
4. 하늘이 높고 푸르다.

이번에는 '경치가 좋다'를 갖고 표현해 보자.
1. 경치가 아름답다.
2. 한 장의 엽서를 보는 것 같다.
3. 그림의 한 장면 같다.
4. 절경, 비경이 따로 없다.
5. 신선이 있다면 이곳에 머물 것처럼 경치가 좋다.
등으로 나타낼 수 있다.

'아름답다'라는 고유어와 '청초하다'와 '청아하다'의 느낌은 조금 다르다. 청초하다는 깨끗한 아름다움을 청아함은 맑은 아름다움을 뜻한다. 즉 의미는 같지만 느낌이 다를 수가 있다.
'불안하다'를 표현할 때 조마조마하다, 아슬아슬하다, 좌불안석, 노심초사로 말할 수 있다.

'말의 앞뒤가 안 맞다'를 얘기할 때도 부조리하다. 모순적이다. 이율배반이다. 라는 말을 사용할 수 있다. 이처럼 고유어와 한자어의 느낌은 편안함과 딱딱함, 자유로움과 격식의 느낌으로 비교될 수 있다. 특히 한자어는 뜻과 뜻이 합쳐져서 의미가 발생하는 경우가 많은 만큼 표현에 따라 뉘앙스가 다를 수 있다.

어휘구사력이 좋은 사람은 때와 장소에 따라 같은 의미를 다양하게 표현할 수 있는 사람이다.

가령, 사석에서 어떠한 질문에 대답할 때 "질문은 쉽지만, 대답은 어렵네요."라고 말할 수 있지만, 공식적인 자리에서는 "질문에 난이도가 있어 변별력을 갖추기가 어렵네요."라고 표현하는 것이 적합할 수도 있다.

이처럼 고유어와 한자어의 분간을 자유자재로 한다면 그 다음에는 비유적 표현을 잘 다룰 줄 알아야 한다. 왜냐하면, 비유적인 표현은 상황을 생생하게 나타낼 뿐만 아니라, 재미있는 요소도 주기 때문에 일석이조의 효과를 거둘 수 있다.

가령, '기분이 좋다'를 가지고 이렇게 표현할 수 있다. 기분이 너무 좋다. 뛸 듯이 기분이 좋다. 당장에라도 날아갈 듯이 기분이 좋다.
'춥다' 역시 다양한 표현이 가능하다. 몹시 춥다. 살을 에는 듯이 춥다. 몸에 고드름이 필 것 같다. 동장군이 온 것 같다.
바다에 대한 표현도 다채로울 수 있다.
잔잔한 파도, 집어 삼킬 듯한 파도, 집 채 만 한 파도, 굶주린 늑대가 먹이를 덥석 물듯이 밀려오는 파도, 사납고 격렬한 바다, 너무나 고요하지만 속을 알 수 없는 바다 등 수 없이
많은 표현을 해 봐야한다.

이번에는 자연에서 사람의 마음으로 옮기자.
속을 알 수 없는 마음, 검은 마음, 티 없이 맑은 마음, 깊이를 헤아릴 수 없을 정도로 깊고 넓은 마음, 노르스름한 마음 등으로 다양하게 표현할 수 있다.

다음은 '저기 하늘에 어린 새가 날고 있습니다.'에 대한 다양한 표현이다.

한 마리의 새가 하늘을 비행한다. 어미 새의 품을 찾기 위해 그리움의 날개 짓을 한다. 먹이를 찾기 위한 몸부림을 하는 작은 새, 어리디 어린 새가 힘찬 도약의 날개 짓을 하듯 창공을 훨훨 난다 등 여러 가지 표현을 해볼 수 있다.

봄에 대한 표현도 다채로울 수 있다.

아지랑이가 피어나는 봄, 겨울이 녹아 봄을 맞이하는, 겨우 내내 얼어붙은 땅이 소생 하는 봄, 차가운 바람을 견뎌내며 여린 꽃봉오리를 드러내는 봄, 스멀스멀 따스한 기운이 올라오는 봄 등 수 없이 많은 표현을 해 봐야한다.

또한 관용어의 활용도 중요하다. 관용어란 사람들이 습관적으로 사용하는 비유를 얘기한다.

가령, 적은 월급을 '쥐꼬리 만 한 월급', 장사가 안 될 때 '파리만 날린다.'라는 표현. 화가 나서 쳐다볼 때를 '눈에 쌍심지를 켜고 보네.' 무관심할 때 '강 건너 불구경 하듯이', 열심히 노력했는데 다른 사람이 채 갈 때, '닭 쫓던 개처럼' 등의 표현을 하면 더 생생하다는 얘기다.

조금 더 고급스러운 관용어도 있다.

예를 들어, 좋은 결과이지만 그 안에는 나쁜 징조가 담겨있을 때 '독이 든 성배'라는 비유, 상대에게도 영향을 주지만, 나에게도 영향을 미칠 때 '양날의 검', 이러지도 저러지도 못하는 상태를 '뜨거운 감자' 아름답지만 그 안에는 날카로움이 있을 때 '가시 돋은 장미' 등의 표현이다.

그리고 더 나아가서 명언과 사자성어, 속담의 비유도 있다.

예컨대, '서로 비슷하네.'라는 표현을 '가재는 게 편이다.', '초록은 동색이다.', '유유상종'등의 속담과 사자성어로 표현할 수 있다.

또한, '위태로운 상황'을 '백척간두', '풍전등화', '사면초가'등의 사자성어로도 나타낼 수가 있다.

난이도가 높은 한자어와 사자성어도 있다.

'각주구검'은 칼을 강물에 떨어뜨리자 뱃전에 그 자리를 표시했다가 나중에 그 칼을 찾으려 한다는 데서 유래한 말로 융통성이 없을 때 쓰는 말이다.

'사주하다'는 남을 부추겨 좋지 않은 일을 시킬 때 사용하는 단어로써 '획책하다'와 비슷한 의미로 사용할 수 있다.

'삼고초려'는 유비가 제갈량을 세 번이나 찾아가 군사로 초빙한 데서 유래한 것으로 사람의 마음을 얻고자 겸손하게 성의를 보이며 모실 때 사용하는 말이다.
'토사구팽'은 '토끼가 잡히고 나면 충실했던 사냥개도 쓸모가 없어져 잡아먹게 된다.'는 춘추시대의 월나라에서 유래된 말로 필요할 때 요긴하게 사용하고 쓸모가 없어지면 가차 없이 버린다는 의미로 활용된다.

'권토중래'는 한 번 싸움에 패했다가 다시 힘을 길러 쳐들어올 때 쓰는 사자성어이며, '조삼모사'는 아침에 세 개, 저녁에 네 개라는 배고픈 원숭이를 구슬리는 데에서 유래된 말이다. 대개는 멀리 보지 않고 눈앞의 이익을 생각하며 구슬리거나 모사할 때 쓰는 말이다.

남을 위해 아부하는 것을 '교언영색'이라 하며, 자기가 배운 것을 세속적으로 아부하며 출세하려는 행동을 '곡학아세'라 부른다. 또한, 세상을 어지럽히고 백성을 속이는 혼란상태일 때 '혹세무민'이라 부르며, 소뿔을 바로잡으려다 소를 죽이는 경우를 '교각살우'라 부르며 이는 '벼룩 잡겠다고 초가삼간 태우는 격'과 같은 의미이다.

우리말 즉, 고유어에서도 난이도가 높은 단어들이 있다.

'오롯하다'는 모자람이 없이 온전할 때의 의미이며, '오롯한 사랑'과 같은 표현으로 쓰일 수 있다. '고즈넉하다'는 고요하고 아늑할 때를 말하며 '호젓하다'와 유사한 의미로 쓰인다. '너른'은 넓은 '시나브로'는 '모르는 사이에 서서히'의 의미이다.

어휘력은 한 순간에 늘지 않는다.

독서를 통해 얻은 어휘를 다양하게 표현하고 연습해야 어휘력을 늘릴 수 있다.

그런 의미에서 어휘력을 늘린다는 것은 다양한 표현을 위한 중요한 요소이다.

9 유머

유머를 정의함에 있어 학자마다 다르긴 하지만, 대체적으로 격차를 보편적인 이론으로 들 수 있다.

격차란, 가령 기대치와 반응에 있어서의 차이를 얘기한다. 학교에서 선생님과 학생이 복도를 지나가다 넘어졌을 때 어떤 상황이 더 재미있는가를 생각하면 쉽게 이해가 갈 수 있을 것이다.

왜 선생님이 넘어졌을 때 더 웃길까?

그것은 선생님의 권위가 훨씬 크기 때문에 또한, 그것에 대한 격차 때문에 학생보다는 더 크게 웃을 수 있는 것이다.

이 격차를 표현하는 방법으로 연상, 과장, 언어유희 등이 있다.

격차는 다양한 부분에서 예를 들 수 있다.

가령, "매력적인 질문이야!"라는 말에 있어, '매력적인'과 '질문'은 어울리지 않는 표현이다. 이 두 가지의 부조화가 맞물려서 묘한 뉘앙스를 풍겨 유머를 만드는 것이다. 다양한 예로 "착한 몸매", "나쁜 손" 등의 표현이 있다.

또한 속담, 인용, 중의적인 표현에 대한 격차도 있다.
예컨대 도둑이 어떤 집에 침입했다고 했을 때, 갑자기 쥐가 났다고 가정했을 때 "도둑이 제 발 저리네요."라고 한다면 이것 또한 묘한 뉘앙스를 풍기면서 유머러스한 표현이 될 수 있다.

물론 실제로 저렇게 얘기했다가는 뒷일은 장담할 수 없다.

연상도 마찬가지다.

 개그맨을 흉내 낼 때 또는 유명정치인을 흉내 낼 때 그것이 재미가 있는 이유는 그 연예인의 말투가 연상이 되면서 격차를 느끼기 때문이다. 이때 너무 똑같게 흉내를 내면 재미와 감탄을 동시에 일으키게 된다.

과장 또한 유머의 대표적인 방법이다.

어떤 선생님이 독특한 억양이 있을 때, 그것을 좀 더 과장된 억양을 써서 표현했을 때 재미를 더 유발하는 이유는 격차가 더 크기 때문이다.

유머감각을 향상시키는데 2행시나 3행시로써 격차나 반전을 두는 훈련만큼 좋은 것은 없다.

예를 들어, '침대'를 가지고 2행시를 지을 때 '침 - 침을 흘려도 당장 자고 싶다.', '대 - 대자로 뻗으며 푹 자고 싶다.' 등으로 표현함으로써 침대에서 당장 자고 싶은 느낌을 운율을 통한 재미를 주며 표현하는 것이다.

'햄버거'도 마찬가지이다. '햄 - 햄과 치즈와 빵이 모아져서', '버 - 버거울 정도의 맛의 향연이 시작된다.', '거 - 거대한 크기와 위대한 맛 그것은 햄버거'

이처럼 격차나 반전 그리고 연상을 통한 이론들을 토대로 유머를 적재적소에 잘 표현한다면

여러분들도 청중을 충분히 사로잡을 수 있는 매력적인 화자가 될 수 있다.

유머는 말 그대로 청중에게 재밌게 표현해서 분위기를 즐겁게 만드는 것이다. 바꿔 말하면, 분위기를 즐겁게 하지 못하는 유머는 좋은 유머가 아니라는 것이다. 즉, 공격적인 유머, 상처가 되는 유머, 지루한 유머 등이 지양해야 할 유머에 포함된다.
 가령, 어떤 부부가 자녀가 8명 있다고 했을 때, "참 번식력이 좋으시네요."라고 말을 한다면. 물론 상황에 따라 웃음을 유발할 수도 있지만, 당사자는 충분히 기분이 상할 수 있다.

또한, 술자리에서 머리가 큰 사람한테, "넌 얼굴이 커서 면봉 같다."라고 한다면 오히려 분위기가 싸해질 수도 있다.

그래서 적재적소의 유머가 중요한 것이다.

그리고 한 번 재미를 줬다고 해서, 더 욕심을 낸다면 오히려 과유불급이라고 안 한 것만 못한 상황이 될 수도 있다. 그런 경우는 주위를 돌아보면 많은 곳에서 예를 찾을 수가 있다.
유머는 필요에 따라 청량음료가 될 수도 있고, 독이 될 수도 있다는 것을 명심해야 한다.

유머를 훈련하기 위한 좋은 방법으로는 2행시와 3행시가 있다.

10 속담 활용

말을 풍요롭게 하는 데 있어서 속담은 매우 중요한 역할을 하고 있다.

가령, 어떤 성공한 사람이 늘 겸손한 태도를 취하고 손윗사람이든 손아랫사람이든 늘 배우려는 자세를 가지는 것을 보고 '벼는 익을수록 고개를 숙인다.'라고 말을 하면 그 상황을 함축적으로 표현할 수가 있게 되는 것이다.
또한, 어떤 직원이 상사에게 혼나서 부글부글 대다가 부하 직원에게 모라고 하는 것을 보고 '종로에서 뺨 맞고 한강에서 화풀이한다.'라고 간결하게 표현할 수도 있다.

이렇게 속담은 함축적이고도 쉽게 상황을 설명한다는 점에서 매력적이다.

예전에 술자리에서 친구 한 명이 여자에게 차이고 혼자서 어울리지 못하고 대화에도 끼이지 못하는 것을 보고 어떤 친구가 그 친구에게 왈 "낙동강 오리알 신세 같다."라고 얘기한 적이 있었다.

그리고 한 번은 한 친구 중에 출세한 친구가 있었는데, 그 친구가 잘나가던 시절 다른 친구들 앞에서 "내 차 한 번 몰면 여자가 줄을 서지.", "돈이 하도 많아서 어떻게 써야 할지를 모르겠다." 라고 얘기하자, 친구 중 한 명이 "넌 개구리 올챙이 시절 모르는구나. 예전에 네가 힘들고 돈이 없던 시절을 생각해봐."라고 얘기를 했다.

또한, 속담은 유머적 비유로도 활용할 수가 있다.
가령, '열 번 찍어 안 넘어가는 나무 없다.'는 '열 번 찍어 안 넘어가는 나무는 사다리 타고 올라가라.'라고 재미있게 표현할 수도 있고, '소 잃고 외양간 고친다.'와 유사한 표현으로 '차 잃고 주차장 고친다.'로 또한, '낫 놓고 기억 자 모른다.'와 유사한 표현으로 '빨래집게 놓고 A자 모른다.'로 얘기할 수도 있다.
영화에서도 이런 속담은 많이 활용되고 있다.

예전에 영화 '타짜'에서 김혜수 씨가 화투를 치다가 같이 어울리던 '호구'의 돈을 화투로 뺏은 적이 있었는데, 그 '호구'가 "정 마담이 나한테 어떻게 이럴 수 있어?"라고 묻자, 김혜수 씨 왈, "원래 등잔 밑이 어두운 법이랍니다."라고 받아쳤다.

다음은 속담의 예이다.

가는 날이 장날이다

가는 말이 고와야 오는 말이 곱다

가랑비에 옷 젖는 줄 모른다

가랑잎이 솔잎더러 바스락거린다고 한다

가재는 게 편이라

가지 많은 나무에 바람 잘 날 없다

간에 가 붙고 쓸개에 가 붙는다

간에 기별도 안 간다

울며 겨자 먹기

자라 보고 놀란 가슴 솥뚜껑 보고 놀란다

핑계 없는 무덤 없다

하늘이 무너져도 솟아날 구멍이 있다

하룻강아지 범 무서운 줄 모른다

한 술 밥에 배 부르랴

11 명언 활용

속담과 사자성어가 함축적으로 화자의 말을 표현할 수 있다면 명언은 청중들의 마음을 움직이고 심금을 울릴 수 있는 표현이다.

IMF 시절 사업이 잘 안돼서 너무나 괴로워하던 그래서 손님이 줄어 음식사업을 접을지 말지를 고민하던 어떤 분이 우연히 TV를 보는데 이런 말이 나왔다고 한다. '위기를 기회로 바꿔라.' 그 말을 듣고 그 분은 용기를 낼 수 있었다.

오프라 윈프리는 어렸을 때부터 외모에 대한 놀림과 성폭행으로 얼룩진 사춘기 시절을 보내면서 하루하루 힘들어하던 그때 '내가 왜 그토록 고통을 당해야 하는가. 그 어떤 것도 생각하기 나름이잖아.'라고 긍정적으로 생각하기 시작했다고 한다. 그러면서 훗날 똑같이 고통을 받는 사람들에게 이렇게 말을 했다.

'자신의 상처를 지혜로 바꾸어라.' 라고

또한 윈프리는 행운이라는 것은 없다고 단지 '행운은 준비된 자가 기회를 만나는 것에 다름 아니다.'라는 멋진 말을 남겼다.

국내외 유명인과 정재계 인사들도 유명한 어록을 남겼다.

정주영 회장은 '시련은 있어도 실패는 없다.', 동양화재 정진섭 대표는 '크고자 하거든 남을 섬겨라.' 현대 정몽구 회장은 '부지런하면 두려울 것이 없다.' 그리고 대우 김우중 회장은 '세상은 넓고 할 일은 많다.'라는 멋진 말을 남겼다.

삼성 이건희 회장은 '경청'을 비롯해 '산삼을 캐려면 산삼 밭에 가야한다.', '기가 살아야 운이 산다.', '감나무 밑에 누워서 감이 떨어지길 바라지 말고, 때로는 감을 따러 가야 한다.' 등의 주옥같은 명언을 남겼다.

헤르만 헤세는 '운명은 외딴 곳에서 오는 것이 아니라 자신의 마음속에서 생기고 자라는 것이다.'라는 말을 남겼고, 영국 시인 바이런은 '시간만이 사람을 지치게 한다. 익숙해지면 사랑은 사라진다.'라는 유명한 어록을 남겼다.

이러한 명언을 토대로 가령, "지금 우리가 경제가 어렵다고 위축될 것이 아니라 때로는 위기를 기회삼아 '감을 먹으려면 감나무를 따러 가라.'는 이건희 회장의 말처럼 실천해야 될 때입니다."라고 말을 하거나 "자신의 이익만을 생각하는 사람은 결국 한계가 있습니다. '크고자 하면 남을 섬겨라.'라는 정진섭 대표님의 말처럼 남을 생각하면서 사업을 해야 더욱 성장할 수 있습니다."

이와 같이 유명인이 남긴 명언을 회자해서 스피치에 적용하면 보다 신뢰와 흥미를 갖고 화자의 얘기에 집중할 수 있다.

다음은 명언의 예이다.

주사위는 던져졌다 - 율리우스 카이사르

왔노라, 보았노라, 이겼노라. - 율리우스 카이사르

전쟁을 두려워해서는 안 된다. 하지만 먼저 도발해서도 안 된다. - 플리니우스

남들 위에 서는 사람은 밑에 있는 사람보다 자유가 제한된다. - 율리우스 카이사르

모방에 의해서 위대하게 된 사람은 아직 한 사람도 없었다. - 사무엘 존슨

위인이란 소리를 듣는 것은 오해를 받는 일이다. - 에머슨

천재란 굴 껍질 속의 진주와도 같이 빛나는 일종의 병이 아닐까 ? - 하이네

사랑이란 마치 열병같아서 자기 의사와는 관계없이 생겼다간 꺼진다. - 스탕달

12 사자성어 활용

스피치를 할 때 인용은 청중의 주의를 끄는 데 지대한 영향을 끼친다.

특히 사자성어는 촌철살인처럼 한 마디로 상황을 정리할 수 있다는 점에서 매우 집약적인 표현이라고 할 수 있다.

가령 "웃음은 매우 중요합니다." 라는 표현보다는 "일소 일소요 일로 일로"입니다. 라는 표현으로. 또한 "그 사람은 늘 자기 입장에서만 생각하고 말을 하고 남의 입장을 배려하지 않아."를 '아전인수'와 '견강부회'와 같은 집약적인 사자성어로 표현한다면 매우 효과적으로 청중의 이목을 집중시킬 수 있다. 그러려면 속담, 명언, 고사 성어에 대한 공부를 하는 것이 중요하다.

단순한 예시나 얘기보다 속담이나 격언, 고사 성어는 청중을 집중시킬 수 있는 커다란 힘이 있다.

"어떤 것을 하더라도 지나친 것은 안하는 것보다 못할 수 있습니다." 라는 표현은 여러 가지로 말을 할 수 있지만, 간단하게 "과유불급"이라고 요약해 얘기한다면 오히려 촌철살인과 같은 비유가 될 수 있기에, 더 귀에 들어올 수가 있는 것이다.
이와 같이 속담이나 격언은 표현의 집약의 효과와 더불어, 함축적인 표현으로 청중의 귀를 사로잡을 수 있는 방법이기 때문에, 평소에 책을 많이 읽고, 명언을 많이 접하는 것이 중요하다.

다음은 사자성어의 예이다.

노심초사 勞心焦思 애를 써 속을 태움

논공행상 論功行賞 세운 공을 논정하여 상을 줌

누란지세 累卵之勢 몹시 위태로운 형세

다기망양 多岐亡羊 학문의 길이 여러 갈래라 진리를 찾기 어려움

단금지교 斷金之交 쇠를 자를 정도로 절친한 친구사이를 말함

단도직입 單刀直入 요점을 바로 말하여 들어감

단사표음 簞食瓢飮 변변치 못한 음식

단순호치 丹脣皓齒 붉은 입술과 하얀 이란 뜻에서 여자의 아름다운 얼굴을 이르는 말

단식표음 簞食瓢飮 변변치 못한 살림

대기만성 大器晩成 크게 될 인물은 오랜 공적을 쌓아 늦게 이루어짐

도로무익 徒勞無益 애만쓰고 이로움이 없음

도청도설 塗聽塗說 길거리에 떠돌아다니는 뜬소문

동가홍상 同價紅裳 같은 값이면 다홍치마

동고동락 同苦同樂 괴로움과 즐거움을 함께함
동문서답 東問西答 묻는 말에 대하여 아주 딴판의 소리도 대답함

동병상련 同病相憐 처지가 서로 비슷한 사람끼리 동정함

동상이몽 同床異夢 같은 잠자리에서 다른 꿈을 꿈

동심지언 同心之言 절친한 친구사이

등하불명 燈下不明 가까이 있는 것을 모름
등화가친 燈火可親 가을밤은 서늘하여 등불을 가까이 두고 글을 읽기에 좋다는 말

마이동풍 馬耳東風 남의 말을 귀담아 듣지 아니하고 지나쳐 흘려버림

막역지우 莫逆之友 거역할 수 없는 친한 벗

만경창파 萬頃蒼波 한없이 넓고 푸른 바다

만사휴의 萬事休矣 모든 방법이 헛되게 됨

만휘군상 萬彙群象 우주의 수많은 현상

망경창파 萬頃蒼波 한없이 너르고 너른 바다

망양지탄 亡羊之歎 학문의 길이 여러 갈래여서 못 미침을 탄식.

사고무친 四顧無親 사방을 둘러보아도 친한 사람이 없음. 곧 의지할 사람이 없음

사면초가 四面楚歌 사방이 전부 적에게 싸여 도움이 없이 고립된 상태

사분오열 四分五裂 여러 쪽으로 찢어짐 어지럽게 분열됨

수구초심 首邱初心 고향을 생각하는 마음을 말함

수복강녕 壽福康寧 오래살고 복되며, 몸이 건강하고 편안함

안하무인 眼下無人 눈 아래 사람이 없음. 곧 교만하여 사람을 업신여김

약방감초 藥房甘草 무슨 일이나 빠짐없이 끼임 반드시 끼어야할 사물

연목구어 緣木求魚 되지 않을 일을 무리하게 하려고 함

자승자박 自繩自縛 자기의 말이나 행동으로 자기가 옭혀 들어가 묶임

지록위마 指鹿爲馬 윗사람을 농락하여 권세를 마음대로 함

초동급부 樵童汲婦 보통사람

촌철살인 寸鐵殺人 짧은 말로 어떤 일의 급소를 찔러 사람을 크게 감동시킴

13 에피소드 활용

에피소드는 음식으로 비유하면 메인요리이다.

우리가 보통 어떤 얘기를 할 때는 대부분 도입부와 본론 그리고 결론을 가지고 얘기를 한다.

이때 에피소드는 풍성한 얘깃거리를 줄 수 있는 재료이며, 듣는 사람으로 하여금 재밌게 경청할 수 있게 하는 이야기보따리다.

에피소드가 풍부할수록 듣는 이의 귀는 즐거워질 수 있다.

예를 들어, '재테크'에 대한 이야기를 할 때 "부자가 되려면 성실함과 근면성이 필요합니다." 라고 얘기하는 것보다, "제 친구 한 명은 처음에는 가난했지만, 경매와 채권에 대한 공부를 본격적으로 하면서 처음 1, 2년 동안은 재미를 보지 못했지만, 경험이 쌓이다보니 점점 더 많은 부를 축적했습니다."라고 얘기를 하는 것이 훨씬 생생하게 전달이 될 수 있다.

또한 '웃음'에 대한 얘기를 할 때도 "웃음은 삶의 활력소입니다. 우리 모두 웃으면서 삽시다."라고 얘기하는 것보다는 "제 지인 중에 한 명은 심한 우울증을 앓고 있었는데, TV에서 어떤 명사의 강연을 듣고 처음에는 어색했지만, 조금씩 따라서 웃기 시작했습니다. 자꾸 웃다 보니 마음도 긍정적으로 바뀌고 경직되었던 인상은 화색이 돌고 삶의 기쁨이 생기기 시작했습니다. 그렇다 보니 식욕도 돋고 예전에는 약간의 대인기피증 때문에 사람들을 멀리했었는데, 지금은 자신감이 생기다 보니 사람들도 자주 보게 되고 자연스럽게 우울증이 고쳐진 경우가 있습니다."라고 얘기하는 것이 훨씬 '웃음'에 대한 내용을 실질적으로 전달할 수 있다.

이처럼 에피소드는 단순히 이야기를 상세히 설명하는 것이 아니라 풍부한 예와 일화를 통해 청중들에게 생생한 내용을 전달할 수 있는 실질적인 이야기라고 말할 수 있다.

TV에서 보면 연예인 또는 말을 잘하는 사람들 중에 수많은 에피소드를 갖고 얘기를 하는 사람들이 있다. 그들은 사실 말을 특별히 잘하는 재주보다는 다양한 에피소드를 적재적소에 풀어서 얘기하는 능력이 탁월하다.

그렇기 때문에, 다양한 에피소드는 어떤 상황에서든 실질적인 예를 들 수 있는 좋은 스피치의 무기가 될 수 있다.

14 비유 활용

비유는 스피치에 있어서 양념과 같다.

그리고 청중들에게 쏙쏙 들어올 수 있는 마법과 같은 역할을 한다. 관용어를 포함해 어휘력이 풍부한 사람은 주위 사람들을 즐겁게 만든다.

가령, "하늘이 무척이나 아름답다."라고 표현했다고 하자. 물론 저 표현도 때에 따라서 무척 담백할 수 있다.

하지만 맨밥이 담백하지만 텁텁하듯이, 밥을 갖고 비빔밥도 만들고, 김치덮밥, 죽, 치즈 볶음밥 등 다양한 활용을 한다면, 그 요리법이 풍부해질 수 있듯이, 하나의 표현을 다양하게 풀어낼 수 있다면, 풍부한 재미와 흥미를 전달할 수 있다.

비유법의 대표적인 종류에는 직유법, 은유법, 의인법, 대유법 등이 있다.

기본적으로 비유는 원관념과 보조관념이 존재한다. 직유법은 보조관념에 '~처럼, ~같이'라는 말을 붙여서 원관념을 보조관념에 직접적으로 연결하는 비유법이다. '구름이 한 폭의 수묵화 같다.'라는 문장에서 '구름'는 원관념이고 '한 폭의 수묵화'는 보조관념이다. 이때 '한 폭의 수묵화 같다.'라는 말을 붙여서 직접적으로 비유하는 것이다.

은유법은 간접적인 비유법이다. 위의 문장에서 '구름이 한 폭의 수묵화다.'라고 하는 것이 바로 은유법이다. 여기서 '구름'이 원관념이고 '한 폭의 수묵화'가 보조관념이다. 즉, 'A는 B이다.'의 형태로 원관념과 보조관념을 간접적으로 견주어 표현하는 고급스러운 비유라 할 수 있다.

이 외에 의인법은 무생물을 사람처럼 비유하는 것을 말하고 대유법은 어떤 한 부분을 가지고 그 자체나 전체를 나타내는 수사법이다.

국어를 잘하는 사람이 스피치도 잘할 수밖에 없는 원리이다. 평소에 어휘력이 없으면 비유도 맛깔스럽게 할 수가 없기 때문이다.

어휘력은 음식으로 따지면, 재료에 해당할 수 있다. 아무리 양념이 화려하다 해도 재료가 식상하면 음식 자체가 가벼워질 수밖에 없다.

또 다른 예로 관용어를 들 수 있다.

관용어의 의미는 많은 사람들이 사용해서 자연스럽게 이해가 되는 말을 의미하는 것이다. 공감대가 형성되면서, 재밌는 표현이 많기 때문에 관용어를 잘 활용한다면, 말을 아주 재밌게 할 수 있게 된다. 가령, '접싯물에 코 박듯이, 똥인지 된장인지 구별 못하는, 늘어지게 자는, 자다가 코 베어가도 모르는' 등의 수많은 관용어를 사용한 표현이 있다.

실전연습을 해보자.

기분이 좋을 때를 어떻게 표현할까? '기분이 좋다, 기분이 최고다, 너무너무 행복하다.' 등으로 표현할 수 있다.

이것을 비유로써 표현해 보면 어떨까?

1. 기분이 날아갈 듯이 좋다.
2. 마치 비행기를 타는 듯한 기분이다.
3. 백두산 정상에 오른 듯한 느낌이다.
4. 뛸 듯이 기분이 좋다.

다음은 절망적인 상황을 비유해 보자.

1. 빛이 보이지 않는 긴 터널을 가는 듯한 느낌이다.
2. 어둠 속을 걷는 듯한 기분이다.

3. 안개 속을 헤매는 듯한 느낌이다.
4. 기나긴 동굴 속을 기어가는 듯한 느낌이다.
5. 비가 그치지 않는 장마를 경험한 듯이.
6. 한차례 폭풍우가 몰아치듯이

반대로 희망적인 상황은 어떻게 비유할 수 있을까?

1. 긴 어둠을 뚫고 나와 광명을 보듯이
2. 절망의 구렁텅이에서 한 줄기 빛을 보듯이
3. 기나긴 장마가 그치고 햇빛이 구름 사이로 고개를 내밀듯이
4. 격렬한 파도 뒤에 찾아오는 고요함
5. 큰 폭풍 후의 고요함
6. 혹독한 겨울이 지나고 따스한 봄이 찾아오듯이

이번에는 절망적인 순간에서 희망을 보았을 때를 어떻게 표현하는지 연습을 해보자.

또 하나의 예로 '불행이 겹칠 때'를 여러 가지 표현으로 해볼 수 있다.
먼저 관용어로는 '엎친 데 덮친 격'이라는 표현이다. 관용어란 사람들이 습관적으로 사용하는 비유를 얘기한다. 사자성어로는 '설상가상'이라는 표현이 있다. 그리고 비유적 표현으로는 욕 듣고 나서 뺨 맞을 때, 세금을 떼였는데 수수료까지 뗀 느낌, 안타 맞고 병살타 친 느낌 등의 다양한 표현을 할 수가 있다. 유머적인 표현으로는 개똥 밟고 기분 잡쳤는데 소똥까지 밟은 느낌, 여자 친구와 이별을 하고 울적해서 클럽을 갔는데, 거기서 여자 친구를 본 느낌 등의 생생한 표현을 예로 들 수가 있다.

이번에는 '행복이 겹칠 때'이다.

먼저 사자성어로 '금상첨화'라는 표현이 있다. 그리고 비유적인 표현으로는 안타치고 홈런을 친 느낌, 소개팅해서 대시 받고 헌팅까지 받은 느낌, 마트에서 음료수 마셨는데, 한 병 더 나온 느낌 등으로 표현할 수가 있다.

비유는 생생한 표현을 가능하게 해서 듣는 이로 하여금 연상하게끔 만들어 주는 고급표현이다.

두 문장이 모순적으로 만나 역설적 비유를 만들 수도 있다.

가령, 유치환 시인의 깃발 중에서 '이것은 소리 없는 아우성'이라는 표현은 '소리 없는'과 '아우성'이라는 단어가 만나 모순을 보이지만 그래서 더욱 강한 느낌의 외침이라는 역설을 지니고 있다. '슬프도록 아름다운 이별' 표현의 경우 '슬프다'와 '아름답다'가 충돌하면서 모순적인 표현이 되지만, 그렇기 때문에 더욱 슬픈 느낌의 이별을 역설적으로 말하고 있다.

또한, 의외성과 격차와 맞물려 유머적인 비유로도 표현될 수 있다.

예컨대 너무 기사회생을 비유로 표현하면

1. 죽다가 살아나듯이
2. 절벽에서 간신히 기어오르듯이 이것을 유머적인 비유로 표현한다면

1. 관 뚜껑 덮고 3일장 치르고 영구차 올 때쯤 다시 일어난
2. 사채업자에게 추심 받고 시달리다가 간신히 원금 갚듯이

등으로 표현하면 충분히 재밌는 상황을 연출할 수 있다.

비유를 잘하기 위해서는 촌철살인의 표현을 하는 훈련을 해야 한다.
가령, '사이다'라는 말을 비유했을 때 '시원함이 가득한'이나 '목을 축여주는 맛'이라고 표현한다면 날카로움이나 재기발랄함이 떨어질 수 있다. 그런 표현보다는 '몸과 마음을 시원하게 정화시키는 맛', '톡톡 튀는 맛이 그 자체로 사이다', '온 몸의 오장육부가 뻥 뚫리는 느낌'이라고 표현하는 것이 더욱 날카로운 비유라 할 수 있다.

'치킨'도 마찬가지이다. '언제나 찾게 되는 맛'이나 '먹을수록 담백함이 있는'이라는 표현 보다는 '윤기가 좔좔 흐르는 맛', '도파민과 세로토닌을 분출하는', '둘이 먹다 하나 죽어도 모를 맛의 향연' 등으로 표현해야 더 생생하고 맛깔스러운 비유라 할 수 있다.
비유는 어떤 상황을 생생하게 전달하는 가장 고급스런 표현중 하나라고 할 수 있다.

같은 표현이라도 어떻게 활용하느냐에 따라 스피치의 스킬이 달라질 수 있다.
그렇기 때문에 어휘력과 비유가 풍부한 사람을 친구로 둔다면 귀가 즐거워 질 수밖에 없다.

3강 다양한 스피치방법

1 자기소개

살면서 우리는 어떤 자리에서건 자기소개를 할 상황을 많이 겪게 된다. 그렇기 때문에 자기소개를 연습한다는 것은 모든 사람을 대면할 준비를 하는 것이다.

자기소개를 하려면, 일단 자신에 대해 알아야 한다. 나의 장단점이 무엇인지 또는 특기는 무엇이고 어떤 가치관을 따르고 있는지 한 번 A4용지에 적어보라.
왜냐하면, 우리는 자기소개를 하는 수많은 공식, 비공식적인 자리에서 자신이 어떤 사람인지를 모르기 때문에 "소개해 보세요."라는 말에 당황하기 쉽다.

그렇기 때문에 자기소개를 잘하려면 '나 자신'을 잘 알아야 한다.

자기소개는 단순히 이름을 얘기하는 것이 아니라, 자신이 어떤 사람인지를 인상적으로 소개하는 것을 의미한다. 물론 모든 상황에서 자신을 인상적으로 소개할 필요는 없다. 중요한 것은 상황에 따른 적절한 자기소개이다. 예를 들어, 길을 지나가다가 친구가 아는 사람을 만나 나를 소개하는데, 그때는 구구절절 모든 소개를 할 필요가 없기 때문에, 간단하게 이름만 얘기하고 기분 좋은 인사말을 건네는 것이 상황에 맞다.

소개팅이나 미팅 시의 자기소개는 깔끔하면서 인상적인 소개가 좋다. 가령, 본인이 키가 작을 때는 "안녕하세요. OOO입니다. 저는 비록 키가 작지만, 오히려 그렇기 때문에 제가 사랑하는 사람을 우러러볼 수 있습니다." 등의 짧고 간결하면서도 재치 있는 말 한마디를 구사하는 것이 상대방에게 강렬한 인상을 남길 수 있다.

하지만 자신을 비하하거나 지나친 자랑을 통한 소개는 지양해야 할 부분이다. 예를 들어, "저는 뚱뚱합니다. 한마디로 돼지죠. 평생 먹다 죽을 거 같아요." 등의 소개는 인상적이긴 하지만, 자칫 매력을 떨어뜨릴 수 있기 때문에 스스로 비하하는 유머는 조심해야 한다.

또한, 술자리처럼 사석에서 편하게 얘기할 수 있는 자리에서는 진지한 소개보다는 재미있는 소개가 좋다. 너무도 딱딱한 자기소개는 자칫 흥에 겨운 술자리에 찬물을 끼얹을 수 있기 때문이다. 예컨대, "저는 OOO입니다. 보시다시피 이렇게 말랐습니다. 그래도 마른 장작이 더 잘 타지 않습니까?" 또는 "저는 향수로 이태리 명품 페브리즈를 씁니다. 그래서 오늘도 섬유질 향기가 나죠." 등의 재미를 주려는 소개는 술자리 상황에 맞을 수 있다.

그리고 자기소개를 할 때는 1분 30초를 넘기면 지루할 수 있기 때문에 간결하게 자신의 특징 등을 한가지로 이야기하는 것이 좋다. 생각해보라. 수많은 사람이 자기소개를 하는데 그 많은 사람들이 나를 기억하려면 얼마나 간결하고 인상적으로 이야기해야 하겠는가.

또한, 소개할 때, "이런 자리에서 어떻게 말을 할지..." 또는, "제가 이런 말을 해도 될지..." 등의 사족을 빼는 것이 중요하다. 그 쓸데없는 말이 이미 1분 이상을 차지하게 되면 듣는 사람들은 지루함을 느낄 수밖에 없다.

다음은 가장 어렵다는 형식적인 자리, 또는 많은 청중들 앞에서 자기소개이다.
입사면접, 또는 발표자리 등에서 우리는 그런 자기소개를 해야 하는데, 이때는 너무 지나친 유머를 구사하기보다는, 청중들에게 신뢰를 주면서 구체적으로 자신에 대한 얘기나 이곳을 지원하게 된 동기에 대해 얘기하는 것이 중요하다.

예를 들어, "저는 OOO입니다. 저는 중학교 때부터 노인들에 대한 봉사활동을 했습니다. 그 이유는 할아버지의 말씀 때문이었습니다. 제게는 늘 저를 따뜻하게 보살펴 주신 할아버지가 계셨고, 할아버지께서는 언제나 '어울림'과 '나눔'에 대해서 말씀해 주셨습니다. 그래서 저는 복지사로서 행정업무와 실무업무의 실천 이전에 '나눔'과 '사랑'을 실천하고 싶어서 사회복지 직에 지원하게 되었습니다." 등과 같이 신뢰를 주면서도 구체적인 소신을 얘기하는 것이 좋다.

형식적인 자리에서는 유머를 과하게 사용하다보면 오히려 가벼워 보일 수 있기 때문에, 너무 지나친 유머를 하지 않으려 신경 써야 한다.

물론 형식적인 자리가 강의나 사회라면 얘기가 달라진다. 이때는 적절한 품격 있는 유머를 사용해서 경직된 분위기를 푸는 것이 중요하다.

"안녕하세요. 저는 오늘 이 자리의 사회자 000입니다. 박수가 약하네요. 다시 한 번 입장하겠습니다. 반갑습니다. 000입니다. 역시 저의 인기를 실감할 수 있는 자리네요. 저는 오늘 여러분들께 한 가지 약속을 드립니다. 그것은 바로 이 자리가 끝나면 집에 가실 때 '커피 한 잔'이나 '와인 한 잔'을 생각나게 해 드리도록 하겠습니다.

이런 식의 청중의 딱딱한 마음을 여는 인사말과 자기소개를 하는 것이 좋다.

하지만, 가령 "저는 000입니다. 전 술을 좋아해서 한 번 술을 먹을 때, 부모형제 못 알아 볼 정도로 마십니다. 사실 어제도 술을 마셔 지금도 약간 인사불성입니다. 앞으로는 저를 고주망태라 불러주십시오." 이런 소개는 술자리에서는 적당할지는 모르지만, 형식적이고 공식적인 자리에서는 민망한 자기소개가 될 수 있다.

이처럼 상황에 맞는 적재적소의 자기소개는 듣는 사람들로 하여금, 때로는 신뢰를 갖기도 하고, 때로는 즐거움을 주기도 한다.

그렇기 때문에, **내 자신을 어떻게 어필할 지, 그리고 어떤 식의 자기소개를 할지는 살면서 끊임없이 고민해 봐야할 숙제일 것이다.**

2 소통의 방법

공통관심사를 가지고 얘기할 것
(날씨, 취미, 여행, 음식, 교육, 스포츠 등)
종교, 편중된 정치 얘기는 피하는게 좋다
즐겁고 긍정적인 얘끼를 할 것
상대방의 얘기를 경청하고 호응을 해 줄 것

지희 : 오빠는 나 안 보고 싶어?
영철 : 보고 싶지..
지희 : 근데 왜 요새 연락 자주 안 해?
영철 : 아냐 자주 했어.. 근데 정말 회사가 정신없어서 그래
지희 : 나보다 회사가 더 중요해?
영철 : 그렇게 말하는 건 아니지. 내가 일부러 안하는 것도 아니잖아.
지희 : 그게 문제야. 난 매일 보고 싶은데 왜 오빠는 그런 생각이 안 들어?
영철 : 나도 그래. 근데 어쩔 수 없을 때가 있잖아.
지희 : 거봐, 오빠 얘기는 다 핑계야.
영철 : 내가 지금 핑계 대는 것처럼 보여?
지희 : 왜 화를 내? 왜 화를 내냐구!

왜 갈등이 생길까?
그것은 '나의 주장은 옳고 상대방은 틀리다.' 라는 편협한 생각에서 비롯된다.

지금 위에 저 두 사람은 사랑을 하는데 다투고 있다.
그런데 문제는 다투는 이유다. 남자는 회사 일 때문에 어쩔 수 없다고 하고, 여자는 회사와 자기 중 선택하라고 하고 한다. 그런데 사실 이 문제는 남녀 간의 차이에서 비롯된다.

차이를 인정하지 않고 자기위주의 소통을 하려하기 때문에 갈등이 생긴다.

옛말에 "가는 말이 고와야 오는 말이 곱다."라는 말이 있듯이, 내가 그 사람에게 존중을 받으려면 먼저 존중을 해야 한다.

그렇기 때문에, 먼저 상대방을 챙겨주고, 자꾸 칭찬해주고, 고민을 진심으로 들어주다 보면, 사이가 더 돈독해질 수밖에 없다.
가족 사이는 소통의 부재와 오해로 인해 오히려 더 소원해질 수 있다.
서양 속담 중에 "가까운 지인이 먼 친척보다 낫다."라는 말은 이와 같은 경우를 두고
한 말이다.

아빠와 아들이 얘기를 한다.

아빠 : 지금 뭐하니?
아들 : 공부해요.
아빠 : 요새 무슨 고민 있니?
아들 : 아니요 없어요.
아빠 : 그런데 안색이 왜 그래?
아들 : 원래 그래요...
아빠 : 그렇구나..
저 위의 대화들은 전부 '자기위주의 듣기' 즉, 듣고 싶은 것만 듣는 버릇에서 비롯된 것이다.

듣는다는 것은 마음을 헤아린다는 것이지 소리를 듣는 것이 아니다.

상대방의 말을 진심을 기울여서 들어보라. 그러면 상대방이 원하는 게 무엇인지, 그리고 어떤 부분 때문에 힘들어하는 지를 잘 이해할 수 있다.

다시 아빠와 아들이 얘기를 한다.

아빠 : 지금 뭐하니?
아들 : 공부해요.
아빠 : 요새 무슨 고민 있니?
아들 : 아니요 없어요.
아빠 : 그런데 안색이 왜 그래?
아들 : 원래 그래요...
아빠 : 아냐, 무슨 고민이 있는 것 같은데, 예전과 많이 안색이 달라
아들 : 그냥 그래요.
아빠 : 얘기해봐, 아빠도 네 나이 때 여러 가지 고민이 많았어, 학교생활 때문이니?
아들 : 네 그냥.. 좀..

아빠 : 음. 학교가 많이 널 힘들게 하는구나, 괜찮으니까 말해봐.. 친구 문제니?
아들 : 네..

이번엔 자기위주의 듣기가 아닌 상대방의 입장에서 들어줄 때의 모습이다
상대방의 입장에서 상대방의 마음을 헤아리는 것이 중요하다. 즉 귀로 듣는 것은 들리는 것이지 이해하거나 공감하는 것이 아니라는 것이다.

급변하는 시대일수록, 빠름을 요구하는 시대일수록 '자기 위주의 생각'역시 가속화 될 소지가 다분하지만, 그러면 그럴수록 사람 관계는 더욱 소원해 질 수밖에 없다.

친한 친구나 가족 사이일수록 오히려 예의를 더 지켜야 한다. 편하다고 해서 함부로 하는 것만큼 관계를 멀게 하는 것은 없다. 가족일수록 더욱 칭찬을 해주고, 아껴줘야 한다.
왜냐하면 가족만큼 자기편이 되어주는 곳은 없기 때문이다.

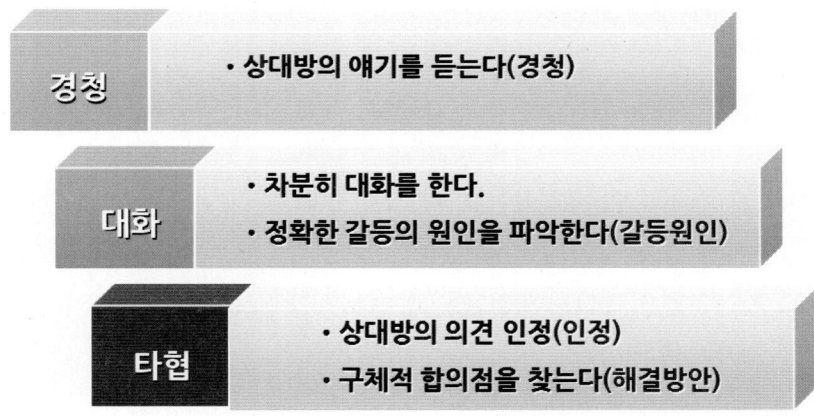

소통의 방법은 먼저 '경청'하는 것이다. 그러고 나서 '대화'를 해야 하고 그리고 나서 '조율'을 해야 한다.

상대방의 이야기를 진심으로 경청했다면 다음의 과정은 '대화'이다.
대화에서 중요한 부분은 갈등의 원인을 적극적으로 찾고 긍정적으로 대화의 분위기를 이끄는 것이다. 상대방과 얘기를 하다보면 마찰이 있게 된다. 그럴 때 그 사람과 왜 갈등이 생겼는지 그리고 그 사람이 원하는 것이 무엇인지를 정확히 헤아려야 하고 칭찬과 인정으로 긍정적인 대화를 이끌어야 한다.

헤어지는 커플들을 보면 기대치가 높기 때문에, 내가 하는 것보다 오히려 받기를 원했기 때문에, 내가 다가가는 것보다 다가오기를 바랐던 알량한 자존심 때문에 헤어짐의 원인을 제공하는 사례들을 많이 본다. 사랑에는 '자존심'이 필요 없다. 오히려 사랑을 방해하는 '장애물'인 것이다.

지인, 친분 등도 마찬가지다. 모두 사람과의 관계다.
그리고 사람관계에서는 한가지로 통하는 게 있다. 그것은 바로 먼저 그 사람에게 다가가고, 인정해주고, 칭찬해주는 것이다. 먼저 다가갔을 때 적대감을 느끼는 사람은 거의 없다. 먼저 마음을 열고, 진실로서 사람을 대하라.
그럼 그 사람도 결국 마음을 열게 되어 있다. 그리고 '진실한 관계'가 형성이 되는 것이다. 그것이 사람과의 '관계'를 형성하는 방법이다.

이제 소통의 마지막 단계인 '타협'이다.

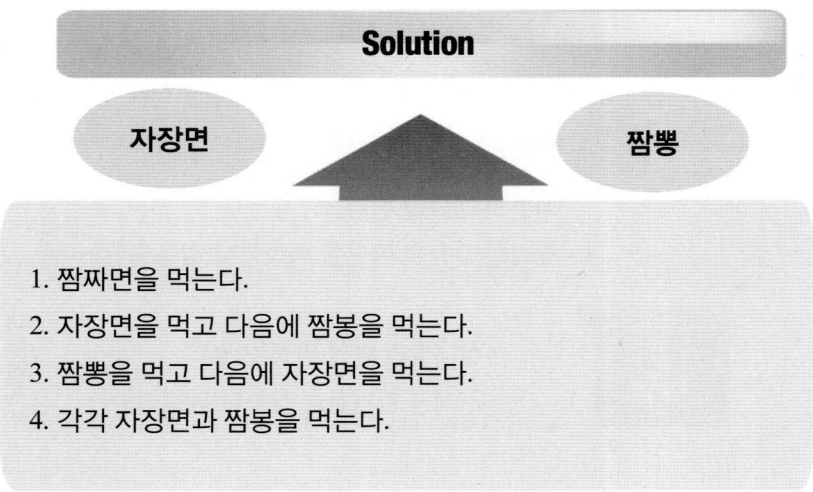

타협의 해결 방안은 바로 상대방에 대한 '배려와 양보'이다.
가장 좋은 방법은 서로의 원하는 바를 동시에 얻는 것이지만, 그것이 힘들 경우에는
먼저 양보하고 그리고 나서 상대방에게 주장을 해야 한다.
양보가 선행되지 않는 타협은 있을 수 없다.

그것은 결국 갈등만 나을 수밖에 없다. 상대방에게 요구하기 전에 먼저 자신의 어떤 부분을 양보하라. 그럼 상대방도 어느 정도 양보를 할 수 밖에 없게 된다.

3 토의, 토론

토의는 서로 어떠한 주제를 갖고 논의를 하는 것이고, 토론은 자신의 주장을 상대방에게 펼쳐 설득을 시키는 것이다. 따라서 토의는 공동의 문제를 해결하는 것이므로 상대방의 얘기에 먼저 경청을 하고 반응 및 호응을 하며 구체적인 방안을 얘기하는 것이 원칙이다.
가령, 토의 주제가 '악성 댓글에 대한 대책'이라고 하자.

A : 인터넷 악성 댓글을 다는 이유는 익명성이 보장되어서입니다. 그렇기 때문에 인터넷 실명제가 반드시 실행되어야 합니다.

B : 물론, 인터넷 실명제로 인해 제도적으로 악성 댓글이 줄어들 수 있습니다만, 그로 인해 개인의 자유 역시 줄어드는 단점이 있습니다. 그렇기 때문에 모든 사이트에서 실명제를 하는 것보다는 개인적인 신변이나 악성 댓글에 대한 우려가 있는 부분에 한해 제한적으로 실명제를 거론하는 부분도 검토되어야 합니다.

이처럼 토의에서는 상대방에 대한 경청과 이해 그리고 구체적 방안제시가 중요하다.
이에 반면, 토론의 경우는 '설득과 논증'이 중요한 부분이다.

설득이라는 것이 자신의 의견을 남에게 일방적으로 주입하는 것이 아니라, 상대방의 이야기를 듣고 좋은 것은 인정을 하고, 자신의 의견을 주장하는 것이다.

가끔 100분 토론과 같은 프로그램을 보면, 아예 상대방의 얘기는 듣지도 않고, 처음부터 묵살해버리는 광경을 자주 볼 수 있다.

그러한 것은 설득이 아니라, 자신의 의견을 주입해 버리는 것 외에는 아무것도 아니다.
토론에서 자신의 주장을 얘기할 때는 일목요연하게 논리적으로 얘기해야 한다.

가령, '체벌'에 대한 얘기를 할 때, 만일 체벌을 금지해야 한다면 왜 금지를 해야 하는지에 대해 논리적으로 얘기하지 않고, 단지 체벌은 금기시되어야 한다는 추상적 논증을 펼친다면
듣는 이의 귀에 쏙쏙 들어오지 않는다는 것이다.

구체적 주장과 논증이란, "대한민국 헌법 1조에서도 나와 있듯이, 누구나 존중을 받고 하나의 인격체로서 대우를 해야 하기 때문에, 체벌을 그 어떤 방법으로도 용납될 수 없습니다."라고 구체적으로 풀어서 말을 하는 것이다.

반대의 경우도 "인격체로서 존중을 하는 것은 맞지만, 권리는 스스로 의무를 다할 때 주어지는 것이므로, 더 이상 어떠한 방법으로도 고쳐지지 않는다면, 아이와 대의를 위해 이성적인 체벌을 가능하다고 주장합니다." 등의 구체적인 진술로서 주장을 하는 것이 관건이다.

따라서 어떤 주장을 펼칠 때는 반드시 일목요연하게 사실에 근거해서 얘기를 해야 신뢰가 갈 수 있다.
그 다음 중요한 부분은 '논증의 방식'이다. 이미 앞서서 논리시간에 충분한 얘기를 한만큼 요약해서 설명하자면, '구체적 전개', '삼단논법', '변증법적 논리'로서 논증을 하는 것이다.

구체적 전개는 "저는 군가산점 제도에 찬성합니다. 왜냐하면, 20대에 피 끓는 청춘기에 나라와 국민을 위해 봉사를 한다면 거기에 합당한 보상을 해야 함은 당연한 권리이기 때문입니다." 이렇게 인과, 예시, 비교, 대조, 비유 등으로 설명하는 것이다.

삼단논법은 "모든 국민은 행복추구권이 있습니다. 김철수씨도 비록 범죄를 저질렀지만 우리나라의 국민입니다. 따라서 김철수씨 역시 행복을 추구할 권리가 있는 것입니다." 라고 대전제-소전제-결론으로 전개를 하는 방식이다. 이때 중요한 점은 소전제는 대전제의 범위에 반드시 포함되어야 한다. 그렇지 않으면 논리가 성립되지 않는다.

마지막으로 변증법의 논리이다. "모든 국민은 행복추구권이 있습니다.

하지만, 사람을 살해한 범죄자에게 그 권리를 부여하는 것은 어패가 있습니다. 따라서 행복추구권의 범위를 제한해야 함은 마땅합니다."라고 전개하는 방식이다. 변증법은 정-반-합의 논리이며 어떠한 전제를 내고 그 전제에 반하는 논리를 펼쳐서 결국 조율과 통합을 한다는 논리이다.

토의, 토론을 할 때 빠질 수 있는 함정은 바로 일반화의 오류와 감정호소의 오류, 흑백논리의 오류 등이다.

> **흑백논리**
> 너는 사과를 좋아하지 않구나.
> 그럼 사과를 싫어하는 거야.
>
> **일반화**
> 너는 사과를 좋아하지 않는구나.
> 그럼 대부분 사과를 좋아하지 않는 거야.
>
> **감정호소**
> 반드시 무상 의료보험을 실시 해야 해.
> 우리 어머니가 아프시거든.

일반화의 오류란 어떤 예로 든 논지와 논술이 마치 모든 경우에 해당되는 것처럼 일반화를 시키는 것을 말한다.

가령, "저도 제 친구도 놀이동산을 좋아하지 않습니다. 그러므로 대부분 놀이동산에 가는 것을 좋아하지 않죠."라고 말을 했을 때 몇 사람이 좋아하지 않는다고 해서 모두 싫어하는 것은 아니기 때문에 모든 것을 일반화시킨다는 것은 어폐가 있다는 얘기이다.

또한, 감정호소의 오류란 "지금 시대에 얼마나 불쌍한 사람들이 많습니까? 자영업자 그리고 임시직 노동자들 모두 힘겹게 일하고 있습니다. 이들 모두에게 상여금을 지급해야 한다고 생각합니다." 등으로 감정적인 방법으로 호소를 하는 경우다.

그리고 흑백논리의 오류는 "당신을 분명 저를 싫어하지 않습니다. 그렇기 때문에 저를 좋아하는 것이 확실합니다." 라고 얘기하면서 '이것이 아니면 저것이다.' 라고 양분화 시켜 얘기를 하는 것을 말한다.

이런 오류들은 토의, 토론 시 논리적이고도 구체적인 논증을 방해하는 요소이다.

또한 설득을 할 때 주의할 점은 **먼저 상대방의 얘기를 듣고 인정할 것은 인정하고 그리고 주장하거나 얘기할 것을 말해야 한다는 점이다.**

그리고 상대방이 얘기하는 논지를 잘 숙지한 후 일관성을 갖고 그 논지에 대해서만 얘기해야 한다.

예전에 어떤 토론회에 참석한 적이 있었는데, 거기에 패널로 참석한 어떤 분이 '학교폭력에 대해 얘기하다가 자신의 얘기만 나열하며 어렸을 때 어떠했고 그래서 지금은 어떠했다.'라고 에피소드의 나열로 줄곧 토론을 한 적이 있어 눈살을 찌푸린 적이 있었다.

그 분의 잘못된 부분은 상대방의 얘기를 듣지 않고 자신의 얘기만을 했다는 점이고 두 번째는 그 논지와 벗어나는 이야기를 많이 해서 토론의 집중력을 저해시켰다는 점이다.

이처럼 토의와 토론은 집중을 요하기 때문에 더욱 상대방의 경청에 대한 이해가 중요하다.

4 프레젠테이션

이 빈 화면에 무엇을 채울 것인가? 그리고 무엇을 누구에게 말을 할 것인가?

프레젠테이션이란, 일반적으로 "자신의 의견이나, 경험, 노하우, 상품판매 등의 정보를 상대방에게 이해시키고, 자신의 의도한 결과를 이끌어 내기 위한 적극적인 행위"이다.

효과적인 프레젠테이션은 단순히 어떤 정보의 전달이나 상품구매를 자극하기 위한 내용의 효율성 뿐 아니라, 청중에게 그 내용을 생생하게 전달할 수 있는가가 중요한 관건이다.

즉, 프레젠테이션은 상황과 목적에 따라 청중 앞에서 구두로 전달하고자 하는 내용을 표현해야 하므로 적절한 시청각 자료 활용능력, 정확하고 명료한 음성전달 능력 및 자신감 있는 태도 등 다양하고 종합적인 커뮤니케이션 능력이 필요하다.

먼저 '무엇을 말할 것인가?'를 고민해야 한다. 프레젠테이션의 핵심은 바로 '핵심키워드'를 찾는 것이다. 할 말이 없는데 말을 하는 것보다 말을 안 하는 것이 낫다. 즉, 청중에게 꼭 필요한 것을 말해야 하고 다시 말하면 청중이 얻어갈 수 있는 것을 말해야 한다.

성공적인 프레젠테이션을 위해서는 철저한 청중 분석과 내용 분석이 필요하다.

청중분석을 위해서는 청중들의 연령과 교육 정도, 수준, 규모 등의 다양한 관점에서 청중들의 이해와 지식을 확보하는 것이 필요하다. 또한 소속, 지위, 전공, 연령까지 총동원해서 세밀하게 접근하는 것이 중요하다.

이때 내용 분석은 효율적인 프레젠테이션을 위한 하나의 요소로서 반드시 청중이 원하는 내용을 지니고 있어야 한다.

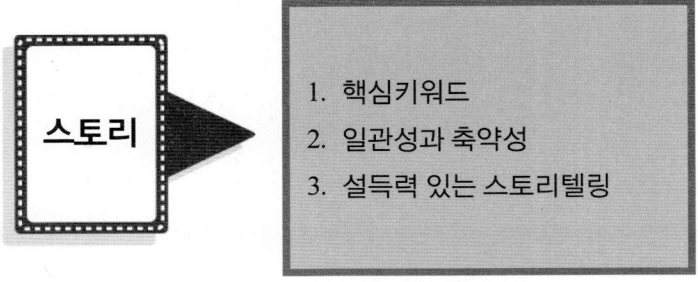

PPT 스토리텔링에서 키포인트는 '핵심'이다. 무엇을 말하고자 하는가가 분명해야 한다.

가령, A사의 디자인을 가지고 프레젠테이션을 한다면, 청중에게 얘기하고자 하는 것이 무엇인지가 명확해야 한다는 것이다. A사 디자인의 문제점이 핵심인지 아니면 A사 디자인의 판매가 중점인지 말이다.

또는 임진왜란을 가지고 프레젠테이션을 할 때도 임진왜란의 배경에 초점을 둘 것인지 아님 임진왜란 자체가 핵심인지 또는 임진왜란의 결과가 핵심인지에 대해서 명확히 하라는 것이다.

일관성만 있다고 좋은 스토리텔링은 아니다.

PPT에서의 스토리텔링은 핵심과 더불어 흥미와 감동이 있어야 한다. 아무리 내용이 좋아도 청중이 감동과 재미를 느끼지 못한다면 그 프레젠테이션은 실패했다고 봐도 무방하다.

스티브잡스의 프레젠테이션을 보면 분명한 핵심과 더불어 흥미, 더 나아가서 감동까지 준다. 그것이 좋은 프레젠테이션이다.

여기서의 내용 분석은 서론, 본론, 결론을 효과적으로 구성하는 방법이다. 서론은 도입부로써 프레젠테이션을 하는 취지와 목적을 담고 있어야 한다.

가령, A사의 신제품의 매출을 높이는 전략에 대해 프레젠테이션을 하려고 한다. 서론은 현재 A사와 B사의 매출 실적과 매출 현황을 비교한다.

그래서 청중들로 하여금 정확한 매출 현황에 대한 정확한 사실을 인지하도록 정보를 전달하는 것이 중요하다.
본론은 A사의 신제품의 문제점을 지적한다.

기능적인 측면, 디자인, 그리고 소비자의 구매심리가 감소하는 원인 등을 아주 날카롭고 정확하게 진단한다.

본론을 이끌어 갈 때는 냉철한 분석과 판단이 중요하다. 그래서 청중들이 지금의 문제점에 대해 심도 있게 고민할 수 있도록 유도하고 공감하도록 만드는 것이 중요하다.

결론은 앞으로의 해결책을 제시해 준다.

그래서 판매실적을 높이려면 어떠한 방법으로 접근해야 하는 지, 또한 마케팅전략과 소비자들의 구매욕구를 자극하기 위한 여러 가지 대안을 내 놓는다.

이때 중요한 점은 현실적으로 해결가능한 방안과 실천방안을 분명히 그리고 구체적으로 제시해야 한다는 것이다.

위의 프레젠테이션은 상품구매에 대한 전략이고 다음은 정보제공에 대한 프레젠테이션에 대한 예이다.

가령, 입사를 위한 자기소개서를 예로 들자면, 서론은 성장배경이나 자라온 환경에 초점을 맞춘다. 그래서 여러 자료들을 갖고 지금의 나를 있게 만든 배경에 대해 청중들에게 호기심을 불러일으키도록 재밌고 인상적으로 설명하는 것이 중요하다.

본론은 여러 가지 실적이나 활동경험을 아주 구체적으로 적는다. 이때 중요한 것은 사실에 입각해서 가령 회사의 입사를 위한 자기소개서라면 그 회사에 필요한 경력을 우선으로 구체적으로 적는 것이 중요하다. 그래서 자신이 왜 이 회사에 필요한 사람인지 왜 이 회사에 꼭 들어와야 하는 것인지 설득력 있게 풀어나가야 하는 것이다.

마지막으로 결론은 앞으로 회사에 들어오고 나서 어떤 자세로 일을 할 것인지, 또는 앞으로의 계획에 대해 매우 진취적이고도 인상적인 비전을 제시해야 한다.
이처럼 프레젠테이션의 스토리텔링은 '전제 형', '결론 형', '문제 제기 형', '주위 환기 형' 등의 스토리텔링이 있는데 핵심키워드에 따라 어떠한 스토리텔링으로 접근해야 할지를 고민하는 것이 중요한 것이다.
그렇다면 과연 내용만 좋다면 그것이 좋은 프레젠테이션일까?

그렇지 않다. 내용도 중요하지만 그 내용을 얼마나 인상적으로 표현하느냐가 관건이다.

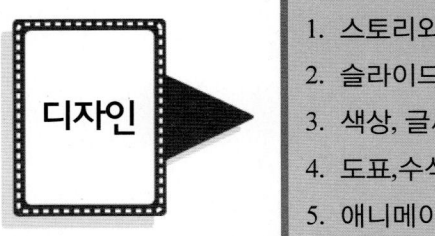

디자인
1. 스토리와 유기적인 구성
2. 슬라이드 배경
3. 색상, 글씨(가독성)
4. 도표, 수식 및 영상
5. 애니메이션(정적, 동적)

PPT 디자인을 할 때 가장 먼저 생각해야 하는 것은 '핵심'이다. 말하고자 하는 핵심에 따라 디자인은 가장 적절하게 핵심을 표현하기 위한 좋은 수단이 되어야 한다.

또한, 핵심과 주제가 계획이 되었다면 그 주제를 부각할 수 있는 흥미로운 디자인이어야 한다.

하지만 허울만 좋은 디자인은 좋은 디자인이 아니다.

반드시 주제와 핵심을 받쳐 주는 역할을 해야 한다는 것이다.

가령, 판타지 영화를 예를 들어 보자.

영화의 주제가 있는데 주제와는 상관없는 화려한 CG와 볼거리만 가득하다고 해서 좋은 영화인가? 오히려 수려한 CG와 볼거리는 영화의 주제를 깎아내릴 수도 있다.

중요한 것은 주제를 부각할 수 있는 CG와 볼거리를 만들었을 때 그 영화는 완성도가 생긴다는 점이다. 프레젠테이션 디자인도 마찬가지이다. 핵심과 주제에 맞는 디자인이 좋은 디자인인 것이다.
어떤 PPT를 보면 지나치게 애니메이션을 남발하거나 영혼 없는 색감과 디자인으로 프레젠테이션을 방해하는 경우가 있다. 또한 PPT를 디자인을 할 때는 청중의 흥미를 고려해야 한다.

디자인 구성을 할 때 평면적인 느낌보다 입체적인 느낌이 훨씬 청중들에게 인상을 심어줄 수 있다. 가령 10개의 슬라이드를 구성하는데 각 슬라이드를 도표로만 구성하는 것보다 도표와 영상 등 다양한 수식을 넣는 것이 더 입체적으로 보인다.

물론 PPT마다의 특징이 있기 때문에 모든 PPT에 도표와 수식 그리고 영상이 들어갈 필요는 없다. 하지만 다채롭고 다양한 시각으로 구성을 하는 습관 그리고 보다 넓은 시각으로 PPT 디자인을 바라보아야 한다. 이때도 청중이 원하는 것이 무엇이고 그 PPT를 통해서 청중이 무엇을 얻어갈 것인지에 대한 고민이 우선이 되어야 한다.

1. 명확한 내용 전달
    (음성,발음)
2. 생동감 있는 화술
    (음의 강약, 고저, 강조)
3. 시선처리와 제스처
    (시선, 정적, 동적 움직임)
4. 유연한 태도
    (질의응답, 유연한 대처)
5. 비언어적 설득과 논리적 설득

발표할 때 논리적인 설득은 청중의 '뇌'를 자극하지만, 비언어적인 설득은 청중의 '마음'을 사로잡는다.

따라서 비언어적인 표현을 통해 청중의 마음을 얻는 것이 무엇보다 중요하다.

발표할 때 부정확한 발음은 청중들에게 피로감을 준다. 또한, 목석과 같은 표정과 자기만의 나쁜 습관도 프레젠테이션의 내용을 방해하는 요소이다.

따라서 화자는 정확한 발음과 안정된 소리로 내용을 전달하는 것이 무엇보다 중요하다.

또한, 표정 역시 발표에 중요한 역할을 한다.
부드럽고 밝은 표정은 청중에게 신뢰감을 줄 수 있고, 반대로 어둡고 부정적인 표정은 청중을 답답하고 경직되게 만드는 요인이다.
그렇기 때문에 평소에 거울을 보고 웃는 연습을 하거나 사람들을 대할 때 웃는 얼굴로 대하는 것은 무척 중요한 일이다.
아무리 좋은 내용이라도 그 표현이 지루하거나 딱딱하다면 청중들은 그 프레젠테이션에 집중을 하기가 힘들다. 그렇기 때문에 내용을 어떻게 귀에 쏙쏙 들어올 수 있게 인상적으로 말하는가가 중요하다.

프레젠테이션을 인상적으로 표현하기 위한 키워드는 바로 '리듬과 템포'이다.

이 '리듬과 템포'에 대해서는 지난 장에서도 충분히 언급했지만 프레젠테이션을 바탕으로 한 번 더 풀어 보자.
바로 음의 고저와 강약 그리고 강조와 변화를 통해 리듬과 템포를 만들 수 있다.

가령 자기소개를 프레젠테이션 하는 데 있어서 '서론'을 자라온 환경, '본론'을 자신의 능력과 가능성에 대해, '결론'을 앞으로의 계획으로 내용을 구성했다고 하자.

그리고 그 내용 중에 "제가 가진 가장 중요한 능력은 바로 '자신감'과 '소통'이다."라고 말하는 부분이 있을 때, '제가 가진 중요한 능력은'을 조금 큰소리고 얘기하고 '자신감과 소통'을 한 템포 쉬고 작은 소리로 얘기한다면 후자가 더 강조될 수 있다.

또한, '제가 가진 중요한 능력은'을 조금 빨리 얘기하고 '자신감과 소통입니다.'를 천천히 얘기하는 것도 후자를 강조하기 위한 좋은 방법이다.

하지만 프레젠테이션의 경우는 조금 형식적인 스피치이기 때문에 리듬과 템포를 너무 남발하거나 마치 사회를 진행하듯이 가벼운 느낌을 주는 것은 역효과를 나을 수 있다.

그렇기 때문에 진중한 느낌을 주되 지루하지 않고 인상적인 프레젠테이션을 위해 집어줄 부분을 정확히 집어주고 강조할 부분을 톤의 변화와 리듬과 템포를 통해 얘기한다면, 내용뿐만 아니라 표현 역시 인상적이고 감동적인 프레젠테이션으로 마무리할 수 있다.

영화를 볼 때 처음에 재미없으면 그 영화는 성공하지 못할 확률이 매우 높아진다. 여기서의 재미란 웃기는 것을 얘기하는 것이 아니라 '흥미'를 얘기한다.

프레젠테이션을 할 때 제목, 소제목 등이 그래서 중요한 것이다.

제목과 소제목은 청중들에게는 첫인상과 같은 것이기 때문에 가급적이면 시작부터 청중을 사로잡을 수 있는 '흥미'를 유발할 수 있는 내용이어야 한다.

가령, 정보 프레젠테이션을 할 때 '금연'이라는 제목보다는 '담배를 피우면 안 되는 10가지 이유' 또는 '당신의 폐는 몇 살입니까?'라는 제목이 더 시선을 사로잡을 수 있다. 물론 너무 자극적인 소재나 허황된 제목은 오히려 반감을 일으킬 수 있기 때문에 이야기의 주제에 맞는 적합한 제목이어야 한다.

판촉 프레젠테이션도 마찬가지이다.

'A사 판매해결책'보다는 '20% 매출 증진을 위한 판매방법', '30대를 끌어들이기 위한 마케팅' 등의 구체적이면서 흥미를 줄 수 있는 제목으로 하는 것이 더 좋은 방법이다.

물론 모든 소제목마다 자극을 주게 되면 과유불급이라고 오히려 악영향을 끼칠 수 있다. 즉 모든 부분을 다 강조하는 것이 아니라, 제목, 특정 부분 또는 꼭 강조해야 할 부분에 흥미를 유발하라는 것이다.

제목과 소제목에 흥미를 유발했다면 다음은 디자인이다.

디자인은 이야기를 받쳐줘야 한다. 이야기가 드라마에서 '주연'이라면 디자인은 '조연'으로 주연을 받쳐 주는 역할을 해야 한다.

이야기에 맞는 강조할 부분에 있어서의 색상과 디자인 또는 템플릿 다이어그램을 디자인하는데 있어서도 진부한 디자인보다는 새롭고 신선한 느낌이 훨씬 더 청중에게 흥미를 줄 수 있다.

이때 이미지나 동영상으로 흥미를 유발하는 것도 좋은 방법이다. 또는 새로운 퍼포먼스 가령, 간단한 마술이나 이벤트를 준비하는 것도 아주 신선한 방법이다.

'흥미'와 더불어서 중요한 부분은 '감동'이다.

프레젠테이션에서의 감동은 '이야기의 진정성'과 '적절한 디자인' 그리고 '발표자의 전달력'에 따라 좌우될 수 있다.

가령, 스티브 잡스의 프레젠테이션을 보면 심플한 디자인에 신제품에 대한 당위성과 발표자의 확신이 어우러져 감동을 준다. 우리가 프레젠테이션을 한다고 하면 보통은 자신만의 프레젠테이션을 하는 경우가 대부분이다.

그 이유는 딱딱한 제목에 지루한 내용 그리고 고루한 표현까지 더불어 잠을 자게 하는 프레젠테이션을 하기 때문이다.

지금 책을 읽는다면 다시 한 번 생각해 보라.

스스로가 어떻게 PPT 구성을 하고 있는지 정확한 핵심을 가지고 얘기하는지, 발표를 할 때 표정이나 화술, 제스처가 지루하지는 않은지 그러한 부분을 유심히 생각해 봐야 한다.

감동적인 프레젠테이션의 기본은 진정성이다.

진정성을 바탕으로 청중에게 자신의 이야기를 제대로 설득시키는 것이다.

청중을 설득시키는 것은 생각보다 쉽지가 않다. 그러므로 청중의 마음을 움직이려면 정확한 자료와 정보 외에도 발표자의 치열한 고민이 담겨있어야 하고, 그 고민을 해결하고자 하는 노력이 PPT에 고스란히 담겨있어야 한다.

이제는 프레젠테이션에 대한 청중의 눈높이가 많이 올라간 만큼, 누구나 예상할 수 있는 전개나 진부한 문구나 표현은 삼가고 청중의 흥미를 유발할 수 있고 설득을 할 수 있는 PPT와 프레젠테이션을 구상해야 한다.

프레젠테이션 내용을 가지고 심혈을 기울여 고민해 보아라. 진정성만큼 청중을 설득하는 것은 없다. 또한, 매력적인 PPT가 완성되었다면 마치 공연을 하듯이 반복적으로 거울이나 대상 앞에서 리허설을 해야 한다.

'진심과 노력' 이야 말로 프레젠테이션을 성공적으로 이끄는 키워드이다.

5 면접

> tip
> 1. 자신만의 인상적인 자기소개서와 자소서
> 2. 지피지기면 백전백승(철저한 기업조사)
> 3. 모든 질문에 대한 완벽한 시뮬레이션
> 4. 면접관과의 기싸움에서 침착함 유지

면접의 첫 번째는 자기소개다. 자기소개는 첫인상이기 때문에 1분 이내의 시간 동안 '나'라는 사람을 면접관에게 인상적으로 알리는 것이다.

자기소개는 인위적이지 않으면서 나만의 개성과 장점을 알려야 한다.
예를 들어, "안녕하세요. 저는 OOO입니다. 사람이 살면서 가장 중요한 점은 인내심과 배려라고 생각합니다. 전 다른 건 몰라도 어렸을 때부터 대학 때까지 회장을 도와 팀원들을 아우르는 능력과 인내심은 몸에 배어 있다고 생각합니다."

자기소개의 포인트는 나에 대해 정확히 알고 나만의 장점과 개성을 파악하는 것이다. 그 파악이 끝나면 인위적이지 않고 자연스러워 보일 때까지 음성, 발음, 표정을 계속 연습해야 한다. 이때 녹음기보다 더 좋은 것은 핸드폰이나 카메라를 이용해 틈틈이 자신의 자기소개 또는 1분 스피치 모습을 촬영하고 점검하는 것이다.

면접은 크게 인성면접, 실무면접, 압박면접, PT면접, 토론면접으로 나눌 수 있다.
인성면접은 면접에 있어서 부담스러워 하는 과정 중 하나이다. 기업에서 공을 들여 인성면접을 하는 이유는 바로 '좋은 사람'을 뽑는 일이기 때문이라고 할 수 있다. 실제로 성적과 적성으로 인재채용을 했는데 소통과 커뮤니케이션에서 문제가 많아 골칫덩어리로 전락하는 사원이 많은 만큼 기업에서도 점점 신중히 생각하는 면접이 바로 인성면접이다.

성적만으로는 판단할 수 없는 개개인의 사고방식이나 가치관을 세밀하게 관찰할 수 있는 방법이다. 인성면접에서 긍정적인 이미지를 남기고 최종합격을 이루어내기 위해서는 이에 대한 대비가 필요하다.

인성면접은 말 그대로 지원자의 성격과 관련한 덕성 및 인성을 보고자 하는 것이 목적이기 때문에 소신 있게 말하는 것도 중요하지만, 그것보다 더 중요한 것은 바로 면접에 임하는 태도다.

바른 모습을 보여주려는 나머지 긴장해서 옷을 자주 만지거나 손을 주무르는 경우 또는 다리를 떨거나 머리카락을 만지는 경우가 많으니 이 점에 대해 각별히 신경 써야 한다.

이에 반해 실무 또는 적성면접은 실무적인 자질이나 적성을 보는 면접유형이다.

실무면접에서 중요한 부분은 바로 실무에 대한 '명철한 지식과 분명한 소신'이다.
예를 들어, 대학면접 국어국문과에서 시적 허용, 카프 등에 대한 국문과에 맞는 소양과 지식에 대한 지식을 물어봤는데, 거기에 대한 답변이 충분하지 않을 경우 적성에 적합하지 않다고 판단할 수 있다. 기업에서도 마찬가지다. 대기업, 공기업 또는 일반기업에서의 실무면접은 굉장히 날카롭다.
가령, 광고회사 면접시험에서 "광고일과 관련된 경험이 있나요?"라고 물었을 때는 "제가 대학 때 광고

동아리를 들었는데 그곳에서 광고기획 디자인 및 분석을 통해 이론적인 지식을 쌓았고, 00회사에 아르바이트로 일을 하면서 꾸준한 실무지식을 쌓았습니다."라고 구체적인 근거로 얘기해야 한다. 외국계기업에서는 당연히 영어나 외국어에 대한 실무능력이 중요하기 때문에 외국어로 유창하게 소통할 수 있는 능력을 배양해야 한다.

압박면접은 기업 면접이나 최종면접 또는 공무원면접에서 주로 하는 네거티브 면접유형이다. 말 그대로 어떻게 하면 면접자를 당황하게 할까를 연구한다.

그렇기 때문에 생각지도 못한 또는 날카롭게 허를 찌르는 질문에 대응하는 대범함과 침착함 그리고 유연성이 아주 중요하다. 마치 칼이 자신의 앞으로 오는 상황에서도 똑바로 칼을 쳐다볼 줄 아는 '호연지기'가 중요한 것이다.

가령, 성적이 좋지 않네요?" 라고 물었을 때 "네, 성적은 하지만 성격은 좋습니다."라고 말하는 것은 센스가 탁월한 답변이지만, "성적이 왜 중요하죠?"라든가 "네 성적이 안 좋습니다. 제가 좀 머리가 나쁜 것 같습니다."라는 대답은 유연함이 떨어지는 답변이다.

그런 대범함과 센스를 키우는 능력은 바로 연습이다. 꾸준한 연습을 통해 어떠한 질문에도 당황하지 않고 여유를 가지고 면접관에게 대처할 수 있는 훈련을 해야 한다.

또 하나의 면접형태로 '토론면접'이 있다.

토론면접은 4명~6명 정도가 조를 이루어 주제에 따른 찬반논쟁을 벌이는 면접이다.
가령, '군대 가산점'에 대한 찬반 토론을 할 때 찬성과 반대 기조연설, 그리고 찬반 토론, 최후변론 식으로 구성이 된다.

토론 면접에서 중요한 부분은 **논지의 핵심, 사실적 근거, 논리적 전개이다.**

예를 들어 '군대 가산점'에 대해 찬성을 한다고 했을 때, 2년이라는 시간 동안 희생을 했기 때문에 사회적 보상이 필요하다는 '논지의 핵심'을 갖고 있어야 하는 것이 중요하다. 그리고 논지를 풀어갈 때는 가령, 군대에서 2년간 어떻게 희생했고 그 시간을 어떻게 보내는지를 구체적인 근거로서 얘기해야 한다.

마지막으로 서론, 본론, 결론을 매끄럽게 이을 수 있는 논리적 전개가 요구된다.

또 다른 형태로 'PT 면접'이 있다.

PT 면접은 A4용지에 목차와 핵심내용을 적어 프레젠테이션을 하는 것이다. 이때는 명확한 핵심논지를 가지고 스토리텔링을 전개해야 한다. 면접관이 처음부터 끝까지 집중하기는 힘들기 때문에 특히 도입부와 결론을 명확히 얘기하는 것이 중요하다.

예컨대, "저는 저 출산 대책에 대한 발표를 하겠습니다. 먼저 저출산의 실태 그리고 저출산의 원인과 배경, 마지막으로 저출산의 대책을 말씀드리겠습니다. (중략) 저출산은 가장 중요한 사교육비의 절감 부분과 사회 안전망의 형성이 되지 않는 한 해결될 수 없습니다. 특히 최근 몇 년간의 사태에서 부모들이 느끼는 아이들의 안전에 대한 공포는 너무나 심각합니다. 그렇기 때문에 안전에 대한 제도적 장치를 반드시 구축해야 합니다." 라는 식으로 논리적인 전개를 하는 것이 좋다.

'모든 면접에서 가장 중요한 것이 무엇이냐?'라고 묻는다면 단언컨대 '핵심키워드'라고 말할 수 있다.
면접을 비롯해서 모든 스피치에서 가장 근간을 이루는 것은 바로 핵심키워드이다.
면접을 하다보면 '내가 지금 무슨 얘기를 하고 있지?' 또는 '어디까지 얘기했더라?'라는 생각을 부지불식간에 하게 된다.

핵심키워드가 분명하면 이러한 혼란을 줄일 수가 있다.

가령, 실무면접에서 면접관이 "우리 광고회사의 디자인을 향상시킬만한 자신만의 전략은 어떤 거예요?"라고 물었다고 가정해보자.

여기서 핵심키워드는 무엇인가? '디자인 향상에 대한 자신만의 전략'이다. 이것이 가장 중요한 질문의 요지이다.
따라서 답변을 할 때도 질문의 핵심을 놓치면 안 되는 것이다.

두 가지 답변의 예를 들어보겠다.
첫 번째는 "네, 제 생각엔 현재 광고의 마케팅의 미흡한 요소라고 생각합니다. 현대에서는 마케팅이 너무나 중요하기 때문에 디자인에 대한 마케팅 특히 온라인 쪽을 공략해서 파워블로그와 SNS 특히 카카오스토리를 공략해야 한다고 생각합니다."

두 번째는 "네, 지금 A 회사의 디자인은 미국의 B사 디자인을 모태로 하고 있습니다. 하지만 그럴 경우 20, 30대의 수요에서 멀어질 수 있다고 생각합니다. 현재의 자동차 디자인은 곡선형 또는 여성스러운 디자인과 더불어 심플한 느낌을 선호합니다. 따라서 미국 B사보다는 독일의 C사의 디자인을 벤치마킹하는 것이 좋은 전략이라고 생각합니다."

이 두 가지 답변에서의 차이점을 분명히 찾았다면 당신은 핵심키워드를 놓치지 않았다고 생각한다.

첫 번째는 '디자인에 대한 전략'이 아니라 '마케팅에 대한 전략'으로 답변을 했다. 그리고 두 번째는 '디자인의 전략에 대한 자신만의 해결책'을 내세웠다.
따라서 면접관은 두 번째의 답변을 듣고 신뢰를 느낄 수 있을 것이다.
PT 면접에서도 마찬가지이다.

가령, '대기업의 횡포'에 대한 PT 면접을 하는데, A는 "저는 대기업의 횡포의 현황과 자영업자의 실태 그리고 마지막으로 자본주의의 문제점을 말씀드리겠습니다."라고 말을 했고,
B는 "저는 대기업의 횡포의 현황, 그리고 문제점 마지막으로 해결책에 대해 말씀드리겠습니다."라고 말을 했을 때 면접관은 누구의 말에 귀를 기울이겠는가? 그리고 그 이유는 무엇인가?

A는 '대기업의 횡포'에 대한 핵심키워드를 도입부까진 지켰지만, 본론과 결론에서 자영업자의 실태와 자본주의 문제점으로 범위를 너무 넓혀놓아서 무엇을 얘기하는 지가 모호해졌다.
반면 B는 대기업의 횡포와 문제점 그리고 해결책을 일목요연하게 논리적으로 정렬했다.

이처럼 핵심키워드는 말을 할 때의 뿌리와 근간이 된다. 그리고 그 핵심을 바탕으로 스토리텔링 즉, 이야기구성을 하면 누구나 면접에서 좋은 점수를 받을 수밖에 없다.
면접은 종류별로 공무원 면접, 일반 기업면접, 학교면접 등 정말 다양한 면접이 있다.
'지피지기면 백전백승'이라는 말처럼 기업의 종류에 따라 기업의 '인재상', '경영철학', '시사'를 정확히 간파하고 면접을 봐야 한다.
먼저 공무원 면접은 신뢰를 기반으로 얼마나 진실하게 공무원업무를 수행할 수 있는지

'정직'과 '신뢰'를 높이 본다.
일반 기업면접도 보수적인 기업이냐 창의적인 기업이냐에 따라 복장 및 태도를 달리해야 한다.

벤처기업과 같은 곳에서는 보수적인 느낌의 정장보다는 세미 정장이나 캐주얼 정장이 더 어울릴 수 있다.

답변도 진부한 답변보다는 그 사람의 '개성'과 '창의성'이 빛을 발할 수 있도록 자신만의 창의적인 생각과 진취적인 생각을 말하는 것이 중요하다.

반면 보수적인 느낌의 회사에서는 '창의성'보다는 '성실함'과 '신뢰'를 기반으로 답변하는 것이 아무래도 점수를 후하게 받을 수 있다.

면접은 때와 장소와 환경에 따라 다르게 해야 한다.

하지만 **기본은 '진실함'이다. 어떤 면접이든 '가식'보다는 '진실'이 통하기 때문이다.**

'진실함'을 바탕으로 상황과 장소에 맞게 유연하게 말을 하는 것이 중요하다.

'진정성'과 더불어 면접을 할 때 중요한 부분은 '좋은 인상을 심어주는 일'이다.

예컨대 "왜 이곳에 입사지원을 하게 되었습니까?" 라는 질문을 받았을 때, "이곳이 저의 역량을 가장 잘 발휘할 곳이기 때문입니다." 또는 "여러 곳을 생각해 보았지만, 이곳이 가장 끌려서입니다." 라는 말보다는 "여기 00 기업이 광고나 홍보보다 내실을 위한 경영으로 연 매출 1조를 달성한 것처럼 제가 대학 시절에 200만 원의 자본금으로 쇼핑몰을 시작해서 월 매출 2,000만 원의 실적을 올린 경험으로 지금의 극심한 경쟁구도에서 살아남을 수 있는 창의적인 아이템을 개발하는 데 최선을 다하겠습니다." 등의 인상적인 말이 면접관의 뇌리에 각인될 수 있다.
인상적으로 말을 하려면 진부한 내용이나 표현보다는 그 사람만의 개성과 상황을 살리는 참신함이 중요하다.
즉, 같은 표현이라도 어디서 많이 듣고 본 내용이 아니라, 신선하면서도 생생한 표현을 하는 것이 인상적으로 각인될 수 있는 길이다.
그러려면 평소에 자신만의 표현과 어휘력을 가지고 있어야 한다. 역시 그 표현과 어휘력은 독서와 같은

배경지식을 통해 얻을 수 있다.

면접에 있어 '유연성' 또한 당락을 좌우할 수 있는 중요한 키워드다.

'유연성'은 말 그대로 어떤 상황과 말에도 유연하게 대처할 수 있는 능력을 얘기한다.

특히 면접 자리에서는 다양한 질문과 돌발적인 상황이 나올 수 있기 때문에 적재적소의 유연한 대처는 특히나 면접에서 빛을 발휘할 수 있다.

가령 면접관이 "자기개발을 위해 어떤 것을 하고 있나요?" 라고 물을 때, "저는 매일 아침 영어를 외국인에게 직접 배우고 저녁에는 자격증을 위해 준비하고 있습니다."라고 구체적으로 답변하는 것도 좋지만, "저는 자기개발을 위해 밥을 꼬박꼬박 먹고 있습니다. 체력은 국력이라고 했습니다. 삼시세끼를 잘 챙겨 먹으면 건강이 좋아지고 또한 무엇이든지 배울 수 있는 힘을 비축할 수 있습니다."라고 대답한다면 조금 더 유연한 대답이 될 수도 있다.
이처럼 면접에서는 진정성을 바탕으로 인상적인 그리고 때로는 유연한 답변이 빛을 발휘할 수 있다.

6 강의 스피치

강의는 여러 분야에 그리고 다양한 형식으로 이뤄질 수 있다.
학교에서의 강의, 연단, 학원, 심포지엄 등 다양한 곳에서 다양한 방법으로 진행된다. 또한, 전달 방식에 따라 감화를 주는 강의, 실천을 위한 강의, 실용적인 강의로 나눌 수 있다.

그렇다면 강의를 잘한다는 것은 무엇일까?

예컨대, 우리가 영화를 보고 "영화 참 재밌다." 또는 "영화 정말 괜찮았다."라고 얘기할 때는 영화가 재밌으면서 감동적일 때이다.

강의도 마찬가지다.

지루한 연사의 강의를 듣는 것만큼 고역도 없다.

> **tip**
> 1. 핵심을 분명하게 전달(행복, 리더십)
> 2. 감동을 줄 수 있는 말과 표현(어휘력, 에피소드)
> 3. 청중을 설득하는 비언어(감정, 화법, 제스처)
> 4. 때로는 이성적, 때로는 감성적으로 침투

강의에 있어서 중요한 부분은 '인상적인 주제', '감동적인 내용', '재미있는 진행'이다.

주제는 말 그대로 참신하고 인상적이며 청중의 이목을 끌 수 있는 내용이어야 한다.
가령 '부정부패'라는 주제를 갖고 강의를 한다면, 이미 자칫하면 진부할 수 있는 소재일 수 있기 때문에, '팔은 안으로 굽어야 하는가?', '관피아, 해피아, 마피아' 등 청중의 이목을 끌 수 있는 인상적인 주제와 소재가 좋다.

그리고 강의의 구성을 어떻게 이끌지 '스토리텔링'을 구성해야 한다.
강의의 뼈대가 튼튼하지 않으면 청중을 산만하게 만들 수밖에 없다. 그렇기 때문에 강사는 어떠한 주제를 정한다면, 그 주제에 맞게 에피소드 식으로 이야기를 구성할지, 아니면 논리적으로 얘기를 풀어갈지, 또는 사실적 근거로서 얘기를 이어나갈지를 치밀하게 계산하고 고민해야 한다.

또한, 구성은 강의의 주제와 청중에 따라서 달라져야 한다. 좋은 지휘자는 오케스트라를 지휘하듯 음악에 따라 자유자재로 지휘해야 하듯이 좋은 강사 역시 주제와 청중에 따라 자유자재의 강연을 해야 한다.

가령, '학교폭력'을 주제로 삼을 때는 재미보다는 사실적 근거로서 얘기를 풀어가는 것이 좋을 것이고, '유머의 중요성'을 주제로 얘기할 때는 에피소드나 재미 위주의 강연을 하는 것이 더 어울린다.

감동은 '어휘력'과 연관되어 있다.
어떤 내용을 어떠한 어휘와 표현으로 전달하는가에 따라서 억지감동이 될 수도 있고 잔잔한 감동을 선사할 수도 있다.

'현인처럼 생각하고 범인처럼 말하라'라는 말이 있다.

좋은 강사는 절대 말을 어렵게 하지 않는다. '왜 사느냐 건 웃지요'라는 시의 명 구절이 있다. 저 구절 하나에 인생의 시점과 의미가 담겨 있다. 좋은 시가 누구나 공감할 수 있는 경험과 지혜에서 비롯되듯이 강의의 어휘 역시 그래야 한다. 그리고 그 사이사이에 촌철살인과 같이 청중의 맘을 후벼 팔 수 있는 내용이 은연중에 들어가는 것이 좋다.
"여러분은 언제 가장 행복감을 느끼세요? 저는 바로 '지금'입니다. 왜냐하면, 이 순간은 절대 제 인생에서 두 번 다시 겪을 수 없는 순간이기 때문이죠. 여러분 고단하시죠? 사는 게 힘들죠? 그런데요. 사는 것이 힘들기 때문에 그래서 인생은 재미있는 거예요. 왜냐하면, 꿈이 이뤄진 것이 아니라 이룰 수 있기에, 지금보다 내일은 나아질 것이라는 희망이 있기에 오늘 하루를 견딜 수가 있는 거잖아요."라는 자연스러운 말로 공감대를 형성하는 것이 중요하다.

이것을 "여러분 지금 노심초사하시죠? 전전긍긍하시고 계시죠? 쥐구멍에도 볕 들 날 있고, 하늘이 무너져도 솟아 날 구멍은 있습니다."라는 성어와 속담으로 내용을 얼룩지게 한다면 오히려 부담스러운 억지 감동을 짜낼 수도 있다.

또한 감동적이고 재미있는 강의를 위해서는 자신만의 에피소드를 계발해야 한다.

> 1. 나만의 에피소드
> 2. 다른 사람의 에피소드
> 3. 책이나 인용에서 얻은 에피소드
> 4. 적재적소의 에피소드 활용

그것이 나만의 것이든 다른 사람의 것이나 책에서 얻은 것이든 간에 공감이 가는 에피소드이어야 한다. 강의를 잘한다는 것은 청중이 원하는 가려운 부분을 정확히 긁어주는 것이다. 그런 의미에서 청중과 대상에 따라 적재적소의 공감이 가는 에피소드를 가지고 얘기하는 것이 얼마나 중요한지는 아무리 강조해도 지나치지가 않다.
예전에, 공무원들을 대상으로 강의를 한 적이 있는데, 일반적인 직장에서의 호칭은 필자도 직장생활을 해봤기 때문에 별다른 어려움이 없었지만, 공무원 사회는 필자 역시 생소했기 때문에 그들 문화를 백 프로 이해하지 못해서 에피소드를 얘기하는 데 애를 먹었던 적이 있었다.

청중을 제대로 이해하지 못한 강의, 청중의 공감을 얻지 못하는 강의는 실패한 강의라고 말할 수 있다. 그런 면에서 공감을 얻을 수 있는 에피소드는 수많은 시행착오와 경험을 통해서만 가질 수 있는 것이다. 그렇다면 참신하고 재미있는 강의방법은 어떤 것일까?

청중들이 지루하지 않고 강사에게 집중하게 할 수 있는 비밀은 바로 '리듬과 템포'이다.

이 '리듬과 템포'라는 것은 포괄적인 의미이긴 하지만, 말의 억양, 높낮이, 침묵, 빠름과 느림 등을 총체적으로 지칭하는 것이다.

이것은 타고난 것도 있지만 연습을 통해서 체득될 수 있다.

흔히 교장 선생님의 말씀이 지루하다고 느끼는 것은 바로 이 '리듬과 템포'가 빠져 있기 때문이다.

예컨대, "우리는 반드시 할 수 있습니다. 할 수 없다는 생각 때문에 못 이루는 것뿐이죠." 라는 말을 할 때, 이것을 절대 일률적으로 얘기하면 안 되는 것이다.

강의는 음악과 같아야 한다. 가령, '사계'의 음악을 예로 들면, 봄, 여름, 가을, 겨울의 총 4악장으로 이뤄져 있는데, 각 악장마다 음계와 템포가 모두 다르다.

그 다름은 이 4계절의 특징과 묘미를 잘 표현할 수 있는 원동력이다.
말도 마찬가지다. '높낮이'와 '빠름과 느림의 미학'을 살린다면 충분히 인상적인 강의를 할 수 있다.

또 다른 예로 영화 '건축학 개론'을 들 수 있다. 그 영화에 배우 조정석이 맡은 '납득이'라는 캐릭터가 나오는데, 바로 '리듬과 템포'의 미학을 너무나도 잘 살린 캐릭터라고 볼 수 있다.

거기에 나오는 대사 중에, "다가가 다가가서 말을 걸다가 갑자기 멈춰, 딱 멈춰서 그대로 돌아가, 이게 컨셉" 이런 내용이 있다. 여기서 '컨셉'이라는 부분에서 포즈를 사용한다.

그리고 앞부분에서는 말을 천천히 하다가 갑자기 빨리 말을 한다. 그러다가 갑자기
말을 멈춰서 집중을 받은 다음 '컨셉'을 끊어서 애기한다.

바로 이 부분이 '리듬과 템포'의 미학을 가장 제대로 살린 부분이다.
관객들은 한참 웃죠. 말이 웃겨서가 아니라, 그 말의 리듬과 템포가 재미를 주기 때문이다.

강의도 마찬가지다.

아무리 내용이 좋더라도 그 방법이 지루하거나 재미가 없으면, 보는 사람들은 어떤 내용을
얘기해도 집중을 하지 않는다. 말을 빨리했다가 천천히 그리고 멈추기도 하고 억양을 실어 올리기도 했
다가 내리기도 하고, 마치 음악처럼 연습을 하다보면, 자신이 하고 싶은 대로 청중을 끌고 가는 강의를
할 수 있게 된다.
좋은 강사가 되려면 강의주제의 선정과 에피소드 그리고 강의진행 방법 등 모든 부분에 있어서 치열한
연습을 해야 한다.

훌륭한 상담원처럼 청중의 마음을 얻을 수 있고 오케스트라의 지휘자처럼 청중을 쥐락펴락할 수 있는
강의를 하는 사람이 바로 좋은 강사이다.

7 사회진행

> tip
>
> 1. 청중을 휘어잡는 진행(강약 조절)
> 2. 때로는 객관적으로 때로는 재미있게
>
>   (재밌는 진행 - 쇼호스트, 레크레이션 객관적 진행 - 토론, 회의)
> 3. 유연한 진행능력과 애드리브

토의진행, 토론, 회의, MC, 레크리에이션 등 다양한 모임에서 진행을 하는 것을 바로 '사회'라고 한다.

토론이나 토의 등의 결론을 도출해야 하거나 이성적인 생각을 하는 자리에서는 사회자가 중심을 잡아주고 객관적인 진행을 하는 것이 중요하고, 레크리에이션이나 야유회 등의 스트레스를 해소하기 위해 모이는 자리에서는 재미있는 진행이 더 요구된다.

사회를 진행하는 것은 생각보다 힘든 점이 많이 있다.

첫 번째로는 청중들의 반응이 냉랭하다는 점이다.

사람들은 누군가 앞에 나와서 무엇을 하는 것에 대해 호의적인 감정보다는
"당신이 어떤 말을 하나보자?"라든가 "무엇을 하려하지?" 등의 경계심을 갖기 마련이다.

그렇기 때문에 그러한 냉랭하고 무뚝뚝한 분위기를 휘어잡아 청중들을 자기편으로
만드는 것은 고도의 전략과 집중이 필요하다.
사회를 잘 보려면, 일단 청중들의 연령, 취향 등을 고려해야 한다.

가령, 결혼식 사회를 보는데, 너무 유머를 남발하거나, 야유회 사회를 보는데,
딱딱한 진행을 한다면 청중들의 성향과 분위기를 잘 못 파악하는 것이다.

가장 중요한 것은 청중들을 위한 사회이다. 그러려면 처음이 중요하다. 너무 잘하려고 하는 것보다는 청중들의 마음을 서서히 열려고 한다는 자세로 임하는 것이 우선이다.

너무 웃기려고 하지 말고, 그것보단 어떻게 하면 청중들을 편안히 만들까를 고민하는 것이
매력적인 사회의 시작이다. 사회를 진행하는 데 중요한 부분 중 하나는 도입부를 어떻게 전개하느냐 하는 것이다.

전에도 얘기했다시피, 청중들의 주의를 끄는 방법은 여러 가지가 있다.

첫 번째는 공통의 관심사를 얘기하는 것이다.
날씨, 여행, 취미, 요새의 이슈 등이 공통관심사가 된다.
가령, "날씨가 많이 덥죠?"라는 말은 듣는 사람들에게 매우 친근하게 다가갈 수 있다.

근데 이 멘트도 클래식한 자리, 자유분방한 환경에 따라 다르게 적용할 수가 있다.

예컨대, "날씨가 푹푹 찌죠?"와 "날씨가 제가 사귀던 여자 친구처럼 변덕이 심하네요?"
라는 두 가지 멘트는 상황에 따라 사용해야 한다.

또한 연령 등을 고려해 다르게 구사해야 하는 것이 중요하다.
대상이 어린이냐 아님 나이가 드신 분들이냐에 따라 관심사와 화제를 맞추는 것이 중요하다.

또한 사회를 진행하다 보면 겪을 수 있는 돌발 상황 및 다양한 상황에 직면하게 된다.

이때 그런 돌발 상황에 얼마나 잘 대처하는가가 그 모임의 분위기를 바꿔 놓을 수 있는 중요한 변수가 된다.
사회라는 것이 화자 1인의 일방적인 스피치가 절대 아니다.

중요한 것은 청중과 교감하는 것인데, 이 교감이 이루어지려면 청중의 반응에 유연하게 대처해야 하는 것이 중요하다.

예컨대, 야유회 사회를 보는데, 어떤 직원이 "에이 재미없다"라고 외친다면, 과연 여러분은 어떻게 할까?

이때 주눅이 들면 안 된다. 주눅이 들거나 긴장한 표정이 역력하면 청중들은 오히려 더 만만하게 볼 수 있다.

그럴 때는 "이제부터는 정말 재밌습니다. 놓치면 후회하실 겁니다." 또는 "자 나오세요. 여기 여러분들을 위해 노래 한 곡 부탁드리겠습니다."라고 애드리브를 하는 것이 포인트다.
그렇게 되면, 그동안 지루했던 분위기가 한 순간에 반전이 될 수 있다.

그러한 것이 바로 사회자의 능력이다.
사회를 볼 때 '애드리브'는 매우 중요한 반전의 역할을 한다.
그렇기 때문에, 사회자는 늘 청중의 분위기와 청중의 소리에 귀를 기울여 그 상황에 맞게 대처하는 능력을 기르는 것이 반드시 필요하다.

예전에 어떤 사회자가 미팅 모임에서 진행을 보는데, 분위기가 너무 가라앉으니 직접 솔선수범해서 모창과 성대모사를 한 적이 있는데 그 전의 지루했던 분위기가 한 순간에 반전이 되었다. 또 한 번은 뒤풀이를 한 적이 있는데, 역시 분위기가 가라앉아 즉석에서 '진실게임'을 벌여 분위기가 뒤집혔던 적도 있었다.

이처럼 돌발 상황에 대처하는 능력에 따라 사회의 질이 달라질 수 있음을 꼭 기억하라.

8 앉아서 말하기

앉아서 말하기는 의자에 앉아서 얘기하는 스피치의 모든 것이다.

주로 실생활에서의 테이블이나 의자에 앉아 얘기하는 것, 회의, 토의 등을 얘기하는 것을 말한다.
테이블 스피치를 할 때 중요한 점은 맘을 편하게 갖고 테이블 주변에 앉아 있는 사람과 눈 맞춤을 하면서 자연스럽게 호응하고 자기의 얘기를 하는 것이다.

너무 느긋하게 의자에 기대어 앉는다거나, 다리를 떠는 습관은 상대방에게 불편함을 줄 수 있기 때문에 자제해야 한다.
상대방의 이야기를 들을 때는 그냥 소극적으로 듣는 것이 아니라, 마음속 깊이 그 사람의 이야기에 동조를 해야 한다.

예를 들어, 어떤 사람이 "저의 관심사는 운동입니다."라고 말을 했는데 "아 그렇군요."라든가 "네" 등의 소극적인 호응보다는 "맞아요. 운동이 확실히 몸에 좋더라고요." 등의 적극적인 호응이 중요하다.

또한 "제가 요새 몸이 안 좋아요. 아마도 규칙적인 식사를 하지 않아서 그런 것 같아요."라고 얘기를 했는데, "오늘 날씨는 어때요? 비 오면 안 되는데." 등의 자기 위주의 말이나 상대방의 말에 동문서답하는 태도는 인간관계를 소원하게 하는 지름길이다.

경청과 적극적인 반응이야말로 테이블 스피치의 시금석이라고 할 수 있다.

아무리 말을 잘하더라도 일방적으로 자기 말만 하거나 자기 위주의 생각으로 대화를 진행한다면 처음에는 호감으로 그 사람을 대하더라도 점차로 그 사람의 얘기에 집중을 하지 않을뿐더러 그 사람 자체를 기피하게 된다.

예전에 어떤 분이 파티에서 너무나 말을 잘해서 거기에 있는 모든 분들이 호감을 갖고 얘기를 들은 적이 있었다.
그런데 처음의 그 호감은 얘기가 길어질수록 반감으로 바뀌고 사람들은 그 분의 얘기에 지쳐갔다. 그럼에도 불구하고 그분은 다른 사람의 이야기를 끊어 더욱 눈총을 산 경우가 있었고, 파티에서 그의 모습을 더는 볼 수 없었다.

그렇기 때문에 **말을 잘하려면 자신의 얘기를 많이 하려고 노력하는 것보다는 상대방의 이야기를 들어줘야 한다.**

그리고 이야기를 할 때는 눈 맞춤을 충분히 하면서 적절하게 제스처를 취하면서 자신의 이야기를 이끌어 나가야 한다.

또한 다양한 상황에 맞추어 다양한 주제로 대화를 이끄는 것도 아주 중요한 부분이다.

그러려면 평소에 상식을 많이 알고 있어야 다양한 분야에 맞추어 얘기를 할 수가 있다.

취미, 여행, 날씨, 정치 경제, 핫이슈, 영화, 책 등 다양한 분야에 상식을 많이 알고 있어야 그 분위기에서 다양한 소재를 꺼낼 수 있다.

가령, 어떤 모임에서 칸영화제 수상에 대해 얘기하고 있는데, "칸은 어느 나라냐, 사람이름이냐?" 등의 얘기를 건넨다면 무안을 받을 수가 있다.

따라서 풍부한 상식과 독서야 말로 좋은 대화를 이끄는 초석이라고 할 수 있다.

9 서서말하기

말 그대로 강단이나 서서 말을 하는 것이다.

자기소개, 강의, 사회진행 등의 형태로 나눌 수 있다.

대부분의 경우 앉아서 얘기하는 것은 청산유수처럼 가능하지만, 서서 말할 경우 시선 처리나 손동작 등이 어색하기 마련이다.

아무리 말을 잘하는 달변가들도 서서 말하기는 부담을 느낄 수밖에 없다.
왜냐하면, 서서 말하는 순간 대중들은 경계심을 갖기 마련이고, 앉아서 말하는 것에 비해 친근감이 현저히 떨어지기 마련이기 때문이다.

이것을 극복하는 방법은 누구나 서서 말하는 것에 대해 자연스럽지 못하다는 것을 인정하는 것이다.

그리고 청중에 대한 공포를 극복하려면 역시 청중을 적이라 생각하지 말고 자신의 지인인 양 최대한 편하게 마음을 먹고 대하는 것이다.
그렇게 되면 청중에 대한 공포가 서서히 해결이 될 수 있다.
이때 주의할 점은 표정이 경직되면 안 된다는 것이다.

청중에게 기대하기보다는 스스로 먼저 다가가려는 노력해야 한다.

웃으면서 청중들의 눈을 바라보며 대화하고 서로 교감하려 노력하는 것이 중요하다.

또한 청중의 이야기에 마음 깊숙이 귀를 기울여서 맞장구 쳐주고 호응을 해주는 것이 매우 중요하다.

그렇다면 공포가 해소되고 교감이 형성되고 매력적인 스피치가 시작이 된다.

무대에서의 공포가 해결이 되면, 그 다음 과제는 어떻게 청중들의 마음속으로 침투 하는가 이다. 마음속으로 침투를 하려면 화자는 너무 이성적인 스피치보다는 이성과 감성의 적절한 조화와 리듬과 템포의 화술과 제스처가 있어야 한다.

리듬과 템포는 앞에서 얘기했다시피 음의 고저, 장단, 강약으로 음악처럼 스피치에 재미를 주는 것을 말한다. 아무리 좋은 내용도 표현이 음악처럼 재미를 주지 않는다면 청중들은 화자의 얘기에 더는 귀를 기울이기 어렵다.

또한, 제스처 역시 서서 말하기의 중요한 요소지만, 과유불급이라고 너무 많은 제스처는 오히려 말의 핵심을 흐리는 부분이다.

가령, 제주도의 풍경을 얘기할 때 "제주도는 바다가 너무나 예쁜 섬으로써 해마다 많은 관광객이 그 절경을 보기 위해 찾아옵니다." 라고 그냥 말로만 얘기하는 것보다 '많은 관광객'이나 '절경' 부분에서 손을 펴 보이면서 제스처를 한다면 훨씬 더 실감 나는 표현이 될 수 있다.

즉, 내용과 더불어 그 내용을 어떻게 표현하는가가 좋은 서서 말하기의 관건이라 할 수 있다.

10 회의진행

1. 핵심을 논리적으로 전달
   (회의목적, 토론방향)
2. 참가자의 얘기를 경청
   (진정성, 적극성)
3. 객관적인 진행(사안의 객관성)
4. 유연한 소통
   (대화와 타협, 커뮤니케이션)

회의를 주재하고 이끌어 간다는 것은 사실 쉬운 일은 아니다. 왜냐하면, 직원들이나 동료들의 의견을 듣고 거기에 부합하는 내용이나 상충하는 의견들을 어떻게 하면 잘 아우를 수 있는가가 관건이기 때문이다.

예전에는 힘 있는 리더, 카리스마 있는 리더가 성공을 이끌었지만, 시대의 흐름에 따라

지금은 더욱 융합할 수 있고, 오픈마인드를 가진 유연한 리더가 성공하는 확률이 많아졌다.

회의에서 '소통'은 큰 힘을 발휘한다.
회의 리더는 결코 자신의 얘기를 일방적으로 지시하는 역할을 하는 사람이 아니다. 어떻게 하면 직원들의 의견을 잘 들어주고, 반영하고 또한 거기에 자신의 의견을 유연하게 내세울 수 있는가가 무엇보다 중요하다. 여기서 간과하면 안 되는 부분이 무턱대고 직원들의 의견을 모두 수렴하거나, 일방적으로 지시하는 스피치를 하면 안 된다는 것이다.

회의에서 주체자의 첫 번째 역할은 '회의의 요점'을 분명히 전달하는 것이다. 참가자들이 일목요연하게 이해할 수 있게 요점을 정리해 주는 것이다. 또한, 참가자의 흥미를 끌 수 있는 안건이어야 한다. 가뜩이나 이른 아침부터 회의를 하는데 게다가, 흥미까지 없으면 회의를 하는 것 자체가 회의적이다.

회의에서 심사하고 토의할 안건을 '의안'이라고 하는데 때로는 의안을 상정해서 안건을 받아들이는 것을 '가결'이라 하고 안건이 의논한 것을 받아들이지 않을 때를 '부결'이라 한다.

그리고 회의를 주재하는 회의 주재자는 의안을 상정하는 부분도 필요하지만 때로는 논쟁이 필요한 부분은 토론을 통해 찬반 투표로써 결정할 수도 있다.

가령, '자동차 A의 디자인'에 대한 회의인지, '맥주 B의 광고문구'에 대한 회의인지 미리 공지를 해 두는 것이 좋다. 물론 사안이 긴급한 경우에는 임시회의를 여는 경우도 있지만, 대게는 미리 공지를 해둬서 참가자들이 충분히 생각을 할 수 있게 시간을 주는 것이 좋다.
또한, 기획안의 경우 일주일전에 주는 것이 좋지만, 이때 주의할 점은 기획안이 '부담'이 되어서는 안 된다는 점이다. 물론 '회사생활에서 어떻게 기획안이 부담이 되지 않을 수가 있겠는가?' 그렇지만, 기획안이 기계적인 안건이 되었을 때는 회사의 실적이 향상보다는 정체가 될 수 있다. 그렇기 때문에, 아이디어에 대한 보상과 더불어 기획안은 참가자들의 참여를 유발할 수 있는 것이어야 한다.
본격적인 회의를 할 때 중요한 것은 앞에서도 거론했듯이 '소통'이다.

'소통'의 첫 번째 원칙은 '경청'이다.

어떤 리더들은 직원이나 동료의 의견을 무시한 채 자신만의 의견만이 옳다고 주장하는 경우가 있는데, 이것은 좋은 방법이 아니다.

일단 동료나 직원의 소리를 유심히 들어야 한다.
그들의 소리를 듣다보면 어떤 부분을 개선해야 할지, 그리고 어떻게 이끌어야 할지가 보이게 된다.

좋은 리더는 자신의 의견을 주장하는 것이 아니라, 직원의 능력을 잘 이끌어나가는 사람이다. 또한 서양 속담에도 있듯이, 좋은 리더는 직원의 단점을 비판하는 것이 아니라, 그들의 장점을 극대화하는 것이다.

여기서 중요한 것은 '인정' 과 '칭찬' 이다.

가령 직원이 어떤 의견을 제시했을 때, "당신은 왜 그것밖에 못합니까?", "생각이 그것밖에 미치지 못합니까?"라고 얘기한다면, 다시는 창의적인 의견을 내세우지 못할 것이다.

그것보다는 "좋은 의견이에요. 적극 검토하도록 하겠습니다.", "상당히 창의적인 부분이네요. 어떻게 하면 시장화할지 고민해야겠네요."라는 적극적 경청이 중요하다는 얘기이다.

또한 좋은 기획안의 경우, 아이디어 좋았을 경우 거기에 대한 충분한 보상을 해야 한다. 그래야만 회의에 적극적으로 참여할 수 있다. 회의에 적극적으로 참여하게끔 만드는 것이 바로 회의주체자의 능력이다.

그러려면 회의를 하기에 앞서서, 어떤 주제로 회의를 할 것인지, 다음 주 기획안은 어떤 것으로 할 것인지, 이번에는 어떻게 회의를 진행할 것인지, 꼼꼼하게 준비를 하는 것이 그 무엇보다 중요한 회의 주체자의 필수조건이다.

11 3분 스피치

3분 안에 말을 논리적으로 그리고 매력적으로 말하는 것은 생각보다 어렵다.

그 시간 안에 서론, 본론, 결론의 스토리텔링을 잘 구성해야 하는데, 가장 중요한 부분이 바로 서론 부분이다.

서론은 도입부이니만큼 청중들을 사로잡을 수 있는 인상적인 포인트가 필요하다.
그러기 위해서는 인용이나, 에피소드, 또는 격언 등의 인용 등의 스토리텔링이 중요하다.
예컨대, "돈"에 대한 얘기를 하려고 한다.

여러 가지 도입이 있을 수 있지만, 여러분은 어떤 선택을 할 것인가?
몇 가지 예를 들어보자.
"개처럼 벌어 정승처럼 써라 라는 말이 있습니다."
"돈은 있다가도 없다가도 하는 것입니다."
"가장 중요한 재테크는 자기 계발입니다."
"저는 어려서 찢어지게 가난했습니다. 그래서 돈이 얼마나 무서운지도 알고요."
등의 다양한 도입이 있을 수 있다.
이때 중요한 점은 자연스러워야 한다는 점이다.

무리하게 도입을 이끌다 보면 인상적이기는커녕, 부담스러울 수 있기 때문이다.

서론 부분이 청중을 자극할 수 있는 인상적인 도입이 필요하다면, 본론은 그 서론을 어떻게 매끄럽게 전개해 나가는 것이냐가 관건이다.

서론 도입부에서 언급했던 "돈"에 대한 얘기로 스토리텔링을 이끌어 가는 데 있어 본론을 다양한 예시로 말해보자.

"어렸을 때부터 저는 가난하게 자랐습니다. 그래서 저는 부자가 되기로 마음을 먹고 닥치는 대로 일을 했습니다." 등의 에피소드 형식이 있을 수가 있고,

"돈은 인생과 같습니다. 인생에 저점과 고점이 있듯이, 돈도 적을 때가 있고, 많을 때가 있습니다." 등의 돈과 인생의 공통점과 차이점을 비유와 유추로 이끄는 방식이 있다.

본론은 서론을 이어갈 수 있는 중요한 내용이기 때문에, 내용을 알차고 매끄럽게 진행하는 것이 핵심이다.

결론은 서론에서 본론까지 이끌었던 내용을 재차 강조하거나, 인상적으로 주제를 마무리하는 것이 좋다.

이때 중요한 점은 갑자기 새로운 내용의 결론이나, 서론, 본론에서 이끌었던 내용에 어긋나는 내용을 전개하면 안 된다는 것이다.

그렇게 된다면, 청중들은 어떤 점이 주제인지, 어떤 점을 말하려고 하는지에 대해 혼란스러울 수 있다.

'돈'에 대한 결론의 예시를 몇 가지는 다음과 같다.

"그렇기 때문에 우리는 돈에 집착을 하면 안 됩니다."
"처음에 말씀드렸다시피, 돈은 우리 인생과 같이, 늘 우리와 함께 있는 것입니다."
"과유불급, 돈을 한마디로 요약하면 그렇습니다."
"돈은 버는 것보다 쓰는 것이 더 어렵습니다."

등의 핵심과 인상적인 부분을 생각하며 도입부와 본론을 어떻게 연관시킬 수 있는가를 고심해야 한다.

Part 2

마음을 움직이는 대화법

1. 대화 시 주의할 점 2. 부탁할 때 3. 거절할 때 4. 싫은 말을 해야 할 때 5. 강하게 말을 해야 할 때 6. 거짓말을 해야 할 때 7. 사과할 때 8. 용서할 때 9. 충고할 때 10. 칭찬할 때 11. 약속을 어겨야 할 때 12. 협상할 때

1 대화 시 주의 할 점

우리가 어떤 사물을 볼 때, 오감으로 그 사물을 느끼고 뉴런신경을 통해 중추신경으로 전달하고 다시 중추신경의 판단으로 운동신경에 명령을 내리는 과정을 '인지'라고 한다. '인지'와 유사한 의미지만, '인식'은 감각과 감정을 바탕으로 뇌에서 인지를 하는 과정을 말한다. 여기서 인식이 바로 감각과 감정을 모두 포함하는 의미로써 사용되는 것이다. 철학적으로 현상학과 인식론이 바로 그러한 과정을 깊이 다루는 학문이다.

그런데 여기서 중요한 부분은 바로 감정을 바탕으로 하는 인식이다. 이 감정이라는 인식은 후행적 즉, 감각으로 인해 수반되는 그 무엇이다.

이 즉각적이면서 주관적인 감정은 뇌의 중추신경의 영향을 받는 것이 아니라, 우리 몸을 보호하고 일정한 상태를 유지하도록 간뇌와 시상하부 그리고 척수를 통해 이어지는 자율신경계의 영향을 받는다. 공이 날아올 때, 몸을 다치지 않기 위해 즉각적으로 반응하는 것, 소변이 마려울 때 바로 신호가 오는 것 등이 우리 몸의 항상성을 유지하기 위함이다.

이 자율신경에 교감신경과 부교감신경이 있는 것이다. 교감신경은 우리의 몸을 방어하기 위해 긴장을 유발하는 성질이 있고, 부교감신경은 우리의 몸을 원래대로 회귀하기 위해 이완하는 성질이 있다.

인간의 신체는 이처럼 매우 복잡 미묘한 체계를 이루고 있다. 특히, 감정과 연관이 있는 자율신경계는 최고로 복잡하면서 섬세한 시스템으로 이루어져 있다. 이러한 메커니즘과 시스템을 정확히 알고 있어야 감정을 드러낼 때와 숨길 때의 교감과 부교감신경의 역할을 이해할 수 있고 그로 인한 처세를 현명하게 할 수가 있다.

대화를 할 때 이러한 항상성을 잘 이해해야 한다. 사람은 누구나 자신의 신체와 마음을 보호하려는 성질이 있기 때문에, 방어벽을 쌓는 것이고 자존심을 세우는 것이다.

그렇기 때문에 대화를 할 때는 반드시 은근하고 부드럽게 접근하는 것이 무엇보다 중요한 것이다.

우리가 대화에서 실패를 하거나 상대방의 마음을 열지 못하는 대부분의 경우는 이러한 항상성과 자존심의 성질을 이해하지 못하고 성급하게 상대에게 다가가거나 상대방의 대한 배려를 하지 못해서이다.

그래서 지금부터는 다양한 상황에 맞게 어떻게 대화를 해야 상대의 마음을 움직일 수 있는 것인지에 대해 방법적으로 알아볼 것이다.

2 부탁 할 때

누구나 부탁을 해 본 경험이 있을 것이다. 하지만 생각보다 부탁하는 것이 어렵다. 왜냐하면, 무엇인가를 상대방에게 요구한다는 것은 상대방이 내 요구조건을 들어줘야 하고 다시 말하면 내가 상대방보다 저자세가 되어야 한다는 의미이기 때문이다.

그렇기 때문에 부탁을 어떤 상황에서 어떻게 하느냐는 것은 매우 중요하다.

하지만, 부득이하게 그런 경우에는 **첫 번째 고려해야 할 것은 상대방의 기분이다.**

부탁을 할 때는 상대방이 기분이 좋을 때 하는 것이 좋다. 상대방이 컨디션이 안 좋거나 일이 바쁘거나 할 때 부탁을 하는 것은 거절을 당할 확률이 높다.
두 번째는 부탁하는 방식이다. 부탁이나 요구를 할 때는 먼저 상대방에게 양해를 구한 후에 자신의 사정을 정확히 얘기하고 어떤 점을 부탁하는지를 명확히 해야 한다. 양해를 구했을 때는 애매모호하게 얘기하는 것은 바람직하지 않다.

이렇게 부탁하는 경우가 있다.

영철 : 수희야.
수희 : 어?
영철 : 동호한테 이것 좀 전달해줘.
수희 : 아.. 나도 지금 바빠
영철 : 아 그래? 알았어.

일단 상대방에게 먼저 양해를 구해야 한다. 어떤 부탁할 때는 상대방의 기분과 입장을 헤아려야 한다. 즉 상대방의 마음이 열린 상태에서 부탁이나 요구를 해야 한다. 상대방이 편하게 들을 수 있는 환경을 만들고 나서, 부탁이나 요구를 할 때는 먼저 상대방에게 양해를 구한 후에 자신의 사정을 정확히 얘기하고 어떤 점을 부탁하는지를 명확히 해야 한다. 양해를 구했을 때는 모호하게 얘기하는 것은 바람직하지 않다.

그럴 때는 이렇게 부탁하는 것이 좋다.

영철 : 수희야. 혹시 잠깐 시간돼?
수희 : 어 왜?
영철 : 내가 지금 좀 급한 일이 있어서 그런데. 혹시 동호한테 이것 좀 전달해 줄 수 있겠어?
수희 : 많이 급한가 보네?
영철 : 어, 선생님이 잠깐 보자고 해서. 이거 오늘 동호한테 꼭 주기로 했거든.
수희 : 알았어. 이따가 갈 때 줄께.
영철 : 어 고마워. 수희야.

> **tip**
> 1. 상대방에게 먼저 양해를 구함
> 2. 상대방의 기분과 입장을 헤아림
> 3. 자신의 사정을 정확히 얘기하고 어떤 부분을 부탁하는지를 명확히 함

3 거절할 때

거절 역시 어려운 대화 방법이다. 거절을 할 때 중요한 포인트는 상대방이 최대한 기분이 상하지 않게 얘기하는 것이다. 물론 이별이나 거절 등의 부정적인 대화는 상대방이 유쾌할 리가 없다.

그렇기 때문에 최소한의 손실을 입히는 것이 중요하다.

김 과장 : 유 대리, 회의실 예약이 되어 있는지 확인 해줘.
유 대리 : 저 지금 일이 있어서요.
김 과장 : 뭐?

유 대리 : 제가 지금 송 과장님께서 주신 일을 마무리를 해야 해서요.
김 과장 : 그래서 지금 내 말 무시하는 거야?
유 대리 : 그게 아니라, 제 뜻은 그 말이 아니고요.
김 과장 : 됐어!

흔하게 볼 수 있는 유쾌하지 못한 거절의 상황이다.

거절할 때는 왜 내가 거절을 할 수밖에 없는지에 대한 당위성을 얘기해야 한다. 그리고 지금은 거절해도 나중에 할 수 있는 부분인지 아니면 아예 수락을 할 수 없는 부분인지를 명확히 표현해야 한다. 다만, 상대방의 기분을 상하지 않게 하기 위해서는 거절할 수 없는 이유를 납득이 가게 하는 것과 더불어 그 당시의 분위기를 부드럽게 풀어주면서 얘기하는 것이 중요하다.

거절할 때는 다음과 같이 하는 것이 좋다.

김 과장 : 유 대리, 회의실 예약이 되어 있는 지 확인 해줘.
유 대리 : 김 과장님, 죄송한데 그거 급한 일이세요? 제가 지금 바로 보고서를 제출해야 해서 혹시 그 거하고 나서 바로 하면 안 될까요?
김 과장 : 무슨 보고서?
유 대리 : 어제 송 과장님이 지시한 보고서를 5시까지 제출해야 해서요. 그거 제출하고 바로 확인해서 말씀드려도 될까요?
김 과장 : 아 그래? 알았어. 얼른 마무리하고 나한테 얘기해줘.
유 대리 : 네. 알겠습니다.

> **tip**
> 1. 부드러운 분위기를 유지하면서
> 2. 어느 정도 수용 가능한지
> 3. 거절을 할 수 밖에 없는 이유
> 4. 때로는 완곡한 거짓말을 활용

4 싫은 말을 해야 할 때

살면서 싫은 말을 해야 할 때가 많다. 하지만 싫은 말을 좋아하는 사람은 없다. 하지만 우리는 때에 따라서 싫은 말을 해야 할 때가 있다.

싫은 말을 해야 할 때는 사석과 공식 석상에서의 환경에 따라 다르게 말할 필요가 있다.

먼저 일상적인 자리에서의 싫은 말을 할 때이다.

딸 : 아빠
아빠 : 응?
딸 : 담배 좀 나가서 피면 안 돼?
아빠 : 나도 스트레스를 많이 받아서 그래. 그냥 좀 편히 놔둬.
딸 : 그게 아니라, 아빠 때문에 나머지 사람들이 같이 연기를 마시잖아.
아빠 : 그럼 문을 닫으면 될 거 아냐.
딸 : 아빠, 무슨 말을 그렇게 해?
아빠 : 네가 먼저 기분 나쁘게 얘기를 했잖아.

싫은 말을 해야 할 때 중요한 것은 말을 할 시기와 환경이다. 상대방의 기분이 안 좋은 상태이거나 적절하지 않은 환경, 가령 밥을 먹을 때나 진지한 얘기를 하고 있을 때나 한창 즐거운 얘기를 하고 있을 때 싫은 말을 하는 것은 적절치 않다. 그리고 그런 환경이 만들어 졌을 때는 왜 이런 말을 해야 하는지에 대한 근거를 가지고 부드러운 분위기 속에서 얘기해야 한다. 그래야 상대방이 기분이 상하지 않은 상태에서 얘기를 들어줄 수가 있다.

또한, 상대방에게 싫은 말을 하기 전에 먼저 공감을 하고 나서 얘기를 꺼내야 상대방도 맘이 열릴 수가 있고, 말을 할 때는 '네가 이런 게 싫어' 라는 명령형 표현보다는 '네가 이렇게 했으면 좋겠어.'라는 권유형으로 얘기하는 것이 상대방의 맘을 열리게 하는 현명한 방법이다.

그럴 때는 이렇게 말하는 것이 좋다.

딸 : 아빠.
아빠 : 응?
딸 : 아빠가 스트레스를 많이 받는 건 이해하겠는데, 담배 연기 때문에 내가 요새 목이 많이 아파.
아빠 : 아 그래?
딸 : 그래서 말인데, 아빠가 담배를 피울 때 집에서만 안 피우면 참 좋을 것 같아.
아빠 : 딸이 목이 아프다는데, 나도 노력해 봐야겠다.
딸 : 고마워, 아빠. 나도 아빠 말 더 잘 들을게.

다음은 공식적인 자리나 업무적인 자리에서의 상황이다.

김 대리 : 내가 오정희 씨를 부른 건 다른 게 아니고..
오 사원 : 네 말씀하세요.
김 대리 : 뭐랄까.. 요새 느꼈는지는 모르겠지만..
오 사원 : 뭘요?
김 대리 : 그러니까, 회사 분위기도 그렇고.. 또 내 입장도 그렇고..
오 사원 : 어떤 얘기를 하고 싶은데요?
김 대리 : 그러니까.. 그게..

공식적인 자리나 업무적인 자리에서 싫은 말을 해야 할 때는 조금 더 단순명료하게 얘기해야 한다. 말하는 사람이 상대방을 배려한다 치고 너무 어려워하거나 빙빙 돌려 얘기하면 오히려 더 반감이 들 수 있다. 그것보다는 먼저 상대방의 입장을 공감하되 왜 이 말을 해야 하는지에 대해 정확히 그리고 명료하게 얘기를 하되 역시 명령형보다는 권유형의 표현이 좋고, 그 얘기를 마쳤을 때는 부드러운 분위기를 만드는 것이 좋다.

업무적인 상황에서는 이렇게 말하는 것이 좋다.

김 대리 : 오정희 씨 요새 일이 많아서 힘들지?
오 사원 : 네 괜찮아요.
김 대리 : 내가 오정희 씨를 부른 이유는 요새 보고서에 실수가 잦아서 위에서 좀 얘기가 나왔어.
오 사원 : 아 그래요?
김 대리 : 응. 조금만 더 신경 써서 보고서를 작성했으면 해.
오 사원 : 네. 제가 요새 일이 많다보니 실수를 했나 봐요.
김 대리 : 그래 일이 좀 많긴 하지. 내가 그 부분은 좀 신경 써줄게. 커피 한 잔 할까?

> **tip**
> 1. 상대방의 환경과 분위기
> 2. 말을 할 수 밖에 없는 이유
> 3. 명령형이 아닌 권유형
> 4. 돌려 이야기 하지 않음

5 강하게 말을 해야 할 때

화를 내서 상대방이 좋아하는 경우나 분위기가 좋아지는 경우는 거의 없다. 하지만 때에 따라서 어쩔 수 없이 강하게 얘기를 해야 하는 경우가 종종 있다.

그럴 때 중요한 방법이 있다.
(버스 정류장에서)

나　: 저기요. 여기서 새치기 하시면 안 돼요.
행인 : 뭐가요?
나　: 여기 사람들 기다리고 있었거든요.
행인 : 그럴 수도 있는 거죠 뭐.
나　: 네? 아니 그렇게 말씀하시면 안 되는데..
행인 : 아참 되게 꼬치꼬치 얘기하시네. 그냥 좀 쉽게 갑시다.
나　: ...
행인 : 질서가 밥 먹여 주는 것도 아니고.

부득이하게 강하게 말을 할 경우에는 감정적인 화가 아니라 통제가 가능한 이성적인 어조, 다시 말해서 상대방의 정신을 차리게 할 수 있는 감정 절제가 있는 말이 되어야 한다. 이것은 마치 선생님이 학생을 혼낼 때 감정적으로 화를 내지 않고 이성적으로 혼을 내야 말을 듣는 것과 같다. 강하게 얘기를 하더라도 극단적이지 않게 그리고 상대방의 인격을 건드리지 않는 선에서의 잘못된 행동을 바로잡기 위한 목적이어야 한다. 이러한 이성적인 화는 '충격요법'으로 상대에게 위압감을 심어줄 수 있다.

이렇게 얘기하는 것이 좋은 방법이다.

(버스 정류장에서)

나   : 저기요. 여기서 새치기하시면 안 돼요.
행인 : 뭐가요?
나   : 여기 사람들 기다리고 있었거든요. 근데 지금 새치기를 하시려는 거잖아요.
행인 : 그럴 수도 있는 거죠 뭐. 별걸 다 갖고 그러네.
나   : 지금 이 추위에 기다리고 있는 사람들한테는 줄을 서는 게 중요한 거예요.
행인 : 아참 되게 꼬치꼬치 얘기하시네. 그냥 좀 쉽게 갑시다.
나   : 아뇨. 이건 아저씨가 잘못 한 거잖아요. 어서 줄 서세요.
행인 : 질서가 밥 먹여 주는 것도 아니고. 참내 알았소. 줄 서면 되는 거 아뇨.

다음은 공적인 자리에서의 대화이다.

제자   : 선생님 그냥 잠 좀 자는 게 그게 잘못한 건가요?
선생님 : 수업시간에 누가 잠을 자래?
제자   : 어제 늦게까지 뭐하느라 피곤해서 좀 졸은 거잖아요.
선생님 : 수업시간에 자는 게 그게 잘 한 짓이야? 어디서 말대꾸야?
제자   : 아, 진짜 고리타분해서 말이 안 통하네. 왜 이렇게 말이 안통해요?
선생님 : 나도 참는 게 한계가 있어. 이 새끼가 보자보자 하니까, 네가 그래서 안 되는 거야.
제자   : 아 진짜 학교를 그만 두든가 해야지!
선생님 : 그냥 자퇴해!

공적인 자리에서 강하게 얘기를 내야할 때는 이렇게 하는 것이 좋다.

제자   : 선생님 그냥 잠 좀 자는 게 그게 잘못한 건가요?
선생님 : 수업시간에 잠을 자는 게 그게 잘한 짓은 아니잖아.
제자   : 어제 늦게까지 뭐하느라 피곤해서 좀 졸은 거잖아요.
선생님 : 아무리 그렇다고 하더라도 수업시작하자마자 자는 건 잘한 행동은 아니지 않니?
제자   : 아, 진짜 고리타분해서 말이 안 통하네. 왜 이렇게 말이 안통해요?
선생님 : 선생님한테 그렇게 말하는 건 아니지! 짜증이 나도 그건 구별해야지!
제자   : ....

> tip
> 1. 상대방의 잘못이 클 때
> 2. 상대방의 인격을 건드리지 않는 선에서
> 3. 흥분하지 않고 차분한 어조로 이성적으로 얘기

6 거짓말을 해야 할 때

과연 살면서 거짓말을 해보지 않은 사람이 있을까? 있다면 그 사람은 이미 거짓말쟁이일 것이다. 여기서 이야기하는 거짓말은 정말 상대방을 속이거나 하는 거짓말이 아니라 선의의 거짓말을 얘기하는 것이다. 부득이하게 선의의 거짓말을 해야 할 때가 참 많다. 단 들킬 수 있는 과장된 거짓말은 하지 않는 것이 좋다. 어쩔 수 없이 거짓말을 해야 할 때에도 호감이 갈 수 있는 거짓말을 하는 것이 중요하다.

행인 : 와.. 너 몇 살이야?
아기 : 저요? 저는 세 살이요.
행인 : 남자야 여자야?
아기 : 저 여잔데요.
행인 : 아 그래? 씩씩하게 생겼다.
아기 : 네에.
행인 : 괜찮아. 크면서 예뻐지겠지.

차라리 말을 안 할 상황이면 안 하는 것이 좋다. 너무 솔직하게 얘기하는 것이 상대방에게 상처를 줄 수 있음을 간과해서는 안 된다. 때론 자신은 솔직한 게 매력이고 뒤끝이 없다고 하는 사람들이 있는데 그런 사람들이야말로 상대방을 배려하지 않는 이기적인 사람이다.

센스 있는 거짓말은 상대방을 배려하는 것이다.

행인 : 와.. 너 몇 살이야?
아기 : 저요? 저는 세 살이요.
행인 : 아 귀엽게 생겼다.
아기 : 감사합니다.

행인 : 근처 사니?
아기 : 네.
행인 : 그래 또 보자. 웃는 모습이 참 예쁘다.

다음은 직장에서의 상황이다.

김 차장 : 뭐가 그렇게 즐거워?
 직원들 : 네? 아. 아니에요.
김 차장 : 뭐야? 왜 갑자기 어색해해? 내 뒷말이라도 한 거야?
 직원들 : 앗. 죄송해요.
김 차장 : 뭐? 참나.. 당장 내 자리로 다들 와.

그럴 때는 이렇게 거짓말을 하는 것이 좋다.

김 차장 : 뭐가 그렇게 즐거워? 왜 그렇게 웃어?
 직원들 : 네? 그냥 어제 코미디프로 얘기하다가 웃었어요.
김 차장 : 아 그래?. 근데 무슨 차장 얘기 한 거 같은데? 내 얘기 아냐?
 직원들 : 아니에요. 그 코미디프로에 직장생활 코너가 있어요.
김 차장 : 아 그래? 나도 한번 봐야겠네.

'아' 다르고 '어'다르다. 같은 의미라도 어떻게 하느냐에 따라 상대방의 기분이 달라질 수 있다. 거짓말을 할 상황에서는 상대방의 입장을 고려해서 센스 있는 거짓말을 해야 한다. 마치 의사가 얼마 살지 못할 환자에게 '이제 곧 죽으실 거예요.'라고 하는 것과 '계속 건강하도록 노력하셔야 해요.'라고 하는 것은 천지차이다.

> **tip**
>
> 1. 상대방의 기분이 상하지 않게
> 2. 완곡한 표현의 센스 있는 거짓말
> 3. 긍정적인 목표에서의 거짓말

7 사과할 때

부득이한 경우든 아니면 실수든 사과를 하는 경우가 많다. 하지만 사과를 해도 뭔가가 찜찜하거나 오히려 분위기가 더 냉랭해지는 경우도 있다.

사과에도 방법이 있다.

먼저 친구 간의 대화를 들어보자.

정화 : 나 할 말이 있어.
미희 : 응 뭔데?
정화 : 나 솔직히 네 행동 이해 안 가. 아무리 나한테 기분이 나빠도 그렇지. 그 상황에서 어떻게 혼자 가버릴 수가 있어?
미희 : 지금 나한테 또 시비 거는 거야?
정화 : 시비 거는 게 아니고, 사과하러 온 거잖아.
미희 : 그게 무슨 사과야?

사과는 사과다워야 한다. 즉, 상대방에 대해 지적을 하기 전에 내 잘못에 대해 충분히 인정을 해야 상대방도 마음이 열리고 자신의 잘못을 뉘우치게 된다는 의미이다. 사과할 때 많이 하는 실수 중 하나가 자존심을 세우고 내가 사과하기 전에 상대방의 용서를 구하는 행동이다. 그러려면 사과의 의미가 없다.

다음과 같은 사과방법이 좋다.

정화 : 나 할 말이 있어.
미희 : 응 뭔데?
정화 : 내가 지난번에 흥분해서 너한테 기분 나쁘게 말했던 거 미안해. 내가 곰곰이 생각해 봤는데 네가 되게 기분이 나빴을 거 같아.
미희 : 아냐. 나도 잘한 거 없어. 나도 흥분했는데 뭐.
정화 : 정말 미안해. 그런 의미에서 내가 밥 살게. 맛난 거 먹으러 가자.
미희 : 그래. 나 삼겹살 땡기는데.

사과를 할 때는 진심을 담아서 그리고 구체적으로 하는 것이 좋다. 건성으로 하거나 표현을 왜곡해서 하는 사과는 안 하느니 못하다.

> **tip**
> 1. 진심을 담아 사과한다
> 2. 어떤 것을 잘못 했는지 구체적으로
> 3. 자존심을 세우지 않는다

8 용서할 때

상대방이 사과를 진심으로 구했을 때, 내가 상대방을 용서할 마음이 생길 때는 쿨 하게 용서하는 것이 좋다. 사과를 할 때나 용서할 때 자존심을 세우는 사람이 있는데 그것만큼 어리석은 것은 없다.

신 과장 : 죄송합니다. 차장님 어제는 제가 술자리에서 말이 좀 지나쳤던 것 같습니다.
오 차장 : 음.. 물론 술자리니까 그럴 수도 있다고 해도 어제는 좀 지나쳤어.
신 과장 : 네 정말 죄송합니다.

오 차장 : 죄송해서 될 문제가 아니야. 난 사실 기분이 나빠. 자네 어제 뭐라고 했어? 생각은 나기나 해? 술버릇이 고약해서 기억이 나기나 했는지 모르겠네.
신 과장 : ...
오 차장 : 왜? 기분 나빠?
신 과장 : 아니에요.

상대방이 진심으로 용서를 구했는데도 쿨 하지 못하게 용서를 하지 못하는 것은 문제가 있다. 물론 상대방이 선을 너무 심하게 넘거나 반복적인 행동으로 더 이상 간과를 할 수 없을 때는 그렇지 않을 수도 있겠지만, 상대방의 과실이 크지 않고 진심으로 용서를 구할 때는 쿨 하게 사과를 받아들이는 것이 멋진 용서의 방식이다.

용서를 할 때는 이렇게 하는 것이 좋다.

신 과장 : 죄송합니다. 차장님 어제는 제가 술자리에서 말이 좀 지나쳤던 것 같습니다.
오 차장 : 음.. 물론 술자리니까 그럴 수 있지. 담엔 좀 더 조심하면 되지 뭐.
신 과장 : 네 정말 죄송합니다.

오 차장 : 아냐. 다음부터는 안 그러면 돼. 나도 실수 하는데 뭐.
신 과장 : 네 주의하겠습니다.
오 차장 : 어제 잘 들어갔어?
신 과장 : 네네.

> tip
> 1. 쿨 하게 받아들인다
> 2. 진심으로 받아들인다
> 3. 상대방의 자존심을 무너뜨리지 않는다

9 충고할 때

충고는 상대방에게 득이 되기도 하지만 때에 따라서 독이 되기도 한다. 상대방과 교감이 없는 상태에서의 충고는 안 하느니만 못하다. 조언할 때는 '내가 이 사람에게 조언을 해도 되는 관계인가?'를 먼저 고려해야 한다. 그러고 나서 진심을 담아 얘기하되 상대방의 입장을 고려해서 충고를 하는 것이 중요하다.

다음은 어느 직장에서의 대화이다.

김 대리 : 최진영 씨는 이제 입사한 지 얼마나 됐어요?
최 사원 : 저는 이제 6개월 정도 됐습니다.
김 대리 : 최진영 씨한테 내가 조언하나 할까?
최 사원 : 네?
김 대리 : 진영 씨는 좀 사람이 꿍한 거 같아. 사회생활을 잘 하려면 좀 더 쾌활해야 할 걸.
최 사원 : 아, 네.
김 대리 : 상사가 얘기를 할 때는 웃는 얼굴로 대답을 해야 하는데, 표정이 뭔가 기분이 나쁘다는 느낌이야.

상대방이 받아들일 준비가 되지 않는 상태에서의 조언은 조언이 아니라 폭력이다. 조언이라는 것은 상대방이 그것을 받아들일 수 있는 환경이나 관계가 되었을 때 해야 한다. 상대방을 위한답시고 무모한 또는 과격한 충고를 하는 경우가 많지만 그것은 상대방을 기분 나쁘게 하는 충고이다. 또한 충고를 할 때는 어떤 사안이나 부분을 가지고 얘기해야 한다. 상대방의 인격이나 자존감을 건드리는 충고는 오히려 상대방에게 불쾌감을 가지게 할 수 있다.

이렇게 조언을 하는 것이 바람직하다.

김 대리 : 최진영 씨는 요새 일 많이 힘들지?
최 사원 : 아뇨 괜찮습니다.
김 대리 : 최진영 씨 잘 하는 부분도 많은데 한 가지 아쉬운 부분이 있어서 괜찮다면 내가 얘기해 줘도 괜찮을까?
최 사원 : 아 네. 괜찮아요.

김 대리 : 진영 씨가 마음이 안 그런다는 건 알겠는데, 가끔 표정으로 인해 기분이 나빴나? 라는 오해를 할 때가 있어. 나야 진영 씨를 아니까 상관없지만, 혹여 다른 사람이 오해할까봐.
최 사원 : 아, 네. 저도 그런 얘기 많이 들었어요. 고치도록 하겠습니다.

> tip
> 1. 부드러운 분위기 속에서
> 2. 상대방이 입장을 공감하면서
> 3. 상대방이 받아들일 준비가 됐을 때

10 칭찬할 때

한국 사람은 참 칭찬에 어색한 부분이 있다. 가령, '옷이 멋져요.'라고 했을 때 '뭘요.' 또는 '아니에요.'라는 말을 하는 경우가 많다. 칭찬할 때는 '감사하다.'라고 하는 것이 사실 상대방의 칭찬에 대한 보답인데 아직, 우리나라가 유교적인 미덕을 강조하는 부분이 있어서 그런지 칭찬에 대해서도 인색하고 대답에 대해서도 인색한 경우가 많다.

다음은 어느 부부의 대화 내용이다.

최팔용 : 오늘 뭐 했어?
오수희 : 나? 어 미용실 갔다 왔는데.
최팔용 : 어쩐지. 뭔가가 달라졌다 싶더라. 얼마 주고 했어?
오수희 : 그냥 했어. 할인 기간이라.
최팔용 : 파마가 그게 뭐야? 촌스럽게.
오수희 : 말 좀 기분 나쁘게 하지 마. 뭐가 촌스러운데? 네 얼굴이 더 촌스러워.
최팔용 : 무슨 좋은 말을 하려 하면 이렇게 대답하니 칭찬을 할 수 있어야지.

칭찬은 구체적으로 하는 것이 중요하다. 영혼 없이 하는 칭찬은 칭찬이 아니라 대답일 뿐이다. 여기서 구체적으로 한다는 의미는 어떤 부분을 칭찬하는 것인지를 분명히 하는 것이 좋다는 의미다. 그냥 포괄적으로 '예쁘네.'라는 칭찬보다는 '옷이 예쁘다. 목걸이가 피부 톤과 잘 어울린다.' 등의 구체적인 칭찬이 보다 상대방에 대한 관심과 애정이 드러나기 때문이다.

다음과 같이 칭찬하는 것이 좋다.

최팔용 : 오늘 뭐 했어? 화사해졌네.
오수희 : 나? 어 미용실 갔다 왔는데.
최팔용 : 어쩐지. 뭔가가 달라졌다 싶더라. 머리 웨이브 주니까 더 세련돼 보이네.
오수희 : 그래? ㅋㅋㅋㅋ
최팔용 : 자기는 피부 톤이 하얘서 웨이브를 하면 더 청순해 보여.
오수희 : 그래? 배 안고파? 밥 차려 줄까?

사실 남편은 칭찬하고 싶었던 모양인데, 그 칭찬 방법이 서툴러서 장난을 친다는 것이 오히려 기분을 상하게 했다. 칭찬하는 것도 연습이 필요하다. 많은 사람들이 무엇을 어떻게 칭찬해야 하는지 모르는 경우가 많다. 그래서 칭찬도 해 본 사람이 잘할 수 있는 것이다.

> **tip**
>
> 1. 진심에서의 칭찬이어야 함
> 2. 상대방에 대한 대가를 바라지 않음
> 3. 구체적인 칭찬이어야 함

11 약속을 어겨야 할 때

약속은 그 사람의 신뢰도를 가늠하는 척도이다. 그러므로 약속을 함부로 하지 않는 것이 신뢰에 오히려 더 도움이 된다. 만약 약속한다면 반드시 지켜라. 그렇다면 부득이하게 약속을 어겨야 한다면 어떻게 할까?

다음은 어느 연인의 대화 내용이다.

미선 : 오빠, 내일 강남역 어디서 봐?
진구 : 아 맞다, 나 내일 중요한 약속이 있어서..
미선 : 뭐? 나랑 내일 7시에 강남역에서 보기로 했잖아.
진구 : 그렇긴 한데, 일과 관계된 거라..
미선 : 그럼 우리 약속은 안 중요하다는 거야?
진구 : 그런 뜻이 아니야. 왜 화를 내고 그래?
미선 : 그럼 내가 화가 안 나게 생겼어?

당연히 약속을 지키지 않으면 상대방은 기분이 상할 수밖에 없다. 사실은 약속을 지키지 않아서 화가 났다기보다 배려하지 않고 자기만 생각을 한 부분 때문에 화가 난 것이다. 따라서 만약 약속을 어길 경우에는 왜 어길 수밖에 없는지 그리고 그 부분에 대해서 어떻게 할 것인지를 분명히 하는 것이 중요하다.

약속을 부득이하게 어겨야 할 때는 이렇게 말하는 것이 좋다.

진구 : 미선아, 정말 미안한 데. 내일 말고 다른 날 보면 안 될까?
미선 : 뭐? 나랑 내일 7시에 강남역에서 보기로 했잖아.

진구 : 어 그런데, 중요한 회사 일과 연관된 거라서 내일 내가 참여하지 않게 되면 불이익이 생겨서 그래. 미안해. 내일 말고 이번 주 언제 시간 돼? 대신 내가 미선이 시간에 맞추고 맛난 밥 살게.
미선 : 어쩔 수 없지 모. 그럼 목요일 7시는 돼?
진구 : 당연하지. 그때 보자. 맛난 거 먹자.
미선 : 알았어. 그날 봐.

공적인 자리에서의 약속을 미룰 때도 마찬가지이다.

김 원장 : 올해 인센티브가 지급될 예정이었는데 그렇지 못할 것 같네요.
 직원들 : 왜요?
김 원장 : 학원 사정이 좋지 않아서요. 양해해 주세요.

직원들 : 그렇지만 원장님이 그건 꼭 해 주신다고 말씀하신 거잖아요.
김 원장 : 제가 일부러 안 해주는 거예요? 어쩔 수 없는 거잖아요.
직원들 : …
김 원장 : 그 부분이 맘에 안 들면 어쩔 수 없는 거죠 뭐. 절이 싫으면 중이 떠나야죠.

공적인 자리에서는 이렇게 말하는 것이 좋다.

김 원장 : 올해 12월에 인센티브가 지급될 예정이었는데 학원 사정이 좋지 않아서 약속을 지키지 못할 것 같네요. 정말 죄송합니다.
직원들 : …
김 원장 : 대신, 이제부터 토요일 근무를 없애도록 하겠습니다. 회사 사정이 좋아지면 반드시 인센티브를 드리도록 하겠습니다. 여러분이 그동안 열심히 일해 주신 거 누구보다 잘 알고 있습니다. 다만, 지금 학원사정이 좋지 않아서 그 점 이해해 주시면 감사하겠습니다.
직원들 : 네 알겠습니다.
김 원장 : 앞으로 제가 더 열심히 일을 해서 학원이 더 나아질 수 있도록 최선을 다 할테니 염려하지 마시고 조금만 더 분발해 주시면 감사하겠습니다.
직원들 : 네 알겠습니다.

> **tip**
> 1. 약속을 취소해야 하는 명확한 이유
> 2. 상대방의 입장에서 배려
> 3. 약속을 취소한 것에 대한 보상

12 협상할 때

협상할 때 가장 중요한 점은 '윈윈'이다. 즉, 내가 얻어가는 것도 중요하지만, 상대방 역시 자신이 원하는 것을 얻어가야 한다. 그것이 맞지 않으면 협상이 되지 않는다. 가령, 우리가 편의점에서 물건을 살 때 '과연 그 물건이 나에게 필요한지, 적당한 가격에 형성되어 있는지.' 등을 파악해서 조건이 맞을 때 구매를 한다. 그런 것처럼 협상 역시 그런 조건이 성립되어야 한다.

다음은 어느 계약상황에서의 협상 대화이다.

김 실장 : 유 대표님, 이번 계약을 같이 하게 되면 많은 수익이 날 거예요.
유 대표 : 그래요? 어떤 게 좋은 건데요?
김 실장 : 일단, 저를 믿고 따라오시면 돼요. 두 달 안에 많은 수익을 가져다 드릴게요.
유 대표 : 그럼 수익 배분은 어떻게 하죠?
김 실장 : 수익 배분은 저희가 7 유 대표님이 3 이렇게 일단 하구요.
　　　　　나중에 잘되면 5:5로 할게요.
유 대표 : 좀 더 생각해 볼게요.

실제로 이런 어설픈 협상 형태가 많다. 협상이 되려면 나와 비슷한 이익을 가져가거나 상대방이 더 이익이 많은 경우이어야 된다. 물론 협상의 마지노선은 필요하다. 내가 막대한 손해를 보면서 협상을 하는 것은 어리석다.

마지노선이 정해졌다면 **현명한 협상의 방법은 보편적 협상이 아니라 보장적 협상이 되어야 한다.**

즉, 상대방과 내가 똑같은 조건에서 이익을 나누어 가지는 것을 보편적 협상이라 한다면 보장적 협상은 상대방이 원하는 것을 해 주는 것이다. 그렇기 때문에 상대방이 꼭 필요한 것을 얻게 된다면 협상이 성립이 될 확률이 높아진다.

내가 원하는 것과 상대방이 원하는 것을 손해 보지 않는 선에서 제대로 찾아줄 때 비로소 현명한 협상, 나도 얻고 상대방도 얻어가는 만족스런 협상이 되는 것이다.

현명한 협상은 이렇게 이루어진다.

김 실장 : 유 대표님, 이번 계약 조건은 6:4예요. 대신 저희가 프로젝트에 관련된 장소와 비용을 내겠습니다.
유 대표 : 네, 일단 그 조건보다는 저는 5:5로 했으면 해요.
김 실장 : 만약 5:5로 한다면 프로젝트 비용도 5:5로 해야 하는데 괜찮으시겠어요?
유 대표 : 음, 저희가 지금 자금유통이 원활하지 않아서 장소와 관련된 비용을 내는 것은 좀 부담스러워요.
김 실장 : 그럼 이렇게 해요. 5:5로 하고 프로젝트와 관련된 장소비용은 저희가 양보할게요. 대신 거기에 관련된 홍보에 대한 부분을 대표님 마케팅 직원 분을 통해 도움을 받는 걸로 하죠.
유 대표 : 네 그거 좋은 방안이네요.

이처럼 좋은 협상이란 상대방이 가져가는 것에 만족을 느끼는 것이다.

가령, 누군가에게 선물을 해줄 때, 비싸지만 누군가에게 필요하지 않는 선물과 비싸지는 않지만 상대방에게 꼭 필요한 선물을 준다면, 후자가 더 값진 선물이 되는 것처럼 협상 역시 상대방의 환경과 조건에 적합한 타협이어야 한다. 그것이 바로 경제적인 협상이다. 그래야 서로가 이길 수 있는 만족스런 협상이 되는 것이다.

> **tip**
> 1. 내가 얻는 것을 생각하라
> 2. 상대방이 얻어가는 것을 고려하라
> 3. 보편적 협상이 아닌 보장적 협상을 하라
> 4. 나도 이기고 상대방이 이기는 만족스런 협상

Part 3

감성 프레젠테이션

1강. 프레젠테이션 구성
1. 핵심키워드 2. PPT 스토리텔링 방법 3. PPT 유의할 점 4. 다양한 PPT 스토리텔링

2강. 프레젠테이션 발표
1. 발표자가 대통령 2. 신뢰를 주는 소리와 표정 3. 청중을 집중시키는 시선 4. 매력적 화법 5. 예술적 제스처 6. 인상적인 오프닝과 클로징 7. 다양한 프레젠테이션 방법 8. 감동적인 프레젠테이션

1강 프레젠테이션 구성

1 핵심키워드

과연 무엇을 얘기할 것인가?

프레젠테이션을 기획할 때 제일 먼저 생각해야 하는 부분이 '핵심키워드'이다. 과연 어떠한 주제를 가지고 청중과 소통할 것이고 청중을 설득할 것인지가 그 무엇보다 중요하다. 그리고 그러한 핵심키워드를 가지고 스토리부터 디자인 발표로 이어지는 유기적인 생각과 구성을 해야 한다.

어떠한 이야기를 하더라도 핵심키워드가 분명하면 그 이야기는 중심이 잡히지만, 핵심이 없으면 이야기가 산만해진다.

따라서 어떤 이야기를 할지를 고민하는 것이 우선이 되어야 한다.

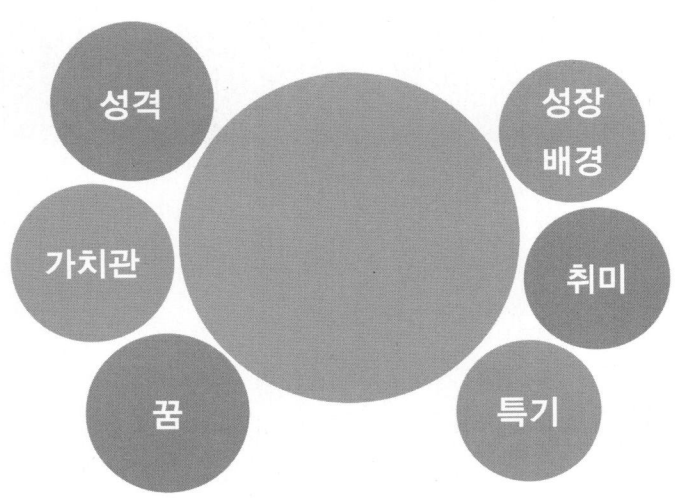

여기에서 핵심키워드는 '나의 소개'이다. 나의 소개에서 성격, 가치관, 취미, 특기 등이 파생될 수 있다. 그러한 이야기의 중심은 '나의 소개'임을 잊어서는 안 된다. 그런데 이 나의 소개가 '인상적인 나의 소개'와 '재미있는 내 소개'라는 제목에 따라 성장배경, 성격, 취미 등이 달라질 수 있다. 예를 들어, '인상적인 나의 소개'라는 핵심키워드를 가지고 PPT를 구성한다면 살아오면서 인상적이었던 경험과 일화 그리고 나만의 특이한 성격이나 취미 등을 얘기하는 것이 어울린다.

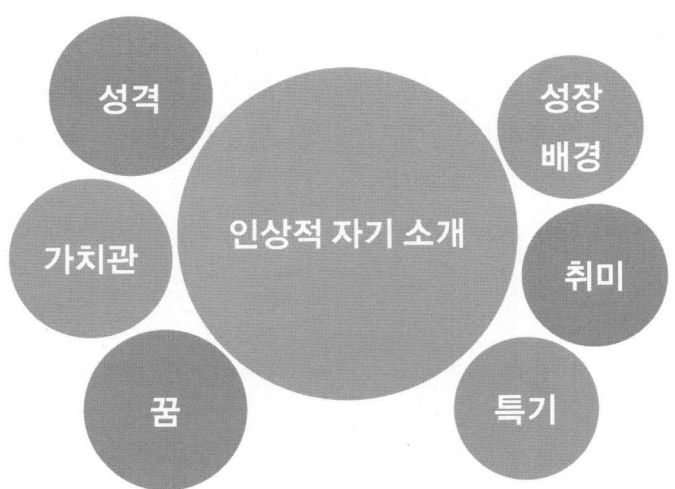

또한, PPT의 키워드가 '재미있는 내 소개'라면 내가 그동안 살면서 경험했던 재밌었던 에피소드와 성격 등이 주를 이뤄야 한다.

다시 말하면, 핵심키워드에 따라 목차가 일관성 있게 흐름을 맞춰나가야 하고 그 흐름은 진부하지 않고 짜임새가 탄탄해야 한다는 의미이다.

프레젠테이션에서 핵심키워드는 중심을 잡으면서 PPT의 예리함을 날카로움을 전할 수 있다.

즉, '자기소개'라는 핵심키워드보다는 '인상적인 자기소개'나 '재미있는 자기소개'등의 구체적이고 예리한 키워드로 일관성을 만들어야 한다.

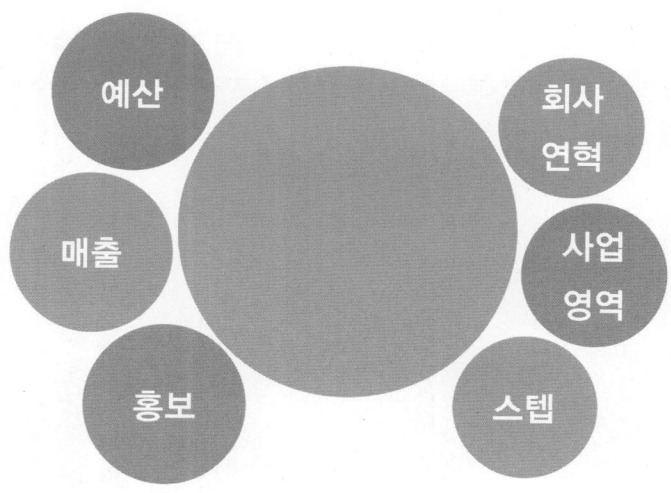

이번에는 '투자제안서'이다. 투자제안서를 중심으로 예산, 매출, 홍보, 스텝구성 등으로 나타낼 수 있다. '투자제안서' 자체의 키워드는 막연함을 심어줄 수 있다. 핵심키워드를 '월 2천만 원을 위한 임대사업 투자제안서'라고 하면 어떨까? 훨씬 더 구체적으로 예산과 홍보 전략을 마련할 수 있다.

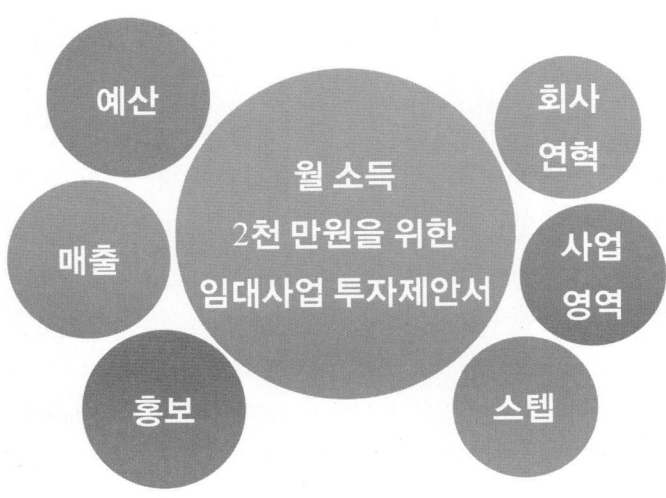

핵심키워드를 생각하고 기획할 때 막연하거나 추상적이게 되면 전체의 PPT 역시 막연해질 수밖에 없다. 따라서 구체적이고 예리한 키워드로 구상해야 PPT 역시 구체적인 느낌을 줄 수 있다.

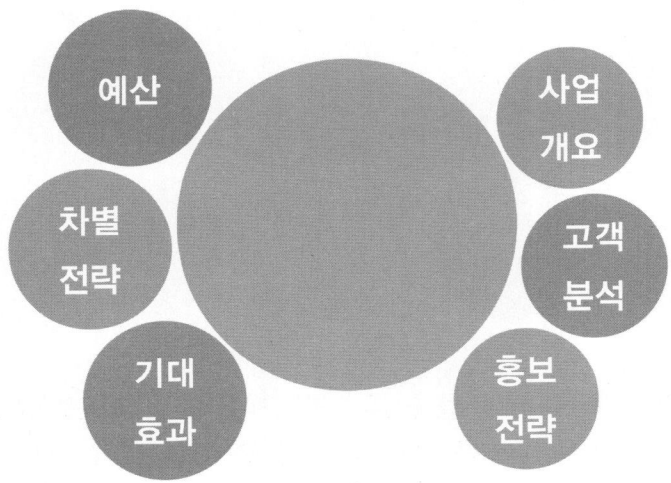

마지막으로 '마케팅'을 가지고 나눠보았다.
역시 '마케팅'이라는 막연한 제목이 아니라 '효과적인 페이스북 좋아요 마케팅'이나 '하루 방문자 500명을 위한 블로그 마케팅' 등으로 구상해야 구체적으로 흐름을 구성할 수 있다.

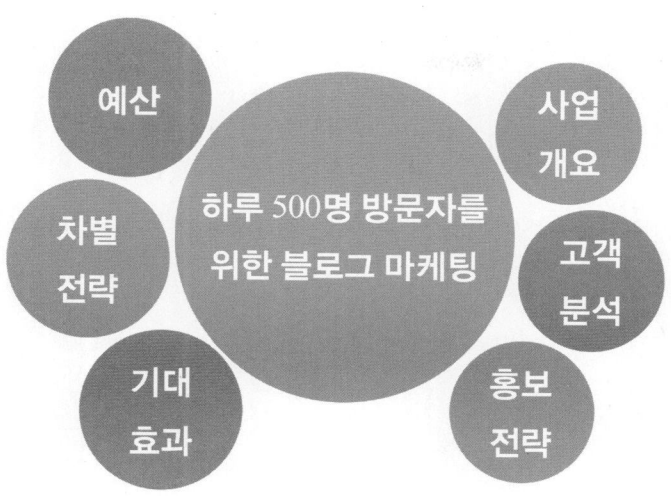

만약, '500명을 위한 블로그 마케팅'으로 핵심키워드를 구상한다면 거기에 맞는 예산과 홍보전략 그리고 차별전략을 구성할 수 있지만, 제목 자체가 그런 예리함이나 구체성이 없다면 PPT 역시 날카로움을 기대하기는 어렵다.

몇 단 형식이든 어떤 전개이든 핵심이 튼튼하고 구체적이면 그 스토리는 흔들리지 않는다는 것을 명심하자.

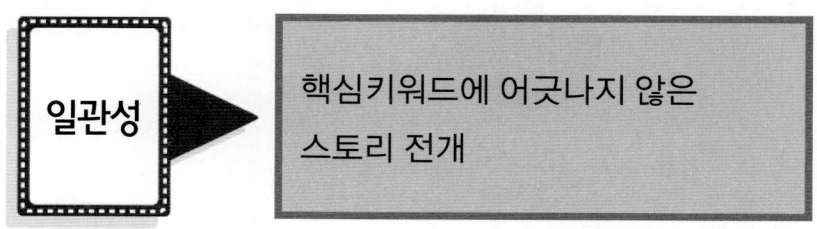

PPT는 결국 화자가 말하는 주제를 얼마나 핵심적으로 보여주는가이다. 이야기가 짧거나 길거나 핵심이 분명하면 그 PPT는 흔들리지 않는다. 핵심을 지탱할 수 있는 구성이 바로 일관성이다.
프레젠테이션을 나무라고 한다면, 나무의 줄기는 '핵심'이 된다. 이 핵심을 지탱하는 것이 바로 일관성이다. 즉, 핵심을 벗어나지 않게 나무줄기의 방향을 유지해 줘야 한다.

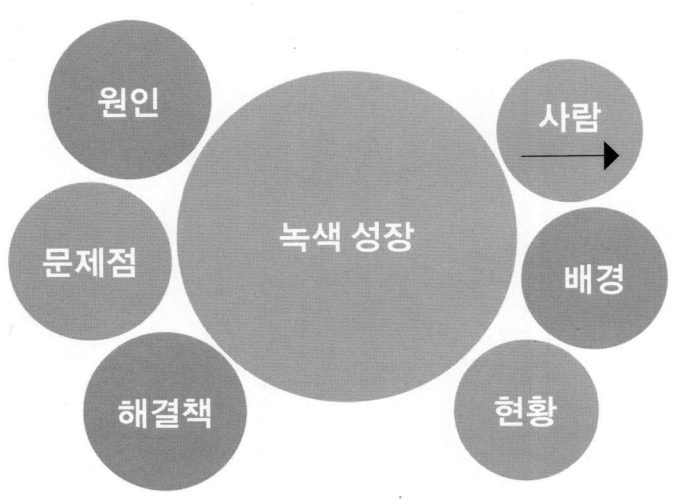

위의 다이어그램에서 '사람'이라는 키워드는 녹색성장이라는 핵심에 어긋난다. 그런 키워드는 청중을 산만하게 하거나 혼란을 야기 시킬 수가 있다. 그래서 꼼꼼히 PPT를 체크하고 또 체크해야 한다.

축약성은 과연 그 이야기가 '꼭 필요한 부분인가?'에 해당한다. 프레젠테이션을 할 때는 필요한 이야기를 압축해서 얘기하는 것이 현명한 방법이다. 많은 프레젠터의 실수의 유형이 바로 스토리를 나열하는 것인데 그것이야 말로 프레젠테이션을 망치는 지름길이다.

핵심키워드가 정해지면 과연 이야기가 바르게 흘러가느냐를 체크해야 하고, 꼭 필요한 이야기인가도 역시 확인해야 한다. 그렇게 다듬고 수정하다 보면 발표자가 꼭 해야 하는 스토리를 전달 할 수가 있고 그러한 과정을 거쳐야 청중에게 강한 인상을 심어 줄 수 있다.

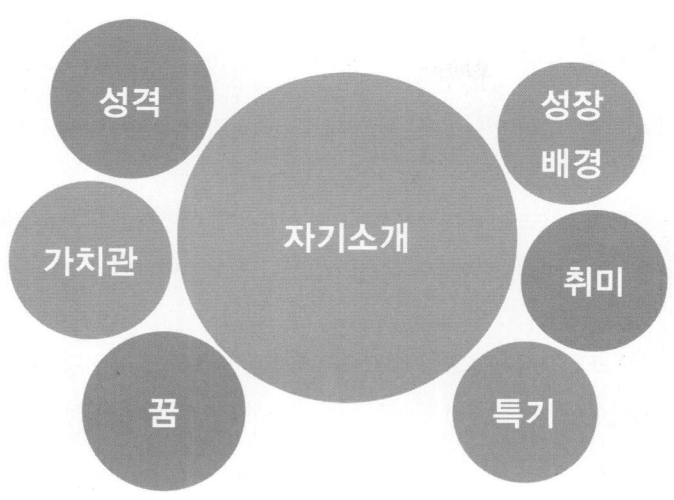

4개의 키워드로 요약한다면?

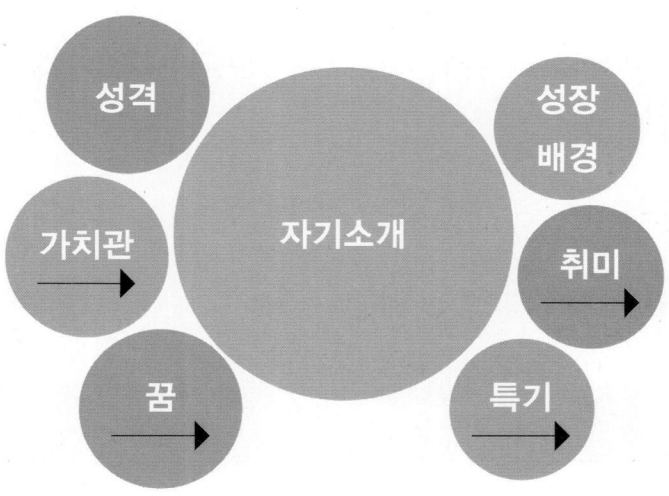

다시 한 번 말하지만, 청중을 위한 핵심키워드나 주제가 무엇인지부터 찾아야 한다. 그러고 나서 거기에 맞는 스토리텔링을 전개해야 한다. 스토리텔링을 전개할 때는 꼭 필요한 부분을 간추려야 한다. 그래야 청중들에게 진정한 이야기가 전달될 수 있다는 것을 명심하자.

2 PPT스토리텔링 방법

스토리텔링에서 키포인트는 '핵심'이다. 무엇을 말하고자 하는가가 분명해야 한다.

가령, A사의 디자인을 가지고 프레젠테이션을 한다면, 청중에게 얘기하고자 하는 것이 무엇인지가 명확해야 한다는 것이다. A사 디자인의 문제점이 핵심인지 아니면 A사 디자인의 판매가 중점인지 말이다.

또는 임진왜란을 가지고 프레젠테이션을 할 때도 임진왜란의 배경에 초점을 둘 것인지 아니면 임진왜란 자체가 핵심인지 또는 임진왜란의 결과가 핵심인지에 대해서 명확히 하라는 것이다.

일관성만 있다고 좋은 스토리텔링은 아니다.

PPT에서의 스토리텔링은 핵심과 더불어 흥미와 감동이 있어야 한다. 아무리 내용이 좋아도 청중이 감동과 재미를 느끼지 못한다면 그 프레젠테이션은 실패했다고 봐도 무방하다.

스티브잡스의 프레젠테이션을 보면 분명한 핵심과 더불어 흥미, 더 나아가서 감동까지 준다. 그것이 좋은 프레젠테이션이다.

그 핵심이 분명해졌다면 다음은 그에 따른 스토리텔링이다.

PPT에서는 3단을 기본 스토리텔링으로 하여 분량에 따라서 4단, 5단 등으로 확대하는 것이 좋다.

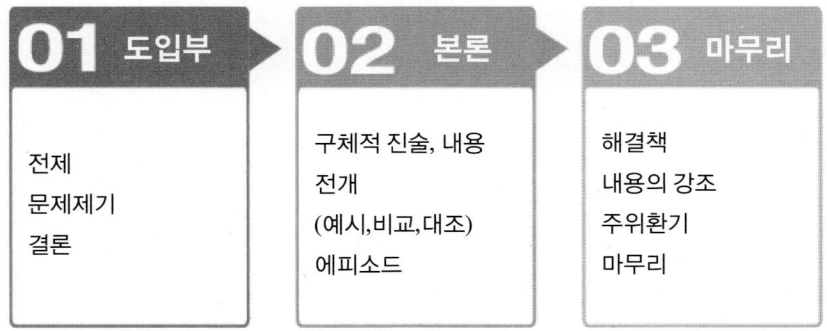

먼저 3단 스토리텔링이다.

가령, 임진왜란을 프레젠테이션 한다고 했을 때, 도입부는 '임진왜란의 시대적 배경', 본론은 '임진왜란의 실태', 마무리는 '임진왜란의 결과'로 나눌 수 있다.

또는 A사 판촉을 프레젠테이션을 한다면, 도입부는 'A사 판매현황', 본론은 'A사 판매부진의 원인', 그리고 마무리는 'A사 판매개선책'으로 할 수 있다.

물론 위의 방법이 정답은 아니지만, 중요한 것은 핵심을 정확히 생각하고 거기에 맞는 스토리텔링을 전개해야 한다는 것이다.

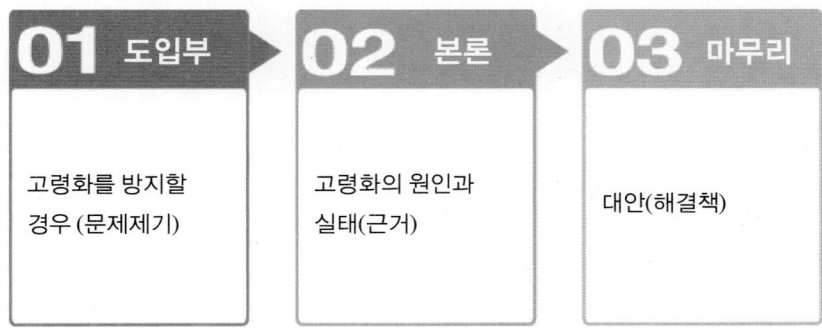

핵심키워드는 '고령화'이다.
거기에 맞는 스토리텔링은 '문제제기', '고령화의 원인과 실태', '해결책'으로 구성할 수 있겠다.

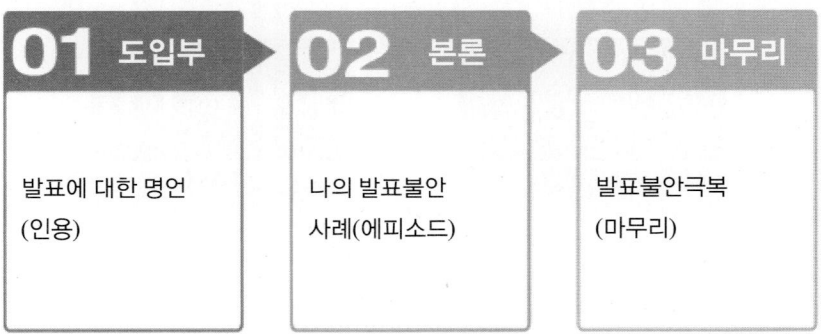

위의 이야기에서는 '발표불안'이 핵심키워드이다.

'발표에 대한 인용', '발표불안 사례', '발표불안 극복방법'으로 스토리텔링을 전개할 수 있을 것이다.

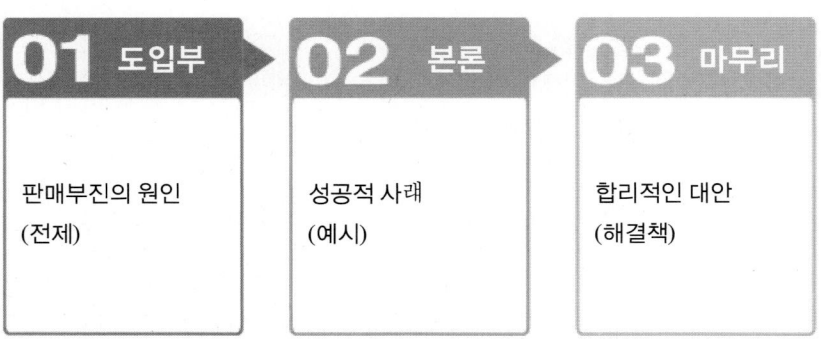

이번에는 '판매 부진의 원인' 그리고 '성공적 사례'에 대한 다양한 예시들, 마지막으로 '합리적인 대안'으로 판매에 대한 스토리텔링을 꾸며보았다.

이번에는 다양한 4단 스토리텔링 방법이다.
3단 스토리텔링을 기본으로 4단을 꾸며 보는 것이다.

'A사 판매의 현황', 'A사와 B사의 매출비교', 'A사 판매 부진원인', '해결책과 판매 개선안' 이 4단 스토리텔링의 핵심키워드는 'A사 판매'이다. 이 키워드를 가지고 꼭 필요한 그리고 흥미를 줄 수 있는 스토리텔링으로 전개하는 것이다.

'저출산의 실태와 현황', '저출산 원인', '문제점', '해결책'
이번 4단 스토리텔링의 키워드는 '저출산'이다.

이번에는 5단 스토리텔링이다.

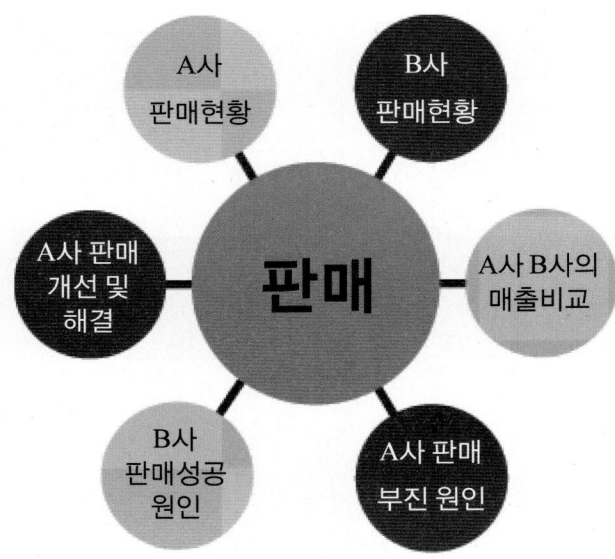

A사 판매를 가지고 6가지 스토리텔링으로 나눠봤다. 3단 스토리텔링이 기본이지만 이야기가 늘어날수록 꼭 필요한 스토리를 만들어야 한다. 만약 어떤 부분이 필요하지 않으면 과감히 빼야 한다. 그렇게 추스르다 보면 핵심적인 그리고 알짜배기인 스토리텔링이 완성된다.

'A사 판매현황', 'B사 판매현황', 'A사와 B사의 매출비교', 'A사 판매부진 원인', 'B사 판매성공 이유', 'A사 판매개선 및 해결방안' 모두 A사 판매에 대한 스토리텔링이다.

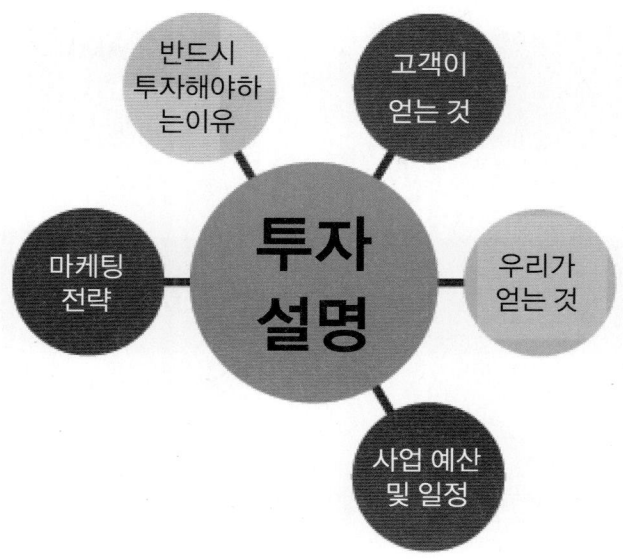

마찬가지로 '반드시 투자해야 하는 이유', '고객이 얻는 것', '우리가 얻는 것', '사업 예산 및 일정', '홍보 및 마케팅'으로 투자설명회를 꾸몄다.

이번에는 인상적인 스토리텔링의 유형이다.

인상적으로 스토리텔링이란 청중들에게 강렬한 느낌을 각인시키는 이야기 구성을 말한다. 보통 두 가지의 형태로 얘기할 수 있는데, 첫째는 스티브잡스와 같은 '상징성'을 통해 호기심을 불러일으키는 것이고 둘째는 '모순'을 얘기해서 집중을 하게 만드는 것이다.

먼저, 상징성을 대표하는 인상적인 스토리텔링이다.

'마케팅의 방법'을 주제로 했을 때 먼저 호기심을 불러일으키고 그것에 대해 '사람'과 '신뢰'라는 키워드와 이미지로 상징을 심어주는 것이다. 그리고 그것은 마케팅의 방법이라는 결론을 도출하는 형태이다. 이러한 방법은 청중의 호기심을 불러일으켜서 이미지를 각인시키기에 좋은 방법이다.
따라서 이러한 방법은 호기심을 불러일으킬 수 있는 상징성 있는 이미지나 다이어그램으로 집중을 시키는 것이 중요하다.

다음은 모순을 얘기해서 집중을 하게 만드는 방법이다.

'투자'에 대한 방법을 말하면서 '돈을 벌려면 투자를 하면 안 된다.'라는 모순과 이율배반을 심어준다. 그리고 그것에 대한 논거를 논리적으로 설명하면서 청중들이 집중을 하게 만드는 방법이다.

이러한 인상적인 스토리텔링 방법은 청중에게 호기심이나 집중을 유발하는 방식으로 유용하게 쓰일 수 있다.
다음은 재미있는 스토리텔링의 유형이다.

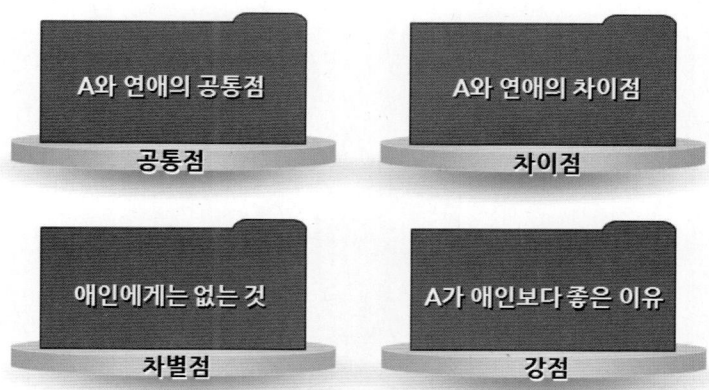

A라는 상품과 연애의 공통점과 차이점, 차별점과 강점을 가지고 스토리텔링을 꾸몄을 때 청중에게 진부한 것과는 달리 재미를 주기 때문에 흥미를 유발할 수 있다.

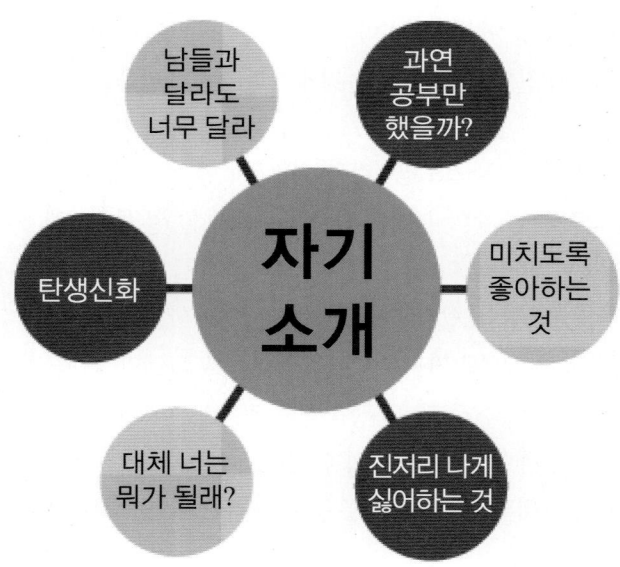

자기소개를 가지고 과거, 현재, 미래를 나누고 어떻게 자랐는지 어떠한 취미가 있는지의 뻔한 형식보다는 좀 더 만화처럼 구성이나 표현을 하는 것도 청중에게 신선하게 하거나 재미를 줄 수가 있다.

마지막으로 감동적인 스토리텔링의 유형이다.

이야기에 감동을 주려면 '진정성'이 반드시 수반되어야 한다. 발표자가 주제에 대해서 얼마나 치열하게 고민을 했는지 그리고 얼마나 진심이 담겨져 있는지에 따라 청중의 마음을 움직일 수가 있다.

핵심키워드가 정해지면 거기에 맞는 스토리텔링을 구성해야 한다. 가령, 위의 스토리텔링과 같이 '부패척결'이라는 핵심키워드로 부패지수와 부패의 원인과 우리가 할 일 등의 6개의 스토리텔링을 만든다. 그리고 스토리텔링이 구성이 되면 그 이야기에 맞게 스토리보드를 만들어야 한다. 여기서 스토리보드란 이야기를 디자인하는 것을 의미한다. 쉽게 말해 슬라이드를 얘기하는 것이다.
스토리보드는 스토리텔링을 기반으로 먼저 레이아웃을 만들고 그 레이아웃을 바탕으로 표나 이미지 등의 다이어그램이나 동영상을 활용해서 화면구성을 하는 것이다. 따라서 하나의 스토리텔링에 파생되는 스토리보드는 적게는 1개서 5개 이상으로 구성될 수 있다.
회의나 보고에서는 수치와 통계를 이용한 신뢰를 줄 수 있는 정확한 정보를 객관적으로 명확하게 전달하는 것이 중요하다.

보통, 30분 정도의 보고서를 작성할 때는 30슬라이드 정도의 분량이 적당하다. 즉, 1슬라이드에 1분 정도가 소요된다고 생각하면 좋다. 먼저, 어떠한 주제를 명확히 보고할 것인지에 대한 부분을 계획해야 한다. 회의 프레젠테이션에 참석하다보면 가끔 어떤 내용을 얘기하는 것인지 불명확해 보일 때가 많다. 가령, 부서 소개를 하는데 팀원 소개와 역할 그리고 비전에 대한 것은 통일성이 있지만, 비전과 앞으로의

할 일 등은 겹치는 부분이기 때문에 집중력을 떨어뜨리는 요인이 될 수 있다. 즉, 스토리의 일관성과 축약성에 대한 부분을 꼼꼼히 신경 써야 한다.

또한, 정확한 자료를 바탕으로 스토리를 만들어야 한다. 출처는 명확히 밝히고 어떤 부분을 강조해야 할지를 생각하고 나서 그 강조된 부분을 바탕으로 설명이 이뤄지는 방식으로 슬라이드를 끌어가야 한다. 간혹 어떤 부분을 강조하는지가 불분명해서 설득력이 떨어지는 경우가 있다. 원칙적으로는 하나의 슬라이드에 하나의 강조를 하는 것이 맞지만, 회의에서는 시간적인 제약이 있기 때문에 하나의 슬라이드에 2~3개 정도를 강조하는 것도 나쁘지 않다.

3 PPT 유의할 점

PPT를 만들 때 유의할 점은 얼마나 핵심적인 내용을 흥미 있게 전달하는 가이다. 어떤 PPT를 보면 너무 심플해서 볼거리가 없고, 어떤 PPT는 너무 장황해서 지루해지는 경우도 있다.

먼저 PPT는 간결해야 한다. 추리고 추려서 꼭 전달하고자 하는 내용이어야 한다. 그래야만 정확한 핵심을 전달할 수 있다.

간혹, 자신이 하고자 하는 이야기를 장황하게 늘여서 얘기하는 사람들이 있다. 하지만, 프레젠테이션이 끝나면 남는 것이 없다. 오히려 산만해서 혼동만을 줄 뿐이다. 여기서의 심플함은 마치 엑기스만을 뽑아내듯이 꼭 필요한 키워드와 내용을 축약해서 보여줘야 한다는 의미이다.

가령, 무술을 연마하는 고수 중의 고수는 적은 몸놀림으로 상대를 제압한다. 하지만 그 몸놀림은 너무나 재빠르고 강하다. PPT 역시 그래야 한다. 핵심키워드나 주제가 정해졌으면 꼭 필요한 내용을 간추려서 보여줘야 한다. 그리고 슬라이드 하나하나는 밀도나 청중들을 사로잡을 수 있는 포인트가 있어야 한다.

또한, PPT는 흥미로워야 한다.
핵심을 간추려서 간결하게 표현하는 것과 더불어 보는 이로 하여금 흥미를 유발해야 한다. 그 흥미를 반감시키는 것이 진부한 표현과 디자인 그리고 문구이다. 청중들은 이미 익숙해져 있는 그런 말이나 디자인보다는 새로운 것을 원한다. 그리고 발표자는 그러한 청중의 요구에 부합해야 한다.

여기서의 신선함이란 문구와 디자인 뿐 아니라, 구성과 발표 모든 것에 해당한다. 그렇기 때문에 발표자는 더욱더 신경 써서 기획 단계부터 발표단계까지 치밀하게 구성해야 하는 것이다.

마지막으로 감동이 있어야 한다. PPT에서의 감동은 '진정성'이다. 즉, 발표자가 말하고자 하는 것을 얼마나 진정성 있게 이야기하고 디자인하고 표현하느냐이다. 마치, 사랑을 할 때 진심이 통하고 진심이 전달되어야 상대방의 마음이 움직이듯이 청중을 상대로 발표자의 진심과 진정성이 표현이 되고 통해야 청중의 마음이 동요될 수 있다.
프레젠테이션이 설득을 기반으로 하는 만큼, 그 설득은 간결해야 하고 참신해야 하며 진정성이 있어야 하는 것이다.

4 다양한 PPT 스토리텔링

PPT의 이야기는 어떻게 전달하느냐에 따라 4가지로 나눌 수 있다.

A. 첫 번째 유형 : 전제 - 구체적 전개 - 결론

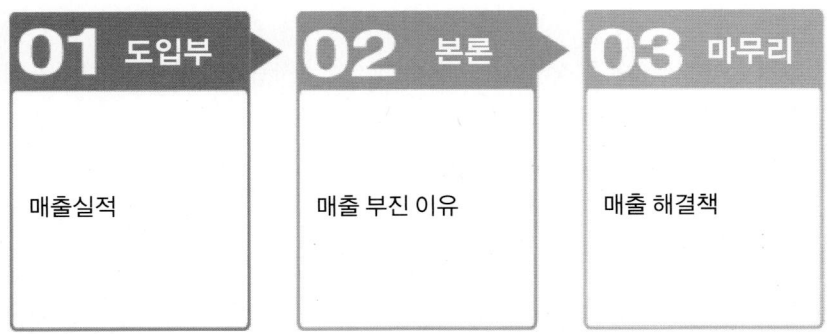

이 유형은 어떻게 보면 가장 기본적인 PPT의 형태라고 볼 수 있다. 먼저 전제 부분은 소개형태나 사실로 얘기를 이끈다. 이때 주의해야 할 점은 자연스럽게 본론과 마무리로 이어질 수 있는 도입부가 되어야 한다는 것이다. 이 형태에서 가장 중요한 것은 일관성이다. 그렇기 때문에 청중에게 자연스럽게 어필할 수 있는 도입부를 생각하는 것이 중요하다.

전제가 마련되었다면 다음은 본론부분이다. 이 유형에서 가장 좋은 본론의 형태는 원인 및 분석이다. 원인 및 분석을 통해 전개를 하는 방법인데 청중에게 사실적인 근거와 정확한 자료로써 설명을 해야 한다. 가령 자료의 출처가 어디인지 그리고 자료의 근거가 무엇인지 등 반드시 사실적인 근거를 통해서 얘기해야 한다.

마무리는 원인과 분석을 통해 정확한 진단과 해결책을 제시해 주는 것이다.

B. 두 번째 유형 : 문제제기 – 반증 – 결론

두 번째 유형은 어떻게 보면 상당히 자극적일 수가 있다. 그렇기 때문에 청중들이 솔깃할 수도 있지만, 자칫 직설적이거나 도전적으로 보일 수가 있기 때문에 그러한 점을 유념해야 한다. 또한, 이 유형은 촌철살인과 같은 스토리전개가 필요하다. 즉, 처음에는 청중의 호기심을 자극할만한 문제 제기를 해야 하고 본론과 결론으로 갈수록 그 긴장을 완화시켜 청중을 내 편으로 만드는 방법이다.

먼저 도입부에서 문제 제기를 한다. 문제 제기라는 것은 기존의 어떤 사실이나 개념에 대해 말 그대로 질문이나 문제를 야기하는 방법이다. 가령, "'지금의 마케팅은 과연 효과적인가?' 또는 "'A시스템은 적절한 대안인가?' 라고 말하는 방식이다.

본론 부분에서는 문제 제기를 한 부분에 대한 증명을 해야 한다. 가령, 'A제품은 안전한가?'라는 말에 문제제기를 했다면 본론에서는 'A제품의 안정성 현황'이라는 소제목으로 여러 각도에서 안전성을 진단해야 한다. 그리고 하자원인은 무엇인지를 사실적인 데이터로 설명하는 것이 중요하다.

결론 부분에서는 도입부에서 왜 문제 제기를 할 수 밖에 없었는지에 대한 당위성을 얘기함으로써 청중을 자연스럽게 설득해야 한다. 이때 주의할 점은 도입부 - 본론 - 마무리로 이어지는 부분이 논리적으로 이해가 되도록 자연스럽게 이어져야 한다는 점이다. 그렇지 않으면 청중을 절대 설득할 수 없다. 또한, 반드시 사실적인 근거와 자료를 제시해야 한다.

C. 세 번째 유형 : 주위환기 - 전개 - 결론

세 번째 유형은 청중을 질문을 던지거나 궁금증을 유발함으로써 낯설게 하는 방법이다. 이미 청중은 진부하거나 틀에 박힌 스토리텔링에 싫증을 느낄 수 있기 때문에 이러한 방법은 오히려 신선하게 다가갈 수 있다.

먼저 도입부에서 궁금증을 유발하게 한다. 가령, "제가 지금부터 말하고자 하는 것이 무엇인지를 보세요."라고 말해 청중의 궁금증을 유발하게 한다. 또는 "이제부터 우리 10초간 아무 말도 하지 마세요."라고 한다면 청중은 '지금 뭐하는 거지?'라고 호기심을 불러일으키게 할 수 있다. 즉 도입부에서 이 방법은 청중의 호기심을 충분히 유발할 수 있도록 하는 것이 중요하다.

본론 부분에서는 낯설게 한 부분에 대한 근거 제시나 전개를 해야 한다. 가령, '침묵의 중요성'에 대해 전달을 하고자 청중에게 10초간 말을 하지 말라는 얘기를 했을 때는 그 이유에 대해 충분한 논리를 갖고 얘기를 해야 한다. 가령, "말을 안 하니까 어때요? 자신의 얘기에 집중하는 것이 아니라 주위에 귀를 기울일 수가 있지 않나요?"라는 근거로 주위환기를 했던 이유 또는 낯설게 했던 이유에 대해 전개를 하는 것이다.

결론 부분에서는 도입부와 본론에서 얘기했던 논지의 근거를 가지고 청중에게 인상을 심어줄 만한 마무리를 하는 것이 중요하다. '침묵의 중요성'에 대한 얘기를 가지고 도입부에서 낯설게 하는 방법을 쓰고 본론에서 그것에 대한 근거를 제시했다면 결론에서는 침묵이 왜 중요한지 그리고 왜 침묵이 필요한지에 대해 보다 인상적인 이야기로써 결론을 짓는 것이다.

이 방법은 익숙하지 않은 방법으로 청중에게 접근함으로써 청중에게 새로움과 호기심을 불러일으키는 데 적합할 수가 있다.

D. 네 번째 유형 : 결론 – 본론 – 강조

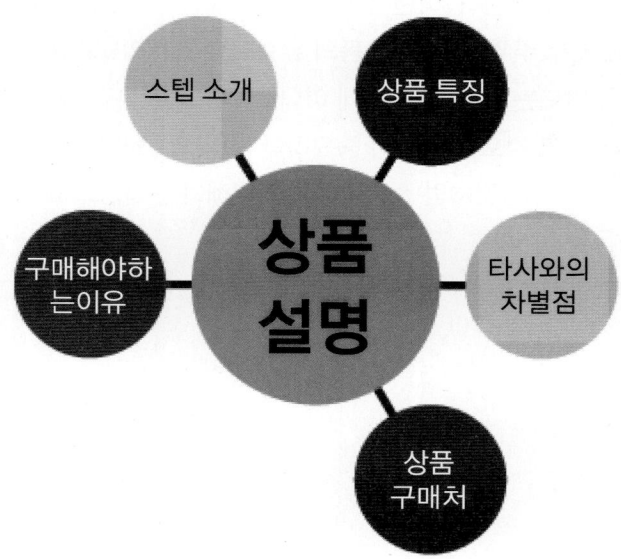

이 유형은 결론을 먼저 제시하는 유형이다.

그래서 청중들의 귀를 솔깃하게 만드는 것이다. 가령, "현재 소비자가 원하는 방식은 바로 OOO시스템입니다. 또한, 소비자의 안전성과 편의성 모두에 있어서 가장 적합한 방식으로 만들어져 있기 때문에 A 상품을 구매할 수밖에 없습니다."라고 얘기하는 방식이다.
이때 중요한 것은 결론을 내세울 때 그 결론은 신빙성이 있어야 하며, 논리적이어야 한다. 그래야 청중의 시선을 잡을 수 있다. 또한, 본론에서는 왜 그러한 결론이 나오게 되었는지 또는 그러한 주장을 하는지를 논리적 전개에 근거해서 증명해야 한다.

결론을 증명하는데 있어서 사실적이지 않거나 일반화, 감정, 흑백논리의 오류가 들어가게 되면 설득력이 떨어지기 때문에 이러한 전개는 특히 그러한 점을 주의해야 한다.

마무리에 있어서는 서론, 본론에서 얘기했던 것을 한 번 더 강조해서 처음 결론을 제시한 것에 대해 흐름을 끝까지 유지해야 한다.

> **tip**
>
> 구체적인 핵심키워드가 정해지면 그 핵심키워드를 더욱 구체적으로 뒷받침할 수 있는 스토리텔링을 구성해야 한다. 어떤 주제를 가지고 어떤 청중들을 대상으로 하느냐에 따라 전제, 문제제기, 주위환기, 결론 등의 유형으로 스토리텔링을 구성할 수 있다. 어떤 스토리텔링을 만드는 것이 중요한 게 아니라 '왜 그렇게 구성을 해야 하는가'에 대한 당위성을 생각하고 검토하는 것이 중요하다. 하나의 프레젠테이션을 만드는 것은 하나의 공연을 준비하는 것처럼 전략적이고 치밀해야 한다. 그리고 그러한 노력의 결과가 청중의 마음을 움직이고 감동을 줄 수 있다.

1 발표자가 대통령

1. 명확한 내용 전달력(음성, 발음)
2. 생동감 있는 화술(음의 강약, 고저, 강조)
3. 시선처리와 제스처
   (시선, 정적, 동적 움직임)
4. 유연한 태도(질의응답, 유연한 대처)
5. 비언어적 설득과 논리적 설득

프레젠테이션을 발표를 할 때 고려해야 하는 부분이 바로 상대방의 방어벽을 무너뜨리는 것이다. 사람은 자신을 방어하기 위한 '항상성'이라는 것이 있는데 그 항상성을 유지하는 것이 바로 자율신경계이다. 감정을 이끄는 자율신경에 교감신경과 부교감신경이 있는 것이다. 교감신경은 우리의 몸을 방어하기 위해 긴장을 유발하는 성질이 있고, 부교감신경은 우리의 몸을 원래대로 회귀하기 위해 이완하는 성질이 있다.

사람마다 최적의 리듬이라는 것이 있다. 그 리듬은 바로 긴장과 이완이 마치 오케스트라의 기분 좋은 연주처럼 일정한 상태의 흐름으로 움직이는 것이다.

긴장에도 긍정과 부정의 감정이 있다. 긍정적인 감정은 설렘이나 흥분을 유발하는 도파민과 결합되었을 때의 감정이고 부정적인 감정은 누군가 자신을 공격하거나 스스로를 적극적으로 방어하기 위해 아드레날린과 결합될 때의 감정이다.

이완에도 두 가지가 있다. 긍정적인 이완은 아세텔콜린이라는 호르몬과 날숨이 결합되었을 때 편안함을 주는 역할을 한다. 부정적인 이완은 코르티솔이라는 호르몬과 날숨이 결합할 때 나오는 우울함과 지루함이다.

설득과 발표를 잘하려면 처음이 방어적이고 공격적인 긴장감을 서서히 녹여서 설렘을 주는 긍정적인 긴장과 편안함을 주는 이완을 자극해 기분좋은 리듬을 만들어 주는 것이다.

즉, 설득과 발표를 잘하는 사람은 상대방의 긴장을 유발하는 교감신경을 서서히 녹여 긍정적인 교감신경과 부교감신경으로 활성화하는 것을 잘하는 사람이다.

설득에서 바로 이러한 부분을 잘 생각하고 접근하는 것이 중요하다. 즉, 청중의 방어벽과 자존심을 은근한 공감대와 부드러운 제스처와 화술로써 접근해야 어느새 자신도 모르게 설득을 당하게 되는 것이다.

아무리 이야기가 좋고 디자인이 좋더라도 발표자의 전달력이 약하게 되면 그 프레젠테이션은 도로 아미타불이 된다.

가령, TV프로그램을 예로 들자.

좋은 PD가 뛰어난 역량의 작가와 좋은 프로그램을 만들었다고 하자. 하지만 그 프로그램을 진행하는 MC의 능력이 부족하다면 그 프로그램은 절대 성공할 수 없다. 물론 프로그램이 좋아야 하지만 그 자료를 시청자에게 전달하는 MC의 능력여하에 따라 프로그램의 시청률이 달려있다고 해도 과언이 아니다.

일단 프레젠테이션의 발표자에게 필요한 것은 '전달력'이다. 아무리 좋은 내용도 들리지 않거나 무슨 말을 하는지 알아들을 수 없다면 청중은 답답함을 느끼게 된다.
또한 좋은 내용을 갖고 좋은 음성으로는 발표하지만 재미가 없는 경우가 너무 많다. 그 이유는 발표자가 리듬과 템포 없이 즉, 말의 고저와 강약 그리고 강조 없이 얘기를 하기 때문이다.

시선처리 역시 중요하다.
시선이 분산되어 있거나 청중을 쳐다 볼 때 자신감이 없으면 청중역시 발표자를 집중하지 않을뿐더러 신뢰감도 생기지 않게 된다.

따라서 청중을 진심어린 눈으로 자연스럽게 쳐다보는 것이 중요하다. 그리고 사람이 많고 적더라도 한 명 한명씩 눈을 맞추며 얘기하고자 하는 부분이 필요하다.

물론 사람이 너무 많으면 일일이 쳐다보기가 힘들다. 그때는 그룹을 져서 그 중에 반응이 좋은 사람들을 쳐다보며 공감을 얻어야 한다.

제스처는 프레젠테이션에 생동감을 불어 넣어준다. 프레젠테이션을 할 때 청중을 주목시키거나 또는 설명할 때 적재적소의 제스처는 화술의 리듬과 템포와 더불어 발표자의 설득력을 높이는 중요한 부분이다.

이제는 프레젠테이션이 단순한 설명으로 끝나지 않고 청중에게 즐거움을 넘어 감동을 심어주는 역할을 한다.

그러기 위해서는 프레젠테이션이 발표가 아닌 퍼포먼스가 되어야 하고 발표자는 마치 공연을 하듯이 프레젠테이션을 생각해야 한다.

그러한 의미에서 발표자의 음성과 화술, 시선처리와 제스처는 마치 관객에게 재미와 감동을 주는 배우의 행동과 같다고 볼 수 있다.

2 신뢰를 주는 소리와 표정

연극이나 영화를 보다보면 화면보다 먼저 들어오는 부분이 있다. 그것은 바로 소리이다. 소리는 시각보다 설득력을 심어 줄 수 있다.

가령, 우리가 어떤 물건을 살 때 상담원과 통화를 할 때 가장 들어오는 것이 무엇인가? 그의 태도인가? 아니면 그의 설명인가? 바로 목소리다. 상대방을 설득할 때 가장 중요한 부분은 신뢰감을 줄 수 있는 목소리이다.

남성이나 여성의 경우 모두 신뢰감을 주는 목소리는 울림이 있는 중저음의 목소리이다. 물론 성우처럼 소리를 내는 것이 아니라, 소리를 깊은 곳에서 내서 청중에게 신뢰감을 주라는 것이다. 그러려면 횡격막을 이용해서 호흡을 해야 하고 소리를 내야한다.

배꼽을 기준으로 두 손가락 밑 부분을 단전이라 하고 두 손가락 위 부분을 횡격막이 있는 위치라고 할 수 있다.

단전에 중심을 두고 호흡을 들여 마실 때 횡격막을 이완시키고 호흡을 내 뱉을 때 횡격막을 수축시키는 훈련을 하라. 그것은 마치 풍선처럼 공기가 들어올 때 풍선이 팽창하고 공기가 나갈 때 풍선이 수축하는 것과 같다. 공기를 호흡이라 생각하고 풍선을 횡격막이라고 생각하면 된다. 하루에 10분정도씩 이 훈련을 한다.

그리고 나서 횡격막을 이용해서 소리를 바깥으로 '아'라고 짧게 내 뱉는다. 이러한 발성을 '복식발성'이라고 한다. 이러한 발성연습 역시 하루에 10분정도씩 하라. 한 달 후에는 분명 신뢰감 있는 소리를 지닐 수 있다.

이렇게 해서 신뢰감 있는 소리를 찾았다면 다음은 표정이다. 청중이 볼 때 발표자가 긴장을 하고 있거나 억지스러운 표정을 보인다면 발표자에게 믿음이 떨어지게 된다.

스티브잡스가 프레젠테이션을 할 때 혹자는 그의 파격적인 의상과 첨단 PPT를 얘기하지만, 난 그의 자연스런 표정에 더 눈길이 갔다. 마치 대화를 하는 듯 편한 표정, 자연스런 느낌 그러한 부분이 신뢰감을 준 것이라 볼 수 있다.

지금 당장 거울을 보라. 거울 속의 내 표정은 어떠한가. 편안한가? 아님 억지스러운가? 거울은 청중이다. 청중 앞에서 내 표정이 어떠한지 예행연습을 하면서 가장 내가 편안한 그리고 자연스런 느낌을 갖도록 연습해 보라.

3 청중을 집중시키는 시선

청중을 집중 시키는 방법은 여러 가지이다. 그중 화술과 제스처가 있다. 화술은 귀를 집중시킬 수 있고 제스처는 시각을 잡아둘 수 있다. 하지만 청중의 마음을 잡아두려면 '시선'이 중요하다.

'눈은 마음의 창'라는 말이 있듯이 청중이 가장 시각적으로 집중을 하는 부분은 발표자의 눈이다. 그렇기 때문에 시선처리는 발표에 있어 매우 커다란 영향력을 가진다고 볼 수 있다.

청중을 쳐다 볼 때는 반드시 눈을 쳐다보아야 한다. 그런데 그냥 빈 눈으로 쳐다보는 것이 아니라 충분한 느낌을 실어서 쳐다 봐야한다.
상품을 잘 파는 사람들의 눈빛을 잘 보라. 그럼 어느 순간 그의 눈빛에 집중이 된다. 해답은 거기에 있다. 왜냐하면 그 사람들은 소비자를 대할 때 진심을 담긴 눈빛으로 쳐다보기 때문이다.

프레젠테이션은 설득이다.

그렇기 때문에 청중에게 진심어린 눈빛으로 대한다면 집중을 할 수 밖에 없게 된다.

여기서의 '진심어린 눈빛'은 과도한 느낌의 눈빛이 아닌 자연스런 느낌의 편안함을 얘기한다. 편안한 눈빛이야 말로 보는 사람들에게 안정감과 신뢰감을 준다.

또한 청중들을 쳐다 볼 때도 일방향적으로 보는 것이 아니라 끊임없이 교감을 해야 한다. 우리가 대화를 할 때 자기 말만 하는 사람에 반감을 느끼는 것처럼 일방향적인 시선은 오히려 부담을 주게 된다. 교감어린 시선이란 '제 얘기는 이런 것입니다. 공감이 되시죠?', '네 이해가 갑니다.'를 눈빛으로 교환하는 시선을 얘기한다.
프레젠테이션에서 말은 언어를 전달하는 역할을 하지만, 비언어적인 표현 즉, 눈빛, 제스처, 표정은 감동을 주는 역할을 하기 때문이다.

청중들에게 언어이상의 감동을 주고 싶은가? 그렇다면 시선과 눈빛 연습을 당장 하라.

스스로가 자연스럽고 편안해질 때 보는 사람도 편안히 받아들일 수 있다.

4 매력적 화법

> 1. 음의 고저와 빠르기는 생동감과 재미를 더함
> 2. 음의 강약과 강조는 신뢰감과 감동을 전함
> 3. 말하는 환경에 따라 적재적소의 화법

발표의 내용을 음식의 재료에 비유한다면, 표현은 곧 음식의 양념에 해당한다.

사람의 오감은 이미 리듬과 템포에 익숙해져 있다. 지구의 자전과 공전, 사계절의 변화 등에서 볼 수 있다시피, 우리는 이미 생활의 리듬에 익숙해 있고, 그 리듬은 어머니의 뱃속에서부터 느껴온 것이다.

따라서 말에 있어서도 리듬과 템포가 없는 것은 파도 없는 바다와 마찬가지로 지루하기 그지없게 된다.

바로 이 말의 '리듬과 템포'가 화술에 해당한다.

그렇다면 말을 할 때 리듬과 템포는 어떻게 만들어 가는 것일까?
음악을 연상하면 된다. 재밌게 그리고 인상적으로 말하는 사람들의 특징을 들여다보면 인상적인 리듬이 있다. 예컨대 "우리는 행복해야 할 권리가 있습니다. 행복 없는 삶은 마치 의미 없는 삶과 같기 때문입니다"라는 연설을 할 때, 어디서 강조가 되어야 할 지, 그리고 어떤 부분을 세게 말할 것인지, 어떤 말에 높낮이를 둘 것인지를 연습해 나가는 것이다.

즉, 리듬과 템포는 음의 높낮이, 음의 강약, 음의 장단, 음의 빠르고 느리기 등으로 표현될 수 있다.

"사람은 누구나 행복을 추구합니다."라는 말을 갖고 실전 리듬과 템포훈련을 해보자.

먼저 높낮이 훈련이다.

먼저 A사의 판매현황은 다음과 같습니다. 라는 말로 리듬템포 훈련을 하자.

A사 판매현황은 다음과 같습니다.

'A사 판매현황은'을 올린다. 그리고 '다음과 같습니다.'를 내린다. 그리고 '다음과 같습니다.'를 천천히 얘기한다. 그럼 음의 높낮이가 생기면서 자연스레 강조가 될 수 있다.

A사 판매현황은 다음과 같습니다.

이번에는 '다음과 같습니다.'를 올린다. 그럼 '다음과 같습니다.' 부분을 더 주목할 수가 있다.

강약도 마찬가지이다.

마케팅부분에서의 예산낭비가 매출부진으로 이어졌습니다.

'마케팅부분에서의 예산낭비가'를 강하게 얘기한다. '매출부진으로 이어졌습니다.'를 약하게 얘기한다.

그럼 '매출부진으로 이어졌습니다.'라는 말에 임팩트가 실린다.

또 다른 원인으로는 부서간의 소통을 들 수 있습니다.

이번에는 '부서간의 소통'만을 강하게 얘기하고 나머지를 약하게 얘기한다. 그럼 '부서간의 소통'이라는 말이 상대적으로 더 힘이 실리게 된다.

다음은 '빠르기와 느리기' 훈련이다.

다음 분기에서는 20%의 매출향상을 올릴 수 있습니다. 라는 문장을 가지고 연습해보자.

다음 분기에서는 20%의 매출향상을 올릴 수 있습니다.

'다음 분기에서는'을 천천히 점점 빠르게 얘기하고 '20%의 매출향상을 올릴 수 있습니다.'를 점점 느리게 얘기한다.

다음 분기에서는 ⬇ 20%의 매출향상을 올릴 수 있습니다. ⬆

이번에는 반대로 '다음 분기에서는'을 느리게 얘기하고 '20%의 매출향상을 올릴 수 있습니다.'를 빠르게 얘기해 본다.

눈치가 빠른 분은 눈치를 챌 수도 있었겠지만, 반드시 음이 높게 올라가고 빠르고 강하게 얘기한다고 해서 강조가 되는 것은 아니라는 것이다. 즉, 감정을 어디에 싣고 어떻게 느낌을 주느냐에 따라서 오히려 음이 낮게 내려가고 천천히 약하게 얘기하는 부분이 더 강조가 될 수도 있다는 점을 유념하라.

이상으로 A사 판매현황에 대한 프레젠테이션을 마치겠습니다.

이 부분을 얘기함에 있어 '프레젠테이션'을 얘기하고 2초나 3초의 '쉼'을 갖고 다음 문장을 얘기해 보아라.

그럼, 뒤에 문장에 커다란 임팩트가 될 수 있다. 즉 '쉼'은 화술에 있어서 커다란 힘을 발휘한다. 어렸을 때를 생각해 보라. 학생들이 말을 안들을 때 선생님이 처음에는 교탁을 탁탁치다가 큰 소리로 "조용"이라고 외친다. 그래도 말을 안들을 때는 가만히 계신다. 그럼 아이들이 조용해진다. 이것이 바로 '쉼'의 효과다.

화술에서 '쉼'을 적절히 활용할 때 너무나 매력적인 화술을 할 수가 있다. 덧붙여서 얘기하면 먼저 얘기한 강함과 빠름과 높음의 음 대신 약함과 느림과 낮음을 오히려 역발상으로 활용하고 거기에 '쉼'을 적재적소에 활용한다면 당신도 화술의 대가가 될 수 있다는 것이다.

화술의 대가는 오히려 후자 쪽을 많이 선택한다. 왜냐하면 우리의 귀는 익숙한 것보다 신선한 것에 더 자극이 되기 때문이다.

이것이 바로 발표의 대가들이 사용하는 화술의 리듬과 템포의 기술이다.

5 예술적 제스처

소리가 청각을 기쁘게 한다면 제스처는 시각적인 기쁨을 주는 것이다.
아무리 발표의 내용이 좋고, 좋은 소리로 말을 했다하더라도 시각적인 효과를 주느냐 못주느냐에 따라 말의 감칠맛이 더 어우러지기도 하고 효과가 반감되기도 한다.

제스처는 발표자의 말을 손짓과 몸짓을 통해 표현하는 것이다.

이 제스처는 단어에 대한 몸짓, 상황에 대한 몸짓으로 또 나눌 수 있다.

가령, "A사의 판매 전략은 온라인 마케팅입니다."라는 설명을 제스처를 한다면 '온라인 마케팅입니다.'를 표현함에 있어서 두 손을 모아서 강조한다거나, 또는 고개를 한 번 끄덕거리는 것을 '말 제스처'라고 할 수 있다.

이에 반에 몸 제스처는 "예전에 차를 운전했을 때, 사고가 날 번 한 적이 있었습니다."라는 것을 표현할 때 손으로 도로에서 차가 쌩쌩 달리는 모양이라든지, 사고가 날 번 한 장면을 손짓과 몸짓으로 표현하는 것을 '상황에 대한 제스처'라고 할 수 있다.
먼저, 움직임은 기본적으로 직선과 곡선, 정적과 동적인 움직임으로 나눌 수 있다.

직선의 움직임은 평행선, 대각선, 사각형 등의 형태로 표현할 수 있다.

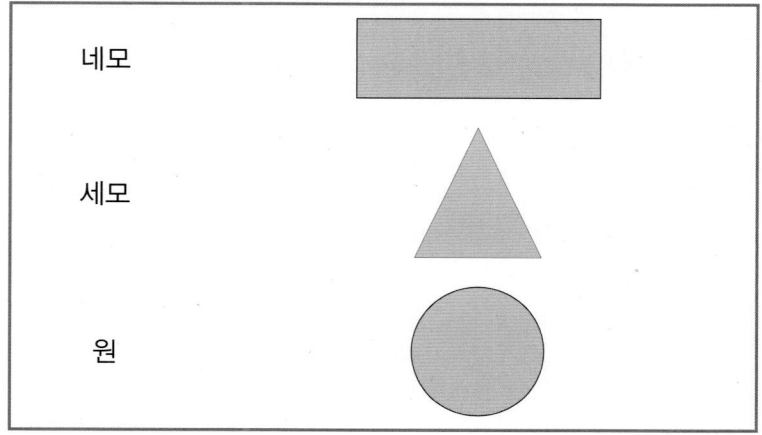

실전연습으로 들어가보자.

먼저 손을 펴서 모은 채로 허공에 네모를 정성껏 그려본다. 이때 주의할 점은 손끝의 움직임이다. 손끝의 움직임에 중점을 두고 가슴에서부터 느낌이 살아 움직여 손끝까지 그 느낌이 세심하게 살아있게끔 움직이는 것이 포인트다.

이번에는 원을 마찬가지로 정성스럽게 그려본다. 최대한 원의 형태를 생각하면서 손끝으로 가장 정확한 원을 그려본다. 이때 최대한 부드러우면서 섬세하게 원을 그려야 한다.

그리고 다음에는 앞에 어떤 사물이든 놓아본다. 예를 들어 가방, 전화기 등의 흔한 물건들을 놓고 똑같이 그려보는 것이다. 그렇게 되면 손의 감각이 키워지게 된다. 그렇게 자꾸 사물을 갖고 똑같이 손으로 그려보면 손의 느낌이 섬세해지는 것을 느끼게 될 것이다.

이때 주의할 점은 수화가 되면 안 된다는 점이다.

모든 것에 대한 설명을 제스처로 한다면 오히려 설명이 조잡해져서 시선이 더 분산되기 마련이다. 특히 국내기업 중 보수적인 기업이나, 공무원 면접 같은 경우는 제스처를 많이 쓰는 것은 오히려 마이너스가 된다. 산만해 보이고, 정신없어 보이기 때문이다.

따라서 강조할 부분, 꼭 필요한 부분을 보다 감칠 맛나게 설명하기 위해 필요한 부분이 제스처라고 말할 수 있다.

이런 제스처를 통해 표현을 더 풍부해질 수 있음은 아무리 강조해도 지나치지 않는다.

다음은 실제 프레젠테이션을 가지고 제스처를 연습해보자.

> 이 제품은 (제품을 가르키며) 현대를 살아가는 소비자를 위한 맞춤형 제품입니다. (손가락을 올리며) 세 가지 특성이 있습니다. (검지 올리며) 첫 번째 내구성입니다. (손으로 가르키며) 보시다시피 이 제품의 경우 특수 합금으로 만들어졌기 때문에 어떠한 압력에도 견딜 수 있는 장점이 있습니다. 이 제품을 5미터의 높이에서 (손을 떨어뜨리며) 떨어뜨리는 실험에서도 어떠한 품질의 변형도 발생하지 않습니다. (두 손 올리며) 두 번째는 실용성입니다. 손바닥 반정도의 크기로 (손으로 모양) 소비자들이 휴대하기 편리하게 만들어졌습니다.

tip

위의 내용을 지문에 표시된 것처럼 따라서 연습을 해보는 것이다. 이때, 거울을 보면서 손끝의 움직임과 어색한 부분을 스스로 점검하면서 반복적으로 연습을 하는 것이 중요하다. 그리고 조금 익숙해졌을 때 자신의 생각대로 제스처를 표현해 보는 것도 좋은 방법이다. 또한, 자신이 준비한 PPT나 다른 발표 자료가 있으면 이러한 방법을 토대로 연습해보자.

6 인상적인 오프닝과 클로징

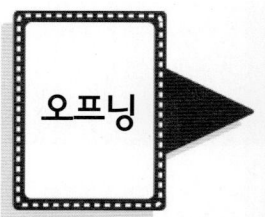

1. 청중과의 힘 싸움에서 평정심
2. 여유와 침착함을 유지
3. 청중의 방어벽을 무너뜨릴 수 있는 나만의 무기(동화, 이화효과)

오프닝은 프레젠테이션의 시작을 알려주는 매우 중요한 부분이다. 프레젠테이션에서 처음 3분 안에 청중을 사로잡지 못한다면 그 프레젠테이션은 결코 성공했다고 말하기 어렵다. 그만큼 처음에 청중에게 강한 인상 또는 청중의 방어벽을 무너뜨릴 수 있어야 한다는 것이다.

발표자가 청중 앞에 서는 순간 기 싸움은 시작된다. 그리고 그러한 보이지 않는 기 싸움에서 앞선 위치에 서려면 발표 자료에 대한 지식과 더불어 철저한 준비가 있어야 한다. 그러한 준비는 발표자를 침착하고 여유 있게 만들기 때문이다.

오프닝에서 중요한 점은 청중의 방어벽을 부드럽게 무너뜨릴 것인지 강하게 무너뜨릴 것인지에 대한 부분이다.

여기서의 동화효과란 청중의 공감대를 살 수 있는 내용으로써 풀어가는 것이다. 가령, 직장인을 상대로 PT를 했을 때는 직장 드라마나 요즘의 직장 현실에 대한 부분을 말함으로써 청중의 공감대를 사는 것이다. 공감대가 형성이 되면, 그때부터는 청중은 내 편이 될 수 있다. 따라서 청중에 대한 철저한 분석이 되었을 때 공감대를 형성할 수 있는 오프닝을 할 수 있고 그러한 오프닝은 청중의 방어벽을 자연스럽게 무너뜨리는 데 도움이 될 수 있다.

이에 반면, 이화효과는 청중을 낯설게 하는 것이다. 가령, 학생들을 대상으로 '공부'에 대한 PT를 함에 있어서 시작을 "공부를 잘하기 위해서는 치열하게 준비를 해야 합니다."라는 말이 아니라, "공부를 잘하기 위해서는 공부를 하면 안 됩니다."라는 강력한 모순점이나 이율배반적인 멘트를 구사하는 것이다. 그랬을 때 청중은 발표자의 말에 낯설어지고 강력한 관심을 기울이게 된다.

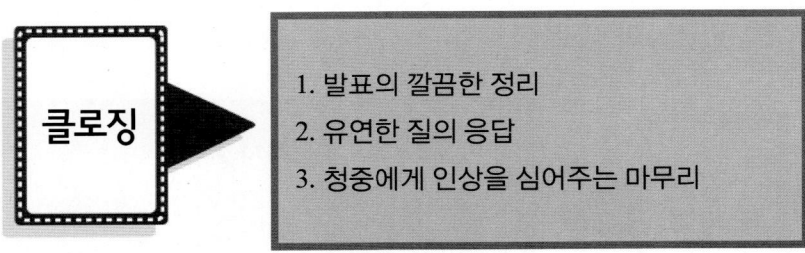

클로징은 청중에게 인상을 심어주는 것이다. 아무리 준비를 잘하고 발표를 잘 진행했더라도 청중에게 PT가 각인이 되지 않았다면 그 PT는 성공적이라 할 수 없다. 따라서 클로징을 할 때는 질의응답을 통해서 발표를 했던 것을 한 번 더 각인하게 만들거나 마무리 멘트를 통해서 발표의 핵심을 한 번 더 정리해 주는 것이 중요하다.

Part 3 감성 프레젠테이션

7 다양한 프레젠테이션 방법

프레젠테이션은 PPT와 발표자의 중요도에 따라 PPT프레젠테이션과 발표자 프레젠테이션으로 나눌 수 있고, 내용에 따라 정보 프레젠테이션과 판촉 프레젠테이션으로 나눌 수 있다. 여기서는 각각의 프레젠테이션을 효과적으로 준비하고 발표하는 방법에 대해 구체적으로 논의해보자.

A. PPT 프레젠테이션

PPT 프레젠테이션은 말 그대로 PPT가 중심인 프레젠테이션이다. 따라서 청중들이 발표자 보다는 PPT에 집중할 수 있도록 PPT를 구성하는 것이 중요하다.

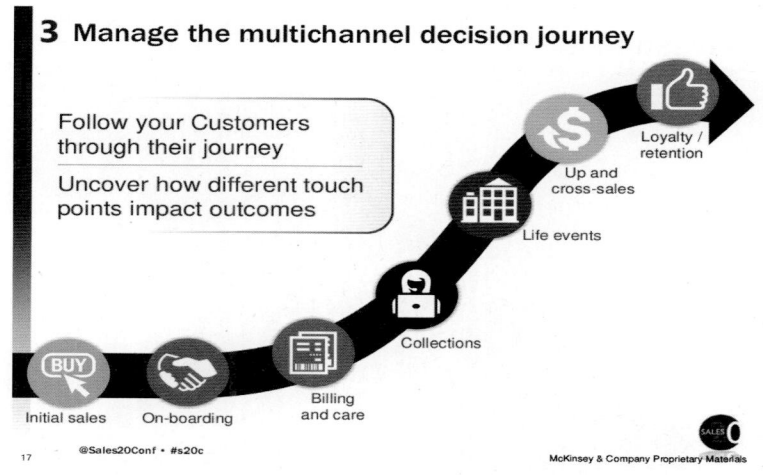

위의 PPT는 여행에 대한 것을 바탕으로 소비자의 성향을 설명하는 PPT 내용이다.
소비자의 성향과 분석에 대해 인포그래픽 이미지로 나열식 설명을 하고 있다.

여행에 대한 부분을 인포그래픽 다이어그램으로 정렬한 후 S자 형태의 띠로 연결함으로써 통일성과 재미를 주고 있다. 사선이나 직선의 느낌보다 유려한 느낌을 살려서 부드러움과 현대적인 감각이 돋보인다. 전체적인 색의 중심은 빨강이고 그 빨강을 토대로 품목마다 그 특징에 맞는 색깔을 배열해서 통일성과 개성을 동시에 살리고 있다.

PPT를 가지고 설명을 할 때는 발표자가 단순히 PPT를 읽는 것에 그치는 것이 아니라 청중들에게 그 의미를 상세히 설명하는 것이 좋다. 또한, 동영상이나 이미지를 활용해서 설명을 하면 보다 입체적이고 구체적으로 설명할 수 있다.

PPT 위주의 발표에서 유의할 점은 발표자가 너무 PPT에 의존할 수 있다는 점이다. 물론 때에 따라서 PPT가 많은 차지를 할 수도 있지만, 자칫 발표자가 PPT에만 치중할 수 있어서 청중들과 교감을 하는 부분에 있어 소원해질 수도 있다.

그렇기 때문에 청중들과의 교감을 어떻게 할지를 고민하면서 PPT를 만드는 것이 중요한 부분임을 유념해야 한다.

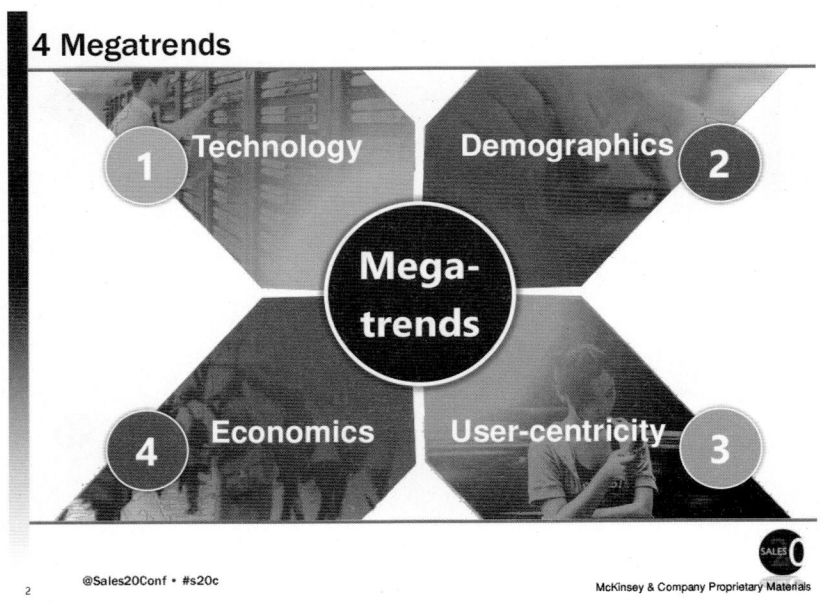

위의 디자인은 회사의 업무와 종류에 대해서 설명하고 있는 PPT이다.
회사와 브랜드에 대한 파생 업무를 PPT를 통해 상세하게 설명하고 있다.

색채감을 통해서 업무에 대한 색깔을 구체적으로 보여주고 있다. 또한, 회사에 대한 부분을 원형 다이어그램을 통해 중심을 잡고 나머지 부분을 방사형의 구도로 구성한 것도 인상적이다. 화면 왼쪽에 빨간색으로 포인트를 줘서 세련미를 더한 것도 심플한 구성에 재미를 줄 수 있는 좋은 디자인이라 할 수 있다. 이때 발표자는 회사의 업무에 대해 청중들에게 구체적인 예시와 비교로써 정확한 설명을 하는 것이 중요하다.

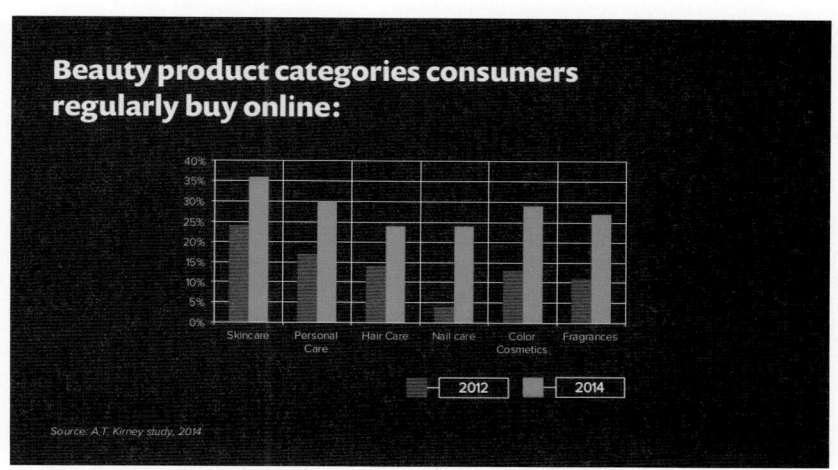

위의 내용은 도표를 통한 PPT이다.

시장 상황과 매출에 대한 것을 도표로 설명함으로써 보는 이로 하여금 이해를 돕고 있다. 그리고 이러한 도표로써 통계자료를 보여줌에 있어서 신뢰성을 높이기 위해 자료의 출처나 정확한 숫자로써 청중들에게 설득력을 높이는 것이 중요하다.

이처럼 PPT 프레젠테이션은 발표자보다 PPT 내용에 중심을 둘 수 있도록 PPT에 충실하게 구성하는 것이 중요하다.

여기서 말하는 PPT에 충실하다는 의미는 '발표자가 기획한 키워드와 스토리를 얼마나 적합하게 PPT에 담았느냐'는 것이다.

따라서 디자인 계획 단계부터 최종 단계까지 끊임없이 고민하고 수정하는 것이 더욱 완성형의 PPT 프레젠테이션을 구성하는 현명한 방법이다.

B. 발표자 프레젠테이션

발표자 프레젠테이션은 PPT 프레젠테이션과는 반대로 발표자에게 초점을 맞추도록 하는 것이다.

강의를 비롯한 교육이나 발표자가 돋보여야 할 때 주로 활용하는 형태의 프레젠테이션이라고 할 수 있다.

그렇기 때문에 가급적이면 PPT를 심플하고 간소하게 만드는 것이 좋다. PPT에 디자인이나 내용에 지나치게 투자를 하게 되면 발표자보다 PPT에 집중할 수밖에 없기 때문에 발표자에게 청중의 시선이 꽂힐 수 있도록 유념해야 한다.

- 유머는 소통을 위한 즐거운 수단
- 행복한가는 자기 마음에 있다
- 꿈은 이룰 수 있기에 아름답다

위의 프레젠테이션은 '유머'와 '행복' 그리고 '꿈'이라는 키워드로 자신의 소개를 하고 있다. PPT가 단순하기 때문에 오히려 발표자에게 집중을 할 수 있다.

- <u>유머는 소통을 위한 즐거운 수단</u>
- <u>행복한가는 자기 마음에 있다</u>
- <u>꿈은 이룰 수 있기에 아름답다</u>

아까의 내용에 빨간 줄을 표시해서 강조를 할 수 있다. 이때는 제스처와 말의 고저와 강약으로 강조를 하면 효과가 배가 된다.

> **tip**
>
> 이처럼 발표자 프레젠테이션은 발표자의 음성, 눈빛, 표정, 제스처가 너무나 중요한 부분이 되므로 PPT는 간결하게 구성하는 것이 무엇보다 중요한 일이다. 발표자 중심의 프레젠테이션은 발표자의 이성적 감성적 설득이 매우 중요한 역할을 하기 때문에 청중의 마음을 침투할 수 있도록 시선부터 제스처까지 하나하나의 과정에 심혈을 기울여야 한다. 또한 흡인력 있는 감정표현, 화술이 될 수 있도록 리듬과 템포부분에서 각별히 신경을 써야 한다.

C. 정보 프레젠테이션

정보 프레젠테이션은 말 그대로 정보를 전달하는 프레젠테이션이다. 주로 소개를 하거나 정보에 대한 설명을 할 때 많이 쓰이는 유형이다.

따라서 정보 프레젠테이션은 정확한 정보의 전달과 더불어 사실적인 자료를 바탕으로 청중들에게 자신이 말하고자 하는 바를 설득시키는 것이 중요하다.

가령, '복지'에 대한 설명을 할 때 보편적 복지와 선별적 정의의 설명 그리고 보편적, 선별적 복지의 장, 단점 마지막으로 선진국형 복지시스템을 나눠서 정보를 전달하는 것이다.

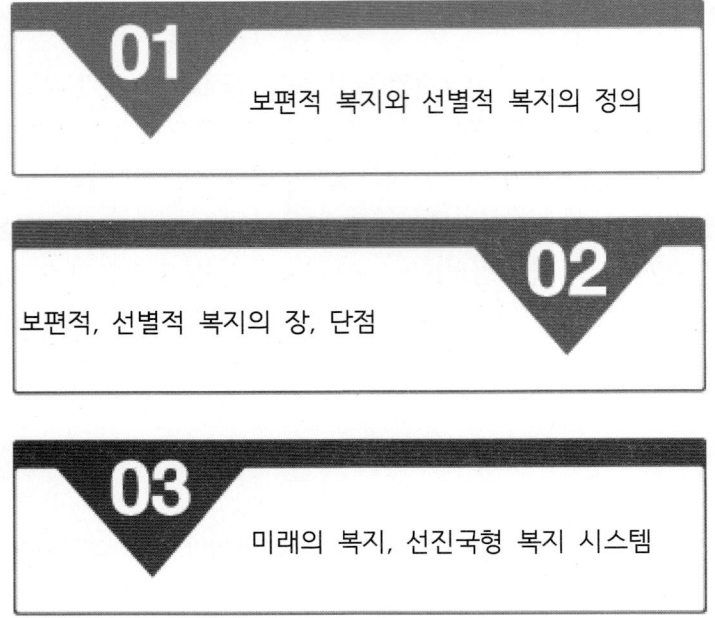

위의 내용은 미래형 복지에 대한 개요다. 먼저 '보편적 복지'와 '선별적 복지'의 정의 그리고 각각의 복지에 대한 장, 단점. 마지막으로 선진국 복지시스템에 대한 방법을 제시함으로써 미래형 복지를 설명하고 있다.

보편적 복지
'누구 하나 복지에서 제외되는 사람이 없도록 하자' 라는
평등주의 복지 시스템

선별적 복지
'하위 계층을 우선적으로 도와주라' 라는
효율적인 복지 시스템

먼저 보편적 복지와 선별적 복지에 대한 정의를 내리고 있다. 청중들이 정확히 이해할 수 있도록 구체적으로 설명을 하는 것이 중요하다.

Part 3 감성 프레젠테이션

위의 내용들은 '보편적 복지'와 '선별적 복지'에 대한 비교를 통해 복지시스템에 대한 정보를 제공해 주고 있다. 그래서 청중들이 각각의 복지에 대한 장, 단점을 확연히 구별할 수 있도록 설명해야 한다.

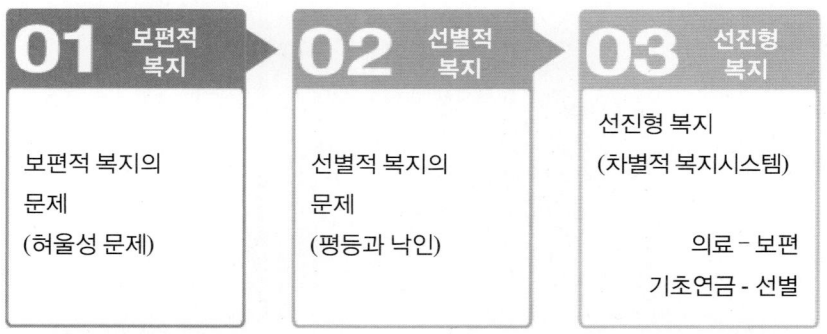

마지막으로 선진국 복지시스템에 대한 정보를 제공해서 미래형 복지시스템에 대한 해결책 및 방법에 대해 제시를 하고 있다.

이처럼 정보 프레젠테이션은 청중들에게 어떠한 정보에 대한 이해와 분석 그리고 설명을 정확히 전달하는 것이 무엇보다 중요하다.
하지만 너무 많은 정보를 전달하고자 노력하거나, 정보가 잡다하면 청중들이 산만해지기 쉽기 때문에 최대한 축소를 해서 핵심을 신선한 방식으로 그리고 진정성 있는 표현으로 말하고자 하는 것이 중요하다.

그렇지 않으면, 청중들이 프레젠테이션이 끝났을 때 '과연 무엇을 얘기한 거지?'라고 착각을 할 수가 있다.

회의나 보고를 할 때는 조금 다른 시각에서 접근해야 한다.

> **tip**
> 회의에서 가장 중요한 부분은 시간 내에서 얼마나 신뢰할 수 있는 정보를 정확하게 전달하느냐이다. 회의 프레젠테이션을 할 때 먼저 신경 써야 할 부분은 얼마나 PPT가 신뢰할 수 있는 정보를 담고 있느냐이다. 그렇기 때문에 분명한 출처와 정확한 숫자를 기입하는 것이 중요하다.

하나의 예를 들어보자.

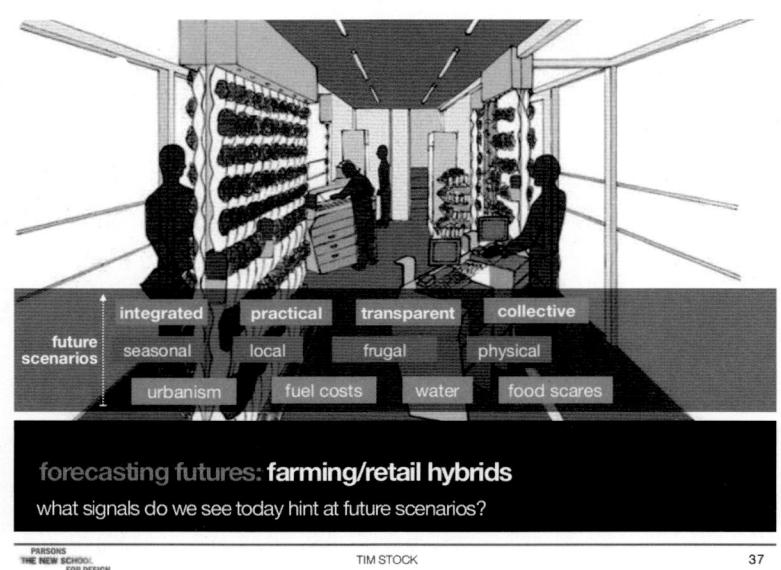

위의 PPT는 가상 소비에 대한 시장분석 슬라이드 부분 중의 하나이다. 가장 중요한 핵심 문구는 '가상 분석'이기 때문에 가운데 자리에 배치했고 전체적인 배경을 이미지로써 입체적으로 설명하고 있다. 또한, 핵심적인 내용에 대해서는 가독성을 높이기 위해서 색상을 통해 강조하고 있다. 위의 PPT를 설명함에 있어서 가장 중요한 것은 객관적인 자료와 통계이다. 시장 분석을 함에 있어서 얼마나 그 분석이 객관적이고 신뢰할 수 있는 자료냐가 중요하다. 위의 PPT는 가상 시나리오지만 그 가상시나리오를 보여줌에 있어서 정확한 분석력과 통계가 부족하다면 청중들에 대한 설득력은 떨어질 수밖에 없다.

그러한 PPT자료를 바탕으로 발표를 할 때도 PPT를 보면서 중요한 부분에 대해 포인터나 제스처로 강조를 하면서 발표를 해야 한다.

그렇지 않으면 어떤 부분을 강조하는지가 불명확하기 때문에 청중들이 지루해할 수밖에 없다. 아무리 PPT가 깔끔하고 잘 만들어졌다고 해도 발표를 하는 사람의 설득력이 떨어지면 그 프레젠테이션은 실패했다고 할 수밖에 없다.

D. 판촉 프레젠테이션

판촉 프레젠테이션은 청중들에게 상품이나 수요의 장점과 특징을 설득력 있게 전달해서 판매나 구매를 유발하는 프레젠테이션이다.

따라서 프레젠테이션을 구성할 때는 판촉을 유발할 수 있는 스토리텔링과 더불어 정확한 데이터 분석을 통해 청중들에게 판촉을 호소하는 것이 중요하다.

판촉 프레젠테이션은 현황, 문제점, 해결책을 통해 PPT를 구성하는 방식이 있고 특징 및 장점을 열거하는 방식도 있다. 어찌 됐건 판매를 촉구하는 프레젠테이션이니 만큼 실질적이고도 분명한 특징과 해결책을 통해 판매를 유발할 수 있는 PPT를 만드는 것이 중요하다.

또한, 청중들이 신뢰를 할 수 있도록 사실적 근거를 가지고 얘기하며 논리적 근거를 통해 보여주는 것이 무엇보다 선행되어야 한다.

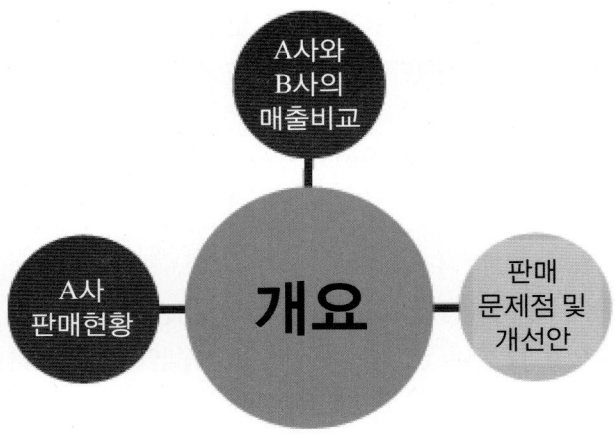

위의 개요는 대표적인 판촉 프레젠테이션의 유형이다. 먼저 판매현황을 보여주고 경쟁사에 대한 매출을 비교하며 문제점 및 해결책을 나타내고 있다.

또는, 왜 A사의 상품을 구매해야 하는지에 대한 장점과 특징을 열거하는 방식도 있다.

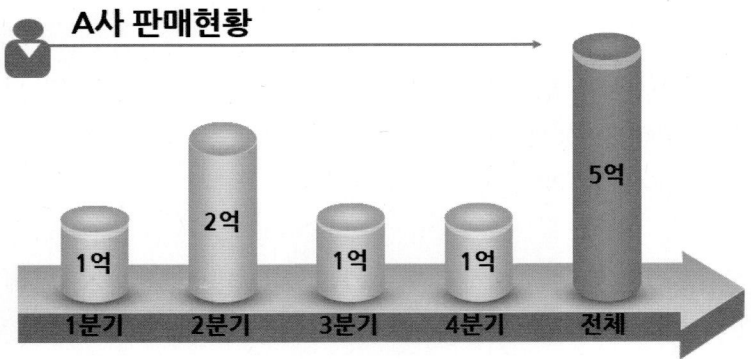

먼저 A사의 판매현황을 보여준다. 사실적인 데이터를 통해 분기별로 매출액이 어떻게 되는 지를 도표로 나타내고 있다.

Part 3 감성 프레젠테이션

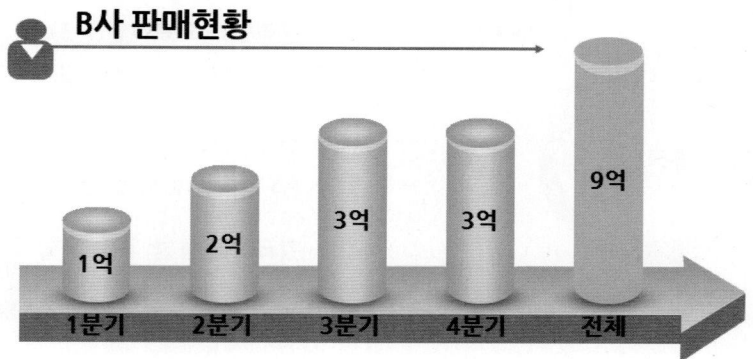

다음은 B사에 대한 판매현황을 나타내고 있다. A사와 B사의 판매 비교를 통해 A사 판매의 부진과 원인 그리고 해결책을 제시하고 있는 전형적인 판촉 PPT이다.

위의 내용은 A사 판매부진의 원인분석을 나타내고 있다. 광고의 효율성과 고객불만, 소통문제를 날카롭게 분석하여 판매부진에 대한 문제점을 얘기하고 있다.

교양을 위한 스피치

다음은 문제점과 개선안에 대한 원인과 분석을 통해서 A사 제품에 대한 판촉을 향상하려 하고 있다.

> **tip**
>
> 판촉 프레젠테이션은 판매를 촉구하기 위한 프레젠테이션으로 청중들 또는 구매자에게 정확한 데이터 분석 및 실질적인 솔루션을 제공하는 것이 중요하다. 그리하여 청중들에게 판촉을 유발할 수 있는 욕구를 충족시켜야 한다. 그렇기 위해서는 기획 단계부터 레이아웃, 문구 등에 있어서 정확한 자료와 더불어 청중의 이목을 끌 수 있도록 신중에 신중을 기해야 한다. 특히, 스토리텔링을 구성하는데 있어서도 구매자나 청중의 귀를 솔깃하게 만들 수 있는 문제제기 형 스토리텔링이나 주위환기 형 스토리텔링 방식이 좋다. 또한, 오프닝에 있어서 먼저 청중의 공감대를 형성할 것인지 아니면, 청중을 낯설게 해서 충격을 줄 것인지를 철저히 계산하는 것이 중요하다.

이처럼 프레젠테이션은 구성 방식과 용도에 따라 다양하게 나뉠 수가 있다. 하지만 중요한 점은 청중들에게 어떻게 하면 구체적이고도 분명하게 설득을 할 수 있는지를 고민해야 한다는 것이다.

그러한 치열한 고민과 분석은 PPT의 내용과 디자인 그리고 발표자의 능력과 더불어 프레젠테이션을 예술적으로 승화할 수 있는 토대가 될 수 있다.

8 감동적인 프레젠테이션

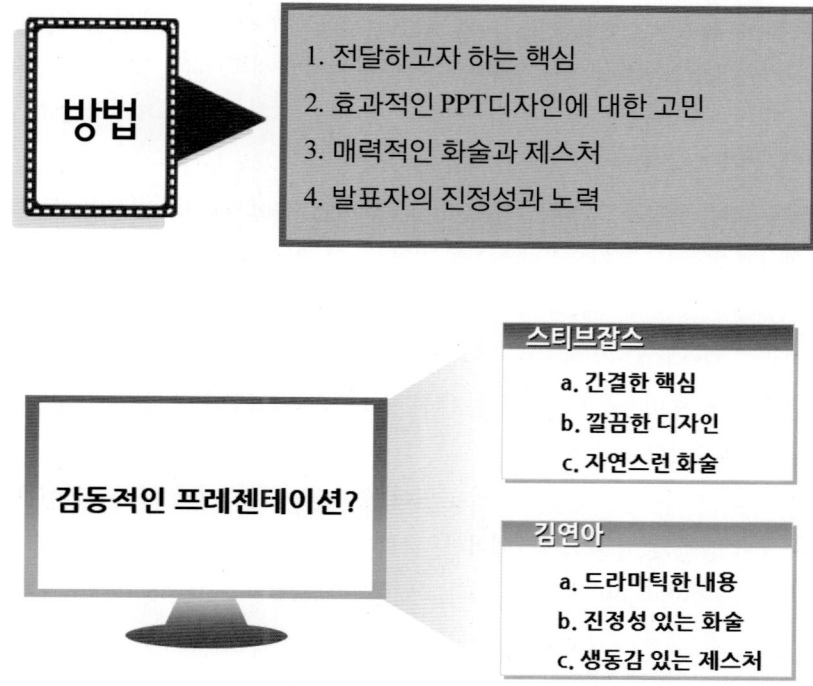

감동적인 프레젠테이션의 대표적인 사례로 '스티브잡스'와 '김연아'의 프레젠테이션을 들 수 있다.

스티브 잡스의 프레젠테이션의 특징은 세 가지로 요약할 수 있다.

분명한 핵심이야기, 깔끔한 디자인, 자연스러운 화법과 제스처이다.

일단 핵심이 분명하다. 제품이 왜 출시되었고 어떠한 강점이 있고 어떤 차별점이 있는지를 분명히 얘기했다. 또한, 스토리텔링에 맞게 핵심을 최대한 부각할 수 있는 깔끔한 디자인이 눈에 띈다. 특히 청색계통의 색상과 3D 느낌의 이미지가 세련미를 더했다. 마지막으로 그의 화법과 제스처. 스티브 잡스의 프레젠테이션은 마치 1:1로 대화하듯 자연스런 동작과 유머 그리고 편안한 제스처로 청중으로 하여금 편안한 신뢰감을 느끼게 해 주었다.

반면 김연아의 프레젠테이션은 드라마틱한 구성과 이야기, 화법과 제스처로 요약할 수 있다.

김연아의 경우는 '왜 올림픽을 평창에서 개최해야 당위성'에 대해 자신의 소개와 동계올림픽을 위한 한국인의 열정 그리고 평창올림픽을 위해 얼마나 준비를 했는지를 서론, 본론, 결론의 구성으로 드라마틱하게 구성했다.

김연아 프레젠테이션을 한편의 드라마 같다고 한 이유는 마치 드라마를 보는 것처럼 이야기에 기-승-전-결이 있고 클라이맥스에서의 평창올림픽을 위한 진정성 있는 노력을 부각시켜서 청중들에게 감동을 심어주었기 때문이다.

또한, 거기에 맞게 때로는 미소를 띠며 때로는 열정 가득한 눈빛으로 인상적인 제스처와 더불어 강약을 조절해가며 설득을 했다.
이처럼 감동적인 프레젠테이션은 청중의 예상을 뛰어넘는 진정성 있는 노력이 수반되어야 한다. 누구나 하는 것처럼 누구나 했던 것 같은 프레젠테이션은 시간 낭비다. 만약 지금 프레젠테이션을 준비한다면 치열하게 고민하고 계획하고 준비하고 연습하라.

프레젠테이션은 기획 단계부터 발표 단계까지 하나의 퍼포먼스이자 공연이라고 생각해야 한다.

그래서 무슨 주제를 가지고 청중에게 어떻게 전달할지를 하나하나 고민해야 한다. 일단 기획단계에서 발표 주제를 선정했다면 그 주제를 효과적으로 보여줄 수 있는 최적화된 디자인을 생각해서 PPT를 만들고 나머지는 얼마나 효과적으로 전달할 수 있는지에 대한 발표 연습을 해야 한다.

그리고 과연 스토리가 진정성이 있는지 또한 디자인은 스토리에 적합한지 표현이 진부하지는 않은지를 꼼꼼히 살펴보아야 한다.
'현인처럼 생각하고 범인처럼 말하라.'라는 말처럼 프레젠테이션의 고수들은 간결한 핵심으로 청중의 마음을 파고든다.

치열하게 계획한 것을 최대한 간략하게 설명할수록 청중들을 설득할 수 있다. 그리고 하나의 프레젠테이션이라는 퍼포먼스에 대한 기획에서 발표에 이르기까지의 치열한 열정, 그러한 진정성 있는 노력이야말로 감동적인 프레젠테이션의 열쇠이다.

Part 4

실전 면접

1. 자기소개서 2. 인성면접 3. 실무면접 4. PT면접 5. 토론면접
6. 압박면접

1 자기소개서

'너 자신을 알라'는 그리스 철학자 소크라테스의 유명한 명언이다. 나를 소개하는 데 있어서 나 자신을 모른다면 그것은 어불성설이다. 지금 당장 종이 한 장을 꺼내보라. 그리고 적어보라. '나 자신'에 대해서, 나의 장점과 단점이 무엇인지 나는 어떤 사람인지, 내 성격은 어떤 성향인지, 특기와 취미는 무엇인지 말이다.

그렇게 써내려가다 보면, 나 자신이 어떤 사람인지에 대해서 알게 될 것이다. 자기소개서나 자기소개는 이러한 과정을 거쳐 나 자신에 대해 분명히 아는 것이 중요하다.

먼저 나는 어떻게 자라왔는지를 써보자.

어디서 태어났고 어떤 가정에서 어떤 환경의 영향을 받으며 자라왔는지 꼼꼼하게 써보자. 그 다음은 나의 장점과 단점이다. 회사의 면접관이 봤을 때 나의 장점은 무엇이고 나만의 매력은 무엇인지를 생각해보자.

그 다음은 가치관에 대한 부분이다.

집안의 가훈이나 내가 중요시 여기는 것, 나의 꿈, 목표, 미래 등 이제껏 자라면서 내가 소중히 여기는 개념이나 가치관이 무엇인지를 생각해 본다.

또한 경험에 대한 것도 중요하다.

초등학교 또는 그 이전부터 지금까지 어떤 경험과 활동을 해왔는지, 실패한 부분이 무엇이고 어떤 영역이나 활동에서 성공을 했는지를 낱낱이 적어 보는 것이다.
이렇게 적다 보면, 나라는 사람이 어떤 사람인지 명확해 지기 시작한다. 나라는 사람이 어떤 사람인지 그리고 나의 성향과 장, 단점이 무엇인지를 나열했다면 이제부터는 하나하나 정리를 해 나가야 한다.

항목을 정해서 정리하는 것도 좋다. 가령, 나의 특징, 장, 단점, 가치관, 행복했을 때, 실패했을 때, 포부 등을 말이다.

그렇게 열거한 것을 바탕으로 나의 성장배경과 장, 단점, 지원동기, 입사 후 포부에 대한 것을 메모지나 파일에 적어 나가는 것이다. 그리고 적은 것을 수정하고 수정하다보면 자기소개서의 윤곽이 보이기 시작하는 것이다.

무턱대고 자기소개와 자기소개서를 작성하는 것은 마치 뿌리 없는 나무처럼 핵심이 없게 되고 장황하고 산만해지는 지름길이다.

1. 성장배경 (가정교육 잘 받았나?)
2. 성격의 장,단점(모난 구석은 없는가?)
3. 학교에서의 생활(성실히 공부를 했는가?
4. 지원동기(어떠한 연관성이 있는가?)
5. 입사 후 포부(어떻게 기여할 것인가?)

자기소개서는 성장배경, 성격의 장단점, 학교에서의 생활, 지원동기, 입사 후 포부(대학의 경우 진학 포부)등으로 나눌 수 있다.

어떻게 보면 공통적인 부분이 정해져 있다고 할 수 있다. 그렇기 때문에 자신만의 노하우와 자신을 어필할 수 있는 자기소개서를 작성하는 것이 매우 중요하다.
먼저 성장배경이다.

성장배경에서 심사관이 보는 것은 그 사람의 사생활이 아니다. '얼마나 바르게 자라왔는가'를 보는 것이다.

그렇기 때문에 '부모님이 어떠한 덕목을 중요시 여겼는지', '어떠한 영향과 가르침을 받아 왔는지'가 중요하다.

가령, '배려하는 삶을 살자. 라는 부모님의 말씀은 저에게 삶의 의미와 가치를 부여하였습니다. 이런 삶을 살기 위해 준비하고 노력하며 최선을 다하고 있습니다.

넉넉하지 않은 가정에서 자라서 그런지 어렸을 때부터 조금 생각이 깊은 편이었습니다. 대학 시절에는 경영학 부문에 학자가 되기 위해 전공학문을 깊이 파고들었습니다. 하지만 집안이 갑자기 어렵게 돼서 제대 후에 꿈을 접고 구직을 위해 노력했습니다. 제가 처음 접해본 아르바이트는 서비스업이었습니다. 서비스를 하면서 고객이 원하는 것이 무엇인지 그리고 고객을 편하게 하는 것이 무엇인지를 생각하게 된 시간이었습니다.

부모님, 저와 여동생 이렇게 4식구가 저의 가족입니다. 아버지는 건설회사에서 사무직으로 계시다가 작년에 은퇴하시고 어머니는 현재 교육업에 종사하고 계십니다. 동생은 학자가 되기 위해 대학원에 진학했습니다. 배려와 사랑을 실천하자는 소망이 가득한 집안입니다.

어렸을 적부터 운동을 좋아했습니다. 특히 태권도를 좋아해서 학창시절 체육대회 대표로도 출전하기도 했습니다. 또한 피아노에도 조금 조예가 있는 편이라 피아노에 관한 수상경력도 있습니다.
대학 동아리에서는 줄곧 리더의 역할을 해왔으며 아버지의 가르침으로 인해 어렸을 때부터 독거노인을 위한 자그마한 나눔의 실천을 해 오고 있었습니다.. 이런 활동들을 하며 지식 배려와 사랑의 소중함을 느꼈습니다.' 라고 성장배경을 적는 것이다.

성격의 장단점을 말 그대로 성격의 장점과 단점으로 해석해서는 안 된다. 예를 들어, '저는 성실하지만 이해력이 부족합니다. 그래서 같은 말을 반복적으로 지시하고 얘기해야 겨우 알아듣습니다.' 라고 성격의 단점을 써버리면 심사관이 '그래, 저 친구는 참 솔직하네.'하고 붙여줄 것 같은가?

그렇지 않다. 여기서의 단점은 치명적인 단점이 아니라, 겸손의 미덕을 보여주는 것이다. 비슷한 표현이라도 이렇게 얘기하면 어떨까? '저는 성실하지만 조금 정직하게 이해하는 버릇이 있습니다. 그래서 때로는 진심인지 농담인지 구별을 못 할 때도 있었지만, 대학시절 개그동아리 활동을 하면서 유머감각을 키워왔습니다.' 이렇게 말이다.

하지만 너무 지나치게 자기 자랑만 늘어놓는 성격에 대한 소개도 좋지 않다.
가령, '저는 꼼꼼하고 이해심도 많은 편이며 리더십도 강합니다. 제 단점이 없는 것이 단점입니다.'라고 자신을 소개하면 심사관이 '세상에나! 어찌 저러한 청년인재가 있을 수 있지?'라고 뽑을 것 같은가?

아니다. 오히려 '음.. 너무 잘났네. 잘났어.'라고 생각할 확률이 크다. 왜냐하면 직장생활은 자신이 잘나서 해 나아갈 수 있는 것보다 어우러짐이 중요하기 때문에 소통과 커뮤니케이션이 중요할 수밖에 없다.

성격의 장단점을 예로 들어보자.

〈장점〉원활한 커뮤니케이션 능력과 중재자적 리더십이 있음
'저는 학부 재학 중 다양한 파트에서 리더로서 그리고 졸업 후 영어 소모임을 운영하면서 통솔자로서 리더십의 경력을 쌓아 나갔습니다. 참여하는 인원이 적게는 4명부터 많게는 30여명에 이르기까지, 같은 과 같은 학년 구성에서부터 다양한 직종에 이르기까지 아무도 예측할 수 없는 환경 속에서 진행되는 것이 일반적이었습니다. 이렇게 저는 몇 년 동안 다양한 구성원들로 구성된 팀 안에서 다양한 활동을 수행하면서 자연스럽게 팀 구성원간의 원활한 커뮤니케이션 능력을 배양할 수 있습니다.(생략)'

〈단점〉한 번에 너무 많은 일을 하려고 함
'일에 대한 욕심이 많고 아무 일도 하지 않고 가만히 있는 것을 못하여 때로는 너무 많은 일을 하게 되는 경우가 있습니다. 이 때문에 과도한 업무를 감당해야 할 때도 있습니다. 이러한 면은 제가 좀 더 개선하기 위해 노력해야 할 과제입니다. 그래서 저는 이러한 단점을 고치기 위해 일의 우선순위를 정하여 중요한 일에 좀 더 많은 시간과 노력을 투입하려고 노력하고 있습니다.'
학교에서의 생활도 마찬가지이다. 그 학교생활이 회사생활과 직무와 어떠한 연관관계가 있는가가 중요하다.

가령, 학교에서 동아리 활동을 했다면 그 동아리 활동이 직무와 회사 입사에 어떠한 영향을 미쳤는가를 얘기하는 것이 중요하다.

면접관은 본인의 신변잡기를 궁금해 하는 것이 아니라 얼마나 가정교육을 잘 받았는지 그리고 올바른 가치관을 갖고 있는지를 보려고 하는 것임을 명심해야 한다.

---

1. 자신의 장,단점을 정확히 파악(기록분석)
2. 자신만의 개성과 장점을 1분 안에 발표
3. 호감가는 음성과 말투 그리고 자세

면접의 첫 번째는 자기소개다. 자기소개는 첫인상이기 때문에 1분이내의 시간 동안 '나'라는 사람을 면접관에게 인상적으로 알리는 것이다.

자기소개는 인위적이지 않으면서 나만의 개성과 장점을 알려야 한다.

예를 들어, "안녕하세요. 저는 OOO입니다. 사람이 살면서 가장 중요한 점은 인내심과 배려라고 생각합니다. 전 다른 건 몰라도 어렸을 때부터 대학 때까지 회장을 도와 팀원들을 아우르는 능력과 인내심은 몸에 베어있다고 생각합니다."

자기소개의 포인트는 나에 대해 정확히 알고 나만의 장점과 개성을 파악하는 것이다. 그 파악이 끝나면 인위적이지 않고 자연스러워 보일 때까지 음성, 발음, 표정을 계속 연습해야 한다. 이때 녹음기보다 더 좋은 것은 핸드폰이나 카메라를 이용해 틈틈이 자신의 자기소개 또는 1분 스피치 모습을 촬영하고 점검하는 것이다.

A. 결론 형 자기소개

안녕하세요. 저는 OOO입니다.
저를 간단하게 설명하자면 '신뢰', '배려'라고 말씀드릴 수 있습니다. 제가 철이 없을 때 저의 어리석은 행동으로 정말 소중한 친구를 잃어서 '신뢰'가 얼마나 중요한 지, 그리고 그 신뢰를 지키기 위해서는 '배려'가 얼마나 중요한 덕목인지를 값비싼 수업료를 내고 배웠습니다. 그 이후로 '신뢰'와 '배려'는 제 인생의 모토가 되었습니다.

> **tip**
>
> 결론 형 자기소개는 먼저 결론을 제시하고 그리고 그 결론에 대한 근거와 예시를 드는 방법이다. 결론을 먼저 제시하기 때문에 핵심을 바로 얘기할 수 있다는 장점이 있지만 그 강렬함을 이끄는 논거가 약하면 인상을 남기기가 어렵다는 점도 간과해서는 안 된다.

B. 경험 형 자기소개

안녕하세요. 저는 000입니다. 저는 비록 키도 작고 특별히 외적으로는 내세울 것이 없습니다. 하지만 여기 00회사가 2000년대 이후로 광고나 홍보의 치중보다는 실속위주의 경영으로 연매출 1조를 달성했듯이, 저는 대학시절 내실위주의 쇼핑몰을 창업해서 자본금 200만원으로 2000만 원의 월 매출 실적을 올린 경험이 있습니다. 그 경험을 바탕으로 지금의 경쟁구도에서 살아남을 만한 실속 있는 아이템을 창출할 수 있도록 노력하겠습니다.

> **tip**
>
> 경험 형 자기소개는 자신의 진솔한 경험을 바탕으로 하기 때문에 신뢰와 인상을 심어줄 수 있다. 대신 신변잡기적인 경험이나 직무와 관련 없는 핵심에 벗어나는 경험은 오히려 해가 될 수 있기 때문에 그러한 경험이 회사에 입사를 하거나 전공과 어떤 관련이 있는지를 논리적으로 얘기하는 것이 중요하다.

C. 반성 형 자기소개

안녕하세요. 지원자 000입니다.
제가 중학교 2학년 때 시험을 잘 보기 위해서 앞에 앉은 회장의 시험지를 베껴서 성적이 많이 오른 적이 있었습니다. 하지만 너무나 열심히 한 다른 친구의 기회를 박탈시킨 커다란 해악이라는 것을 나중에야 알게 되었을 때 저는 너무나 부끄러웠습니다. 원칙과 기본을 지킬 때 나라가 바로 선다는 여기 부서의 광고처럼 저 역시 어릴 때의 경험을 타산지석 삼아 원칙과 기본을 지킬 수 있도록 노력하겠습니다.

> **tip**
>
> 반성 형 자기소개는 과거의 과오를 타산지석 삼아서 발전적인 방향으로 가고 있다는 긍정적이고 겸손한 느낌을 줄 수가 있다. 하지만 반성의 정도가 너무 큰 과오거나 또는 상식적으로 용납하기 힘든 잘못을 쓰는 것은 오히려 역효과일 수 있다. 왜냐하면, 면접관이 보는 것은 입사했을 때 얼마나 자신의 역량을 잘 발휘할 수 있는지 그리고 얼마나 팀원들과 잘 소통할 수 있는지를 보기 때문에 과오가 너무 큰 경험은 입사 후에도 문제를 일으킬 수 있는 여지를 줄 수 있다.

D. 반론 형 자기소개

안녕하세요. 지원자 000입니다.
많은 사람들이 마른 장작이 잘 탄다고 얘기하지만, 저는 장작이 마르면 잘 부러진다고 생각합니다. 보시다시피 전 약간 후덕한 편이지만, 제 살은 여유와 배짱으로 이루어졌기 때문에
언제든지 폭발적인 친화력을 바탕으로 선배님들과 동기들 사이에 금세 어우러질 수 있습니다. 저희 00기업의 광고처럼 어울림은 제가 가진 최대의 장점이자 소중히 생각하는 미덕입니다.

> **tip**
>
> 반론 형 자기소개는 일종의 변증법적인 형태로 어떤 사실이나 명제에 먼저 반대하고 그 이유에 대해 논리적인 근거를 제시하는 방법이다. 면접관에게 강렬한 인상을 심어줄 수 있다는 장점이 있지만, 자칫 강한 성격이나 거친 느낌을 줄 수 있기 때문에 지나친 성향이나 과한 주제나 표현은 삼가는 것이 좋다.

E. 장점 형 자기소개

안녕하세요. 지원자 000입니다. 현재 독일의 자동차 구동방식은 00시스템을 기반으로 하고 있습니다. 하지만 작년까지 저희 00기업은 일본의 000시스템을 모태로 하고 있었습니다. 그리고 올해 들어서 독일과 일본의 시스템을 절충한 방식으로 개혁의 바람이 불고 있습니다. 저는 독일과 일본에서 유학생활을 하면서 두 가지 시스템의 장단점에 대해서 잘 알고 있다고 자부합니다. 그래서 제가 00기업에 입사하게 되면 선배님들의 노하우를 이어받아..(생략)

> **tip**
>
> 장점 형 자기소개는 자신의 장점과 특징을 그냥 얘기하는 것이 아니라 회사의 직무와 자신의 역량이 어떻게 잘 부합하는지를 논리적으로 증명하는 것이다. 장점을 얘기하는 것이기 때문에 면접관에게 자신을 어필하는 좋은 유형이지만, 자칫 지나친 자랑이나 직무와 상관없는 자랑은 오히려 거부감을 줄 수도 있다.

이처럼 다양한 자기소개 방법이 있다.

이 중에 나의 장점과 개성을 살릴 수 있는 자기소개 유형이 무엇인지, 또는 내가 원하는 기업에 어울리는 자기소개가 방법이 무엇인지를 생각해서 자신만의 자기소개 매뉴얼을 만드는 것이 중요하다.

그리고 자기소개서를 쓸 때는 한 번에 완성하는 것이 아니라, 마치 책을 계속 다듬어야 완성된 작품이 나오듯이 어제 볼 때랑 오늘 볼 때랑은 또 다른 느낌이기 때문에 지속적으로 다듬고 다듬어야 제대로 된 자기소개서를 작성할 수 있다.
또한, 많은 면접에 대한 노하우와 지식들이 있지만 자신만의 경험과 에피소드를 살려서 진정성 있게 준비하는 것이 중요하다. 간혹 어디서 퍼오거나 진부한 얘기들로 자기소개서를 쓰거나 핵심 없이 장황하게만 펼쳐 놓는 경우도 많다.

그렇게 되면 실제 면접에서 비언어적인 표현 즉, 음성과 시선 그리고 태도에서부터 이미 자신감을 갖기 어렵기 때문에 면접관들에게 좋은 인상을 주기가 어렵다.

좋은 자기소개서와 자기소개는 진심어린 마음과 진솔한 생각 그리고 꾸준한 노력으로 이뤄지는 것이다.

2 인성면접

> 1. 호감 가는 음성과 말투
> 2. 신뢰가 가는 논리적인 대답
> 3. 긍정적인 표정

인성면접은 면접에 있어서 부담스러워 하는 과정 중 하나이다. 기업에서 공을 들여 인성면접을 하는 이유는 바로 '좋은 사람'을 뽑는 일이기 때문이라고 할 수 있습니다. 실제로 성적과 적성으로 인재채용을 했는데 소통과 커뮤니케이션에서 문제가 많아 골치 덩어리로 전락하는 사원이 많은 만큼 기업에서도 점점 신중히 생각하는 면접이 바로 인성면접이다.
성적만으로는 판단할 수 없는 개개인의 사고방식이나 가치관을 세밀하게 관찰할 수 있는 방법이다.

Part 4 실전 면접

인성면접에서 긍정적인 이미지를 남기고 최종합격을 이루어내기 위해서는 이에 대한 대비가 필요하다.

인성면접은 말 그대로 지원자의 성격과 관련한 덕성 및 인성을 보고자 하는 것이 목적이기 때문에 소신 있게 말하는 것도 중요하지만 그것보다 더 중요한 것은 바로 면접에 임하는 태도다.

바른 모습을 보여주려는 나머지 긴장해서 옷을 자주 만지거나 손을 주무르는 경우 또는 다리를 떨거나 머리카락을 만지는 경우가 많으니 이 점에 대해 각별히 신경 써야 한다.

> 1. 대기업, 공기업, 공무원, 금융권
>   (남 - 검은색, 푸른빛 도는 정장에 흰색셔츠
>   여 - 넘지 않는 검은색, 회색 스커트, 상의는 블라우스)
> 2. 벤처기업, 외국계기업
>   (남 - 회색, 검은색 정장에 살짝 컬러풀한 셔츠
>   여 - 장식이 있는 세련미 더한 블라우스)
> 3. 대학 (학생다운 느낌의 깔끔한 옷차림)

소개팅자리에서 가장 중요한 것이 무엇인가? 그것은 바로 '첫인상'이다. 첫인상은 정말 너무나 중요하다. 왜냐하면 한 번 각인된 첫인상은 뇌리에 깊이 남아 쉽게 지워지지 않기 때문이다. 그렇기 때문에 첫 인상을 호감으로 만들 수 있는 준비를 해야 한다.

첫 번째는 '의상'이다. 의상이라면 조금 무대나 영화를 생각할 수 있지만, 면접 역시 준비된 자리니 만큼 의상이라고 칭하겠다. 어떤 기업이냐에 따라 의상 컨셉이 달라질 수 있다.

가령, 공무원이나 공기업의 경우는 정갈한 느낌, 남성의 경우 깔끔한 블랙 넥타이에 블랙정장에 흰 와이 셔츠 또는, 블랙계열의 정장에 살짝 푸른빛이 도는 넥타이도 괜찮다. 의상에 있어서 색상이 주는 느낌은 크다. 여성의 경우는 흰 블라우스에 회색정장이나 검은색 정장이 좋다.

그리고 외국계기업이나 벤처기업 또는 광고 쪽의 회사라면 약간의 개성을 가미하는 것이 좋다.

가령, 남성은 스트라이프로 포인트를 주는 넥타이나 살짝 레드가 가미된 색감도 좋다. 여성의 경우 블라우스에 포인트나 장식이 들어가도 좋다.

블랙은 깔끔함과 정직함을 심어준다. 블루계통의 색깔은 신뢰감을 심어준다. 레드계통의 색깔은 열정을 보여준다.

자신의 매력과 개성에 따라서 어떤 느낌을 더 부각시킬 지 기업의 이미지에 따라 다르게 컨셉을 잡는 것이 중요하다.

요즘에는 학교에서도 하도 말도 안 되는 사건사고가 일어나다 보니, 기업에서도 특히 학생의 됨됨이를 눈여겨보는 경우가 많다.

"될성부른 나무는 떡잎부터 본다."는 말처럼 학생이 정말 가정교육을 제대로 받았는지, 올바른 가치관을 형성하고 있는지 등을 꼼꼼하게 묻는다.

하지만, 그 질문들의 유형은 오히려 쉬운 것에서부터 이어진다. 가령, '공부는 잘 했나요?'나 '살면서 힘들었던 점은?', '아르바이트 해 본 적 있어요?' 등의 질문은 학생이 어떻게 대답하느냐에 따라 그 학생의 인성이나 특성이 보일 수 있는 질문이다.

대답을 하기 전에 그 질문을 왜 하느냐를 파악하는 것이 더 중요한 부분이다.

즉, 면접관은 응시자들의 소소한 얘기를 듣고 싶은 것이 아니라, '얼마나 잘 자랐는지', '얼마나 올바른 생각을 하고 있는지'를 파악하려는 것이다.

A. 인성면접

개인에 대한 질문

몇 살 인가요?
어떻게 준비했나요?
왜 이 분야야 지원하게 되었나요?

질문 : 왜 이 분야를 지원하나요?

나쁜 예 : 성적에 맞춰 지원하느라 이곳을 선택했습니다.
더 좋은 곳을 지원하고 싶었으나, 제 성적으로는 어림도 없기에 여기 지원하게 되었습니다.

> **tip**
> 일단 말이 성의가 없다. 또한 자신이 지원한 곳을 무시한 처사다.
> 마치 소개팅에서 상대방이 "왜 저를 만나자고 하셨어요? 라고 했을 때,
> 그냥 제 수준에 맞는 이성을 만나려고요." 하는 것과 같다.

좋은 예 : 만리장성을 보고 난 후 중국의 매력과 깊이에 빠지게 되었습니다. 그 후 중국의 역사와 문화에 제대로 알고 싶었고, 그러려면 그 나라의 언어에 대해 알아야 된다는 생각이 간절했습니다.

전공, 상식에 대한 질문

전공을 선택한 이유는?
중국을 가본 적이 있나요?
중국과 일본의 분쟁 및 타협점은?

질문 : 중국과 일본의 갈등 해소방법은?

나쁜 예 : 중국과 일본은 역사적으로 너무나 많은 사건과 약탈이 있었습니다. 그래서 지금은 반일 반중 감정이 더욱 심화되었습니다. 서로간의 이기적인 생각 때문에 지금의 반목을 더 키운 것 같습니다.

> **tip**
>
> 전체적으로 흐름을 집어서 얘기는 했지만, 누구나 대답할 수 있는 일반적인 답변이다. 보다 자신의 생각을 구체적이고 소신 있게 얘기하지 못한 부분이 아쉽다.

좋은 예 : 개인이든 국가든 결국엔 소통의 문제라고 생각합니다.
과거부터 생겨난 사건으로 인해 불신의 벽이 지금은 너무나 높아진 상태입니다. 지금처럼 누구의 책임이 우선이냐를 놓고 다투는 것은 비효율적인 방법입니다. 그것보다는 외교적으로 타협을 할 수 있는 것들을 먼저 찾고 그리고 나서 서로 '윈윈' 할 수 있는 길을 모색하는 것입니다.

B. 공무원 인성면접

개인에 대한 질문
전공이 뭐예요? 왜 교육행정직에 지원했나요? 상사와 트러블이 있을 때 해결방안은?

질문 : 상사와 트러블이 있을 때 해결방안은?

나쁜 예 : 상사라고 다 같은 상사는 아닌 것 같습니다. 자신이 중요한 만큼 부하도 중요하다는 걸 알았으면 좋겠습니다. 만약 트러블이 있을 때는 어떤 부분이 잘 못됐는지를 서로 파악하고 이해하면서 문제를 해결하는 것이 좋다고 생각합니다.

> **tip**
> 소신 있게 얘기하는 것은 좋지만, 지금의 경우는 도가 지나쳤다.
> 면접관의 입장에서는 '저 친구는 입사해서도 소통에 있어 피곤할 수 있겠군' 이라는 생각을 하게 할 수 있다.

좋은 예 : 트러블이 생길 때 중요한 점은 그 갈등에 대한 정확한 원인을 파악하고 원만한 해결책을 찾는 것입니다. 만약 원인이 저에게 있을 경우에는 먼저 상사에게 정중히 사과를 하고 그런 일이 발생하지 않도록 최선을 다해 노력하겠습니다. 만약 문제가 상사 쪽이라면 저의 필살기인 살인미소와 더불어 "선배님 저랑 커피한잔 하실래요?" 라면서 허심탄회하게 얘기를 하도록 노력하겠습니다.

공무원, 시사에 대한 질문

님비현상이란?
공무원에게 가장 필요한 덕목은?
행정직 업무와 일을 처리할 대의 자세는?

질문 : 님비현상에 대해 말해보세요.

나쁜 예 : 잘은 모르지만, 남에게 해를 입히는 것 같습니다.

> **tip**
> 물론 모를 때는 모른다고 하는 것이 좋다. 하지만 면접관의 입장에서는 똑똑하고 명석한 신입을 채용하는 것이 당연지사이다. 그렇기 때문에 평소에 시사상식과 산업기사 등에 관심을 많이 기울여야 한다.

좋은 예 : 영어로는 Not in my back yard의 약자로 환경적으로 보아 혐오시설을 자기 집 주변에 두지 않으려는 지역주민들의 반대하는 현상입니다. 쓰레기 매립장의 반대를 예로 들 수 있습니다.

C. 기업 인성면접

개인에 대한 질문

살면서 힘들었던 점은?
왜 이회사에 지원했나요?
자신이 가장 중요하게 생각하는 부분은?

질문 : 살면서 힘들었던 점은? (기업)

나쁜 예 : 제 성격이 일단 비관적인 부분이 있어서 저는 힘든 것을 기피하는 부분이 있습니다. 예전에 배달 아르바이트를 했는데, 몸이 너무 힘들어서 3일 만에 그만둔 적이 있는데 그때가 제일 힘들었습니다.

> **tip**
>
> 인성면접에서 면접관이 보는 중요한 부분은 '얼마나 바르게 자라왔고 입사를 하게 되면 원활한 관계와 소통을 할 수 있는 가'이다. 하지만 위의 대답은 솔직함이 지나쳐서 부담스러울 정도로 면접자의 단점을 드러냈다. 너무 자신의 장점만을 얘기하는 것보다는 단점을 한두 개 얘기하는 것이 좋지만, 그 단점은 반드시 극복 가능한 그리고 발전가능성이 있는 단점이어야 한다.

좋은 예 : 저는 일단 성격이 긍정적인 편이라 어려운 환경에서도 좋은 쪽으로 하려고 노력합니다. 하지만, 군대에서의 화생방훈련은 정신적으로는 버틸 만 했지만, 생물학적으로 흐르는 침과 콧물을 막을 수가 없었습니다. 그때만큼 어머니 생각이 많이 났던 적은 없었던 것 같습니다.

시사에 대한 질문

인버터방식의 정의
CRM이 무엇인가?
소셜커머스의 확산과 논란에 대한 생각

질문 : 소셜커머스의 확산과 논란에 대한 생각은?

나쁜 예 : 소셜커머스에 대한 확산은 소비자에게 위조 등의 피해를 주지만 어떤 경우든 장단점은 있기에 나쁘게 볼 만한 일은 아니라고 생각합니다. 제 생각엔 정부의 규제보다는 시장원리에 맡기는 것이 좋은 방법이라고 생각합니다.

> **tip**
> 전체적으로 답변이 틀리지는 않았지만 너무나 추상적이다. 답변을 할 때는 실례를 들어서 구체적으로 하는 것이 좋다. 그래야 인상에 남는다.

좋은 예 : 최근 무분별한 소셜커머스의 확산에 의한 위조와 유통으로 인해 소비자에 대한 피해가 막대합니다. 이에 대한 해결책으로 정부가
정책적으로 위조품 유통근절에 대한 처벌을 강화해야 하고, 업계에서도
소비자에 대한 불신을 없애려는 노력, 예를 들어 100%보상제 등을 실시하는 것이 좋은 방법이라 생각합니다.

3 실무면접

실무면접은 적성과 실무에 관한 모든 면접을 얘기한다.

실무 또는 적성면접은 실무적인 자질이나 적성을 보는 면접유형이다.

> 1. 면접관의 질문에 대한 핵심을 파악
> 2. 답변에 대한 핵심키워드
> 3. 논리적이고 소신 있는 답변

교양을 위한 스피치

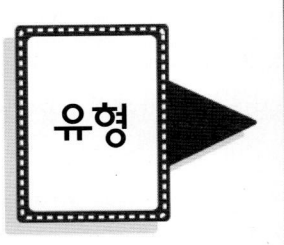

1. 적성에 대한 질문
   (ex. 자신의 직업선택 기분은?)
2. 실무에 대한 질문
   (ex. VIP고객 상대요령)
3. 지성에 관한 질문
   (ex. 레버리지 효과란?)

실무면접에서 중요한 부분은 바로 실무에 대한 '명철한 지식과 분명한 소신'이다.
예를 들어, 대학면접 국어국문과에서 시적허용, 카프 등에 대한 국문과에 맞는 소양과 지식에 대한 지식을 물어봤는데, 거기에 대한 답변이 충분하지 않을 경우 적성에 적합하지 않다고 판단 할 수 있다. 기업에서도 마찬가지다. 대기업, 공기업 또는 일반기업에서의 실무면접은 굉장히 날카롭다.

가령, 광고회사 면접시험에서 "광고일과 관련된 경험이 있나요?"라고 물었을 때는 "제가 대학 때 광고동아리를 들었는데 그곳에서 광고기획 디자인 및 분석을 통해 이론적인 지식을 쌓았고, 00회사에 아르바이트로 일을 하면서 꾸준한 실무지식을 쌓았습니다."라고 구체적인 근거로 얘기해야 한다. 외국계기업에서는 당연히 영어나 외국어대한 실무능력이 중요하기 때문에 외국어로 유창하게 소통할 수 있는 능력을 배양해야 한다.

적성에 대한 질문

자신의 직업선택 기준이 뭐예요?
인턴 경험을 토해 얻은 것은?
희망하는 부서는?

질문 : 인턴경험을 통해 얻은 것은?

나쁜 예 : 저는 영업부서에서 3개월 정도의 인턴경험을 쌓았습니다.
실제 이론으로 알고 있었던 영업과 경험으로 알고 있었던 영업은 사뭇 다르다는 것을 깨달았습니다. 아

직까지도 제가 어떤 것을 느꼈는지는 잘 모르겠습니다. 하지만, 이 영업부서에 오게 되면 하나하나 배운다는 자세로 열심히 임하겠습니다.

> **tip**
> 전체적으로 틀린 부분은 없다. 다만 면접자의 대답이 참신하거나 인상적인 부분이 없다. 그 이유는 자기만의 구체적인 사례나 느낀 점을 얘기한 것이 아니라, 보편적인 느낌으로 답변을 했기 때문이다. 좀 더 구체적으로 말을 하는 습관을 들이는 것이 중요하다.

좋은 예 : 저는 영업부서에서 3개월 정도의 인턴경험을 쌓았습니다.
실제 이론으로 알고 있었던 영업과 경험으로 알고 있었던 영업은 사뭇 다르다는 것을 깨달았습니다. 그 당시의 경험을 통해 저는 새로운 고객을 얻는 것도 중요하지만, 기존고객을 어떻게 회사에 절대적으로 신뢰를 할 수 있는지에 대한 노하우를 터득할 수 있었습니다.

적성에 대한 질문

이 회사에서 가장 중요하게 생각하는 것은?
본인의 졸업논문에 대해 간단히 요약하자면?
입사 10년 이후 업계에서 어떤 위치에 있고 싶은가?

질문 : 이 회사에서 중요하게 생각하는 부분은?

나쁜 예 : 솔직히 정확히는 모르지만, 아마도 마케팅적인 부분이라고 생각합니다. 예전에 얼핏 뉴스기사에서 본 거 같은데 그때 마케팅을 올해부터 가장 우선시한다고 들었습니다.

> **tip**
>
> 전체적으로 답변에 성의가 없다. 또한 자신의 얘기를 하는 것이 아니라 주워들은 것을 모호하게 말했다. 면접관에게 어필하려면 자신의 생각을 소신 있게 얘기해야 한다. 그래야 강한 인상을 심어줄 수 있다.

좋은 예 : 최근 경영진이 바뀌면서 가장 중요하게 생각하는 부분은 '실리적 경영'이라고 들었습니다. 제작년에 광고비와 마케팅비용으로 회사실적에 비해 과도한 비용을 지출했기 때문에 오히려 전체적인 매출에 악영향을 미쳤습니다. 따라서 올해 가장 내세우는 부분은 내실을 튼튼히 하는 경영을 하는 것이라고 알고 있습니다.

실무에 대한 질문

까다로운 성격의 사람을 다뤄본 적이 있는가?
지금 하는 일에 데일리듀티가 무엇인가?
이 직목에 대해 아는 대로 얘기해 보세요.

질문 : 까다로운 성격의 사람을 다뤄본 적이 있는가?

나쁜 예 : 대학교 2학년 때 PC방에서 아르바이트를 해 본 적이 있습니다.
그 때 진상 손님들에게 학을 땐 적이 있었는데, 지금 생각해도 화가 날 정도로 그 당시엔 정말 꼴도 보기 싫었습니다. 하지만, 제가 하는 일이 서비스 일이었기 때문에 잘 참고 버틸 수가 있었습니다.

> **tip**
>
> 자신의 생각과 경험을 솔직하게 얘기하는 것은 좋지만, 부정적인 답변은 면접관에게 좋은 인상을 심어주기 어렵다. 따라서 자신의 생각을 솔직하게 얘기하되 자신의 느낀 점을 발전시키는 방향, 긍정적인 방향으로 얘기하는 것이 현명한 방법이다.

좋은 예 : 대학교 2학년 때 PC방에서 아르바이트를 해 본 적이 있습니다.

그때는 다양한 손님들이 많았는데 게임을 하면서 지나치게 욕설을 하시는 분도 있었고, 큰소리로 떠드는 분도 있었습니다. 처음엔 저 역시 무서웠지만, 나름의 화를 누그러뜨리는 미소와 정중한 예의로 손님들에게 먼저 다가가 문제의 원인에 대해 진심으로 경청하여 손님의 불만을 누그러뜨릴 수 있었습니다.

지성에 대한 질문

서비스에서 가장 중요한 것이 무엇인가?
영업을 의한 자신만의 비전은?
ELW에 실례에 대해 말해 보세요.

질문 : 서비스에서 가장 중요한 것이 무엇인가?

나쁜 예 : 서비스에서 가장 중요한 것은 '고객감동'을 실천하는 것입니다.

고객을 무조건적으로 왕을 만들어야 한다고 생각합니다. 고객을 최우선으로 하고 고객의 말 한마디 한마디에 귀를 기울여야 합니다.

> **tip**
> 자신의 생각과 경험을 솔직하게 얘기하는 것은 좋지만, 부정적인 답변은 면접관에게 좋은 인상을 심어주기 어렵다. 따라서 자신의 생각을 솔직하게 얘기하되 자신의 느낀 점을 발전시키는 방향, 긍정적인 방향으로 얘기하는 것이 현명한 방법이다.

좋은 예 : 서비스에서 중요한 부분은 '소통'이라 생각합니다. 예전에 '고객은 왕이다'라고 해서 고객을 무턱대고 섬겼지만, 제가 생각하는 서비스란 '고객의 가려운 곳을 정확히 긁어 주는 것이다'라고 생각합니다. 고객이 원하지 않는 일방적인 친절은 불편한 편의입니다. 고객이 정말 원하는 것이 무엇인지를 파악하는 것이 진정한 서비스라고 생각합니다.

> ### 지성에 대한 질문
>
> 레버리지효과란?
> 어제코스닥지수를 말해보시요?
> 우리 회사의 대표적인 금융상품을 말해보세요?

질문 : 레버리지 효과란?

나쁜 예 : 레버리지 효과란 정확하지는 않지만, '지렛대'에서 비롯된 원리와 같다고 알고 있습니다. 아마도 작은 힘으로 큰 것을 들어 올리는 지레와 같다고 할 수 있을 것 같습니다. 예를 들어 적은 금액으로 큰 이익을 봤을 때를 얘기할 수 있는데, 예전에는 레버리지 효과로 많은 이익을 봤습니다. 이와 같은 원리를 레버리지 효과라고 할 수 있습니다.

> **tip**
> 면접관은 사전에 나와 있는 지식을 앵무새처럼 얘기하는 면접자보다 자신의 경험과 느낌을 말하는 면접자를 선호한다. 따라서 같은 의미라도 자신의 생각이 담긴 말로써 표현을 해야 면접관의 인상에 남는다.

좋은 예 : '지렛대 효과'라고도 하며, 금융기관 또는 타인에게서 차입한 자본을 가지고 투자를 해서 이익을 발생시키는 것을 말합니다. 가령, 1억의 자본을 가지고 1억 원의 자기자본으로 천만 원의 순이익을 올렸다고 할 때 자기자본 이익률은 10%가 되지만 자기자본 5억 원에 타인자본 5억 원을 차입하여 1억 원의 순익을 올리게 되면 자기자본이익률은 20%가 되므로 차입금을 가지고 투자를 하는 것이 유리하게 됩니다. 하지만 그에 따른 리스크 관리도 중요합니다.

실무면접을 준비할 때는 전공과 그것과 관련된 부분에 대해 깊이 있게 파고드는 것이 중요하다. 그리고 다양한 면접유형을 스스로 정리해서 점검하고 수정하는 노력이 필요하다. 또한, 뉴스나 신문을 통해 시사문제나 기사를 꼼꼼히 읽고 스크랩을 하는 습관을 들여야 한다.
공들인 만큼 보상을 받는 날이 온다.

그렇기 때문에 귀찮고 힘들더라고 전공과 실무와 관련된 면접 유형을 정리하고 분석하고 자료를 모으고 충분한 시뮬레이션을 통해 대비하는 것이 무엇보다 중요하다.

4 PT면접

PT면접은 어떠한 주제를 가지고 프레젠테이션을 하는 방식이다.

가령, 세대차이, 동북아 정세문제, 남북관계, 경제위기 등 수많은 주제가 있을 수 있다.

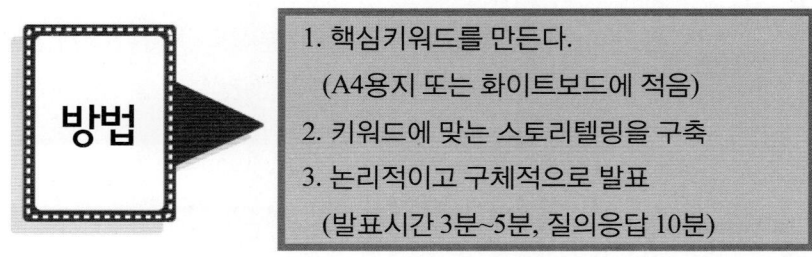

PT면접에서 중요한 부분은 바로 '핵심키워드'이다.
가령, 세대 간의 갈등에 대한 주제를 가지고 PT면접을 한다면, 먼저 A4용지에 핵심키워드를 생각하고 스토리텔링 키워드를 나열하라. 시간이 많이 주어지지 않기 때문에 3단 이상으로 구성하는 것은 좋지 않다.

가령,

도입부 - 세대 간의 갈등원인,
본론 - 갈등의 문제점
결론 - 해결방안

또는,

도입부 - 세대 간의 갈등현황
본론 - 선진국의 사례

결론 - 우리의 자세와 대안

등의 형식으로 핵심키워드를 가지고 스토리텔링을 구성하되 일관성과 통일성 그리고 흥미를 유발할 수 있게 풀어가는 것이 PT면접의 핵심이다.

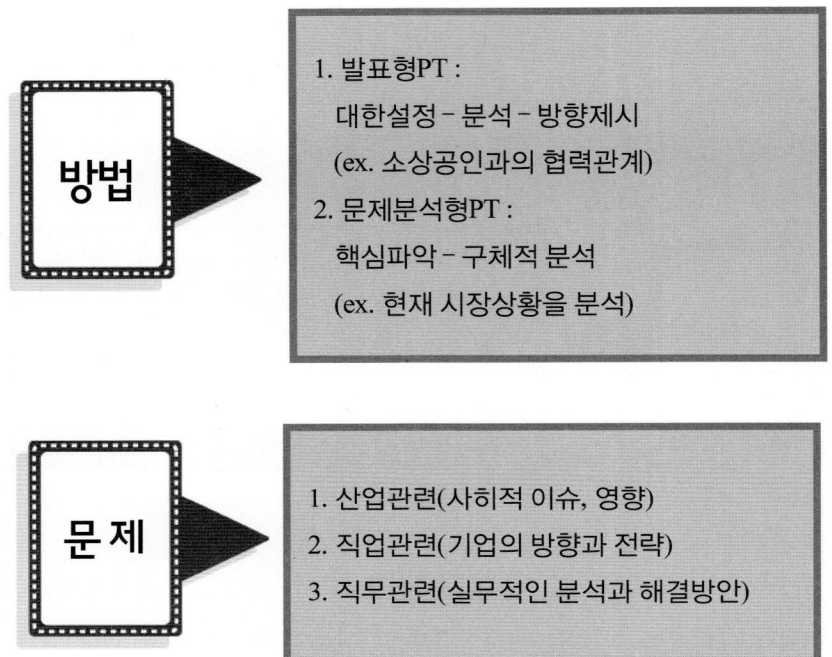

1. 질문 : 저 출산 문제와 해결방안

답변 : 저는 먼저 저 출산의 실태와 영향, 저 출산의 원인 마지막으로 해결방안에 대해 발표하겠습니다. (중간생략) 저 출산의 가장 큰 원인은 바로 양육부담, 그 중 교육비에 대한 부담입니다. 자녀 한 명을 양육하는 데 평균 2억 5천만 원 정도가 듭니다. 그 중 대학 등록금은 이미 700만원에 육박합니다. 엄청난 사교육비로 인해 부모는 비단 자녀를 포기하는 것이 아니라 희망과 행복을 포기하게 됩니다.

> **tip**
> 저 출산 문제에 대한 핵심키워드를 가지고 원인과 사회적 문제와 해결책을 가지고 PT 발표를 하는 유형이다. 또한 대표적인 전제 형 스토리텔링의 면접유형이다. 이런 유형을 가지고 발표를 할 때 중요한 점은 사실적 근거를 토대로 해야 한다는 것이다. 특히 숫자와 통계와 같은 부분은 사실적 근거를 나타내는 구체적인 방법이다.

2. 질문 : 올바른 리더십이란?

답변 : 많은 사람들이 리더십은 사람을 이끄는 것이라 생각합니다. 저는 그 생각에 반대합니다. 리더십에서 가장 중요한 부분은 구성원의 의견을 얼마나 잘 경청할 수 있는지 그리고 구성원의 능력치를 얼마나 효과적으로 활용할 수 있는가라고 생각합니다. 가령, 개인능력은 뛰어나지만 화합능력이 떨어지는 구성원에게 화합을 강요하는 것이 아니라, 개인능력을 발휘할 수 있는 포지션을 제공하는 것이 올바른 리더십이라고 생각합니다.(생략)

> **tip**
> 대표적인 문제제기 형 유형으로 PT 발표를 하는 방법이다. 이때 반론을 제기할 때는 구체적인 논거를 가지고 얘기를 해야 한다. 또한 무조건적인 반론이 아니라 왜 문제를 제기할 수밖에 없는지에 대한 타당성을 확보해야 한다. 윗부분의 핵심은 리더십이 사람을 이끄는 것이 아니라 화합이 중요하다는 것이다. 그 이유에 대해 구체적인 예시로 설명을 했다. 즉, 반론에 대한 근거가 명백하지 않으면 오히려 타당성이 떨어질 수 있음을 유의해야 한다.

3. 질문 : 중소기업의 육성방안

답변 : 저는 세 가지로 상생방안을 말씀 드리겠습니다. 첫째는 대기업의 불공정행위 근절, 둘째는 중소기업의 지적재산권 보호, 셋째는 정부차원에서의 중소기업 보호방안 입니다. 먼저 대기업의 불공정행위 근절입니다. (생략) 둘째는 중소기업의 지적재산권 보호입니다. 직접적인 산업스파이적인 행위가 아니

더라도 여러 가지의 방법과 전략으로 중소기업의 지적재산권이 침해되는 경우가 많습니다. (생략) 마지막으로 정부차원에서의 제도입니다.

> **tip**
>
> 결론 형 스토리텔링으로 PT를 이끄는 방법이다. 윗부분의 PT의 전개는 다음과 같다. 먼저 상생방안에 대한 방법을 가지고 세 가지 예시로써 방안에 대한 해결책을 얘기했다. 이때 해결책은 사실적이어야 하며 구체적이어야 한다. 위에서 제시한 세 가지는 대기업의 불공정행위와 중소기업의 지적재산권 보호 그리고 정부차원에서의 해결방안이라는 구체적인 방법이다.

4. 질문 : 효과적인 SNS마케팅

답변 : SNS마케팅의 핵심은 상품, 목적, 방법입니다. 먼저 상품입니다. 쇼핑몰인지 아님 오프라인 매장인지에 따라 대상이 정해져야 합니다. 또한 신규 회원의 가입인지, 재 구매 고객을 목적으로 하는 것인지를 구별해야 합니다. 마지막으로는 방법입니다. SNS마케팅에 맞는 부합한 상품입니다. 대표적으로 페이스북, 블로그, 트위터, 카페, 카카오스토리를 들 수 있습니다. 가령, 페이스북과 트위터는 단기간, 블로그와 카페는 장기간을 목적으로 했을 때 효과를 볼 수가 있습니다. (생략)

> **tip**
>
> 결론 형 스토리텔링으로 PT를 이끄는 방법이다. SNS마케팅의 핵심에 대해 구체적인 방법을 제시했다. 이때 단순한 나열이나 열거는 지루함과 산만함을 주기 때문에 때로는 신선한 예시나 구체적인 에피소드를 제시하는 것이 좋다. 또한, 설명을 할 때는 예시의 방법 외에도 비교나 대조, 유추 등의 방법으로 설명을 구체적으로 할 수 있도록 해야 한다. 윗부분에서는 예시와 비교로써 구체적인 설명을 하고 있다

5. 질문 : 블루투스에 대해 발표해 보시오

답변 : PC 프린터 전화 팩스 휴대폰 개인휴대단말기(PDA) 등 정보통신기기는 물론, TV 냉장고 등 가전제품까지 무선으로 연결해주는 획기적인 기술입니다. 가정이나 사무실 곳곳에 복잡하게 늘어선 선을 말끔히 없앨 수 있습니다. 명칭은 10세기 덴마크와 노르웨이를 통일한 바이킹 왕 해럴드 블루투스의 이름에서 따왔습니다. 전송속도는 1Mbps. 곧 Mbps 버전이 나올 예정이며 동영상 전송이 가능합니다. (생략)

> **tip**
>
> 결론 형 스토리텔링으로 PT를 이끄는 방법이다. 블루투스에 대한 핵심을 얘기하고 그것이 실생활에서 어떻게 활용되고 응용되는지를 구체적으로 제시하고 있다. 10세기와 1Mbps 등의 숫자와 덴마크와 노르웨이, 바이킹 등의 구체적인 예시를 통해 사실성을 더하고 있다.

이처럼 PT 면접은 전제나 결론 또는 반론에 대한 구체적인 논거가 반드시 수반되어야 한다. 그리고 그 논거는 사실적이어야 하고 신뢰가 갈 수 있는 통계와 같은 근거이어야 한다. 그렇지 않으면 설득력을 얻을 수 없다는 것을 유념해야 한다. 또한, PT 면접을 할 때 핵심키워드를 가지고 어떠한 유형의 스토리텔링으로 접근해야 할지를 충분히 고민하고 강약과 강조로써 면접관의 이목을 집중시켜야 성공적인 발표를 할 수 있다. 즉, 논리력으로는 면접관의 이성을 매력적인 화법과 진심어린 시선 그리고 생동감 있는 제스처로 면접관의 감성을 지배해야 성공적인 PT 발표라고 할 수 있다.

연습을 할 때는 다양한 주제를 가지고 핵심키워드와 스토리텔링을 이끄는 방법 그리고 구체적인 논거를 만드는 방법을 훈련해야 한다. 또한, 감정과 화법 그리고 제스처를 활용해서 매력적인 발표하는 방법을 병행해서 해야 면접관의 이성과 감성을 동시에 사로잡을 수 있다.

스스로 동영상을 찍어서 확인하는 방법도 좋고 스터디를 통해 발표를 하면서 체크를 하는 방법도 좋다. 다만, 스터디를 할 때는 전문가가 아니기 때문에 객관적으로 수용할 수 있는 것들에 한해서 점검하고 받아들이는 것이 좋다.

5 토론면접

토론 면접은 4명~6명 정도가 조를 이루어 주제에 따른 찬반논쟁을 벌이는 면접이다.
가령, '군대 가산점'에 대한 찬반토론을 할 때 찬성과 반대 기조연설, 그리고 찬반토론, 최후변론 식으로 구성이 된다.

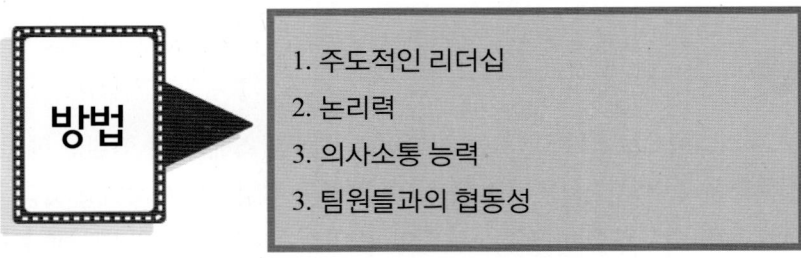

1. 찬성과 반대의 명확한 이유
2. 상대방의 의견을 경청
3. 논리적, 구체적 전개로 주장 및 반박

토론면접에서 중요한 부분은 논지의 핵심, 사실적 근거, 논리적 전개이다.

예를 들어 '군대 가산점'에 대해 찬성을 한다고 했을 때, 2년이라는 시간동안 희생을 했기 때문에 사회적 보상이 필요하다는 '논지의 핵심'을 갖고 있어야 하는 것이 중요하다. 그리고 논지를 풀어갈 때는 가령, 군대에서 2년간 어떻게 희생했고 그 시간을 어떻게 보내는지를 구체적인 근거로서 얘기해야 한다. 마지막으로 서론, 본론, 결론을 매끄럽게 이을 수 있는 논리적 전개가 요구된다.

> 1. 논리적 전개(A-B-C)
> 우리는 금연을 해야합니다. 흡연으로 인해 폐암, 간암 등 질병은 물론 간접흡연으로 인해 주위사람들에게 영향을 주기 때문입니다. 금연을 함으로써 우리는 건강해지는 것은 물론, 담배값 절약을 하는 일석이조의 이득을 취할 수 있습니다.

토론면접은 얼마나 지원자가 논리적으로 얘기할 수 있는 지에 대한 역량을 검토하는 자리이다. 또한 대화능력과 문제를 풀어가는 능력까지 복합적으로 판단할 수 있다.

토론면접은 기조연설, 찬조 또는 반박, 최후변론으로 나뉜다.

> 1. 기조연설 - 찬성과 반대에 대해 처음 주장을 펼치는 연설
> 2. 찬조연설 - 찬성 축과 반대 축에 대해 도움을 주는 연설
> 3. 반론 - 찬성 또는 반대에 대해 반박을 하는 것
> 4. 최후변론 - 마지막으로 찬, 반에 대한 논리를 펼치는 것

기조연설은 말 그대로 왜 찬성을 하는지, 왜 반대를 하는지에 대한 주장이다.

토론의 경우는 '설득과 논증'이 중요한 부분이다.

설득이라는 것이 자신의 의견을 남에게 일방적으로 주입하는 것이 아니라, 상대방의 이야기를 듣고 좋은 것은 인정을 하고, 자신의 의견을 주장하는 것이다.

가끔 100분 토론과 같은 프로그램을 보면, 아예 상대방의 얘기는 듣지도 않고, 처음부터 묵살해버리는 광경을 자주 볼 수 있다.

그러한 것은 설득이 아니라, 자신의 의견을 주입해 버리는 것 외에는 아무것도 아니다.
토론에서 자신의 주장을 얘기할 때는 일목요연하게 논리적으로 얘기해야 한다.

가령, '체벌'에 대한 얘기를 할 때, 만일 체벌을 금지해야 한다면 왜 금지를 해야 하는지에 대해 논리적으로 얘기하지 않고, 단지 체벌은 금기시되어야 한다는 추상적 논증을 펼친다면 듣는 이의 귀에 쏙쏙 들어오지 않는다는 것이다.
구체적 주장과 논증이란, "대한민국 헌법1조에서도 나와 있듯이, 누구나 존중을 받고 하나의 인격체로서 대우를 해야 하기 때문에, 체벌을 그 어떤 방법으로도 용납될 수 없습니다."라고 구체적으로 풀어서 말을 하는 것이다.

반대의 경우도 "인격체로서 존중을 하는 것은 맞지만, 권리는 스스로 의무를 다할 때 주어지는 것이므로, 더 이상 어떠한 방법으로도 고쳐지지 않는다면, 아이와 대의를 위해 이성적인 체벌을 가능하다고 주장합니다."등의 구체적인 진술로서 주장을 하는 것이 관건이다.

따라서 어떤 주장을 펼칠 때는 반드시 일목요연하게 사실에 근거해서 얘기를 해야 신뢰가 갈 수 있다.

그 다음 중요한 부분은 '논증의 방식'이다. 이미 앞서서 논리시간에 충분한 얘기를 한만큼 요약해서 설명하자면, '구체적 전개', '삼단논법', '변증법적 논리'로서 논리적인 증명을 하는 것이다.
구체적 전개는 "저는 군가산점 제도에 찬성합니다. 왜냐하면, 20대에 피 끓는 청춘기에 나라와 국민을 위해 봉사를 한다면 거기에 합당한 보상을 해야 함은 당연한 권리이기 때문입니다." 이렇게 인과, 예시, 비교, 대조, 비유 등으로 설명하는 것이다. 즉, 설명의 방식이라 할 수 있다.

요약하자면 설명은 구체적으로 이해를 시키는 방법이고 논증은 논리적으로 증명하는 방식이다.

논증의 방식 중에 먼저 삼단논법에 대해 알아보자.
삼단논법은 "모든 국민은 행복추구권이 있습니다. 김철수 씨도 비록 범죄를 저질렀지만 우리나라의 국민입니다. 따라서 김철수 씨 역시 행복을 추구할 권리가 있는 것입니다." 라고 대전제-소전제-결론으로 전개를 하는 방식이다. 이때 중요한 점은 소전제는 대전제의 범위에 반드시 포함되어야 한다. 그렇지 않으면 논리가 성립되지 않는다.

> **1. 삼단논법 전개(대전제 – 소진제 – 결론)**
> 재난시스템은 재난에 신속히 대처하기 위한 시스템입니다.
> 육지나 항공사고 외에 해상사고 역시 재난 시스템에 포함됩니다.
> 따라서 해상사고 발생시 조속히 대처할 수 있는 재난시스템을 구축해야 합니다.

두 번째로는 귀납법의 방식이다. 귀납법은 제 1전제-제 2전제-결론의 방식으로 추론을 하는 방법이다. 예를 들어, "서울에는 오리가 살고 있습니다. 그리고 부산에도 오리가 서식하고 있습니다. 그러므로 우리나라 전역에는 오리가 살고 있다고 말씀드릴 수 있습니다."라고 말하는 방식이다. "서울에 오리가 산다."가 제 1전제에 해당하고 "부산에도 오리가 서식한다."라는 부분이 제 2전제, 마지막으로 "우리나라 전역에 오리가 살고 있다."라는 부분이 결론이다. 하지만 귀납법은 일반화의 오류에 걸릴 수 있다는 단점이 있다.

연역법의 경우 실증적인 추론방식 즉, 연구와 실험을 통해 이미 사실화 된 것을 바탕으로 추론하기 때문에 사실적 방식이라 할 수 있지만, 귀납법의 경우 해석적인 추론 즉, 연구와 실험을 통해 증명된 것이 아니라 가능성을 열어 둔 해석적 방식이기 때문에 토론에서는 자칫 일반화의 오류를 범할 수 있는 단점이 있어서 그리 추천하는 논증방식은 아니다.

마지막으로 변증법의 논리이다. "모든 국민은 행복추구권이 있습니다. 하지만, 사람을 살해한 범죄자에게 그 권리를 부여하는 것은 어패가 있습니다. 따라서 행복추구권의 범위를 제한해야 함은 마땅합니다."라고 전개하는 방식이다. 변증법은 정-반-합의 논리이며 어떠한 전제를 내고 그 전제에 반하는 논리를 펼쳐서 결국 조율과 통합을 한다는 논리이다.

> **3. 변증법적 전개(정–반–합)**
> 미국이 선진국임은 분명합니다.
> 하지만 모든 부분에서 선진국은 아니라고 생각합니다.
> 그렇기 때문에 무분별하게 미국의 시스템을 표방하는 것은 위험하기 때문에 선별적인 수용이 필요합니다.

토의, 토론을 할 때 빠질 수 있는 함정은 바로 일반화의 오류와 감정호소의 오류, 흑백논리의 오류 등이다.

일반화의 오류란 어떤 예로 든 논지와 논술이 마치 모든 경우에 해당되는 것처럼 일반화를 시키는 것을 말한다.

가령, "남자와 여자는 각각 화성에서 금성에서 왔습니다. 그렇기 때문에 모든 면에서 다를 수밖에 없죠." 라는 말을 했을 때, 남자와 여자가 다른 부분도 있을 수 있고, 그렇지 않을 수도 있기 때문에 모든 것을 일반화시킨다는 것은 어폐가 있다는 얘기이다.
또한 감정호소의 오류란 "지금 시대에 얼마나 불쌍한 사람들이 많습니까? 자영업자 그리고 임시직 노동자들 모두 힘겹게 일하고 있습니다. 이들 모두에게 상여금을 지급해야 한다고 생각합니다." 등으로 감정적인 방법으로 호소를 하는 경우다.

그리고 흑백논리의 오류는 "당신은 분명 저를 싫어하지 않습니다. 그렇기 때문에 저를 좋아하는 것이 확실합니다." 라고 얘기하면서 '이것이 아니면 저것이다.' 라고 양분화 시켜 얘기를 하는 것을 말한다.

이런 오류들은 토의, 토론 시 논리적이고도 구체적인 논증을 방해하는 요소이다.

또한 설득을 할 때 주의할 점은 먼저 상대방의 얘기를 듣고 인정할 것은 인정하고 그리고 주장하거나 얘기할 것을 말해야 한다는 점이다.

그리고 상대방이 얘기하는 논지를 잘 숙지한 후 일관성을 갖고 그 논지에 대해서만 얘기해야 한다.

예전에 어떤 토론회에 참석한 적이 있었는데, 거기에 패널로 참석한 어떤 분이 '학교폭력에 대해 얘기하다가 자신의 얘기만 나열하며 어렸을 때 어떠했고 그래서 지금은 어떠했다.'라고 에피소드의 나열로 줄곧 토론을 한 적이 있어 눈살을 찌푸린 적이 있었다.
그 분의 잘못된 부분은 상대방의 얘기를 듣지 않고 자신의 얘기만을 했다는 점이고 두 번째는 그 논지와 벗어나는 이야기를 많이 해서 토론의 집중력을 저해시켰다는 점이다.

이처럼 토의와 토론은 집중을 요하기 때문에 더욱 상대방의 경청에 대한 이해가 중요하다.

(성형수술에 대한 찬성)

A : 저는 성형수술을 찬성합니다. 우리나라는 개인의 자유가 보장되어 있는 나라입니다. 또한 누구나 행복을 추구할 권리가 있습니다. 자유와 행복을 추구하는 것은 개인의 권리에 해당됩니다. 따라서 성형에 대한 자유의지를 침해하거나 박탈할 근거는 어디에도 없습니다. 그렇기 때문에 저는 성형수술을 찬성하는 바 입니다.

> **tip**
>
> 성형수술에 대한 찬성 주장을 펼치고 있다. 왜 성형수술을 찬성하는지를 삼단논법으로 논증을 하는 형태이다. 여기서 삼단논법에서 대전제는 '우리나라는 개인의 자유가 보장되어 있는 나라입니다.'라는 부분이고 '자유와 행복을 추구하는 것은 개인의 권리에 해당된다.'라는 부분이 소전제에 해당된다. 여기서 소전제는 반드시 대전제의 명제에 종속되어야 하고 '자유와 행복'이라는 명제는 대전제의 '개인의 권리'에 대한 종속적인 관계라고 할 수 있다. 즉, 소전제의 명제가 대전제의 명제에 종속적인 관계가 아니라 예를 들어, '정부의 영향력' 등은 '개인의 권리'에 종속되는 관계가 아니기 때문에 삼단논법이 성립될 수 없음을 유의해야 한다.

(성형수술에 대한 반대)

B : 성형에 대한 찬성 측 의견 잘 들었습니다. 물론 개인의 자유와 행복은 매우 중요한 권리입니다. 하지만, 성형으로 인한 부작용과 외모지상주의로 치닫는 현실로 인한 폐해는 개인의 자유를 덮을 만큼 너무나 심각합니다. 만일, 개인의 자유만을 위해 성형의 부작용을 묵인한다면 그것은 방종이 됩니다. 따라서 개인의 특별한 사정이 있지 않는 한 무분별한 성형은 제도적인 규제나 보완이 있어야 한다고 생각합니다.

> **tip**
>
> 성형수술에 대한 반대 주장을 펼치고 있다. 대표적인 변증법의 논리이다. 변증법은 정 - 반 - 합을 가지고 말하는 논증의 방식이다. 여기서의 정은 '개인의 자유와 행복은 매우 중요한 권리이다.'라는 부분이고 반은 '성형 부작용과 외모지상주의의 폐해는 개인의 자유를 덮을 만큼 심각하다.'라는 부분이다. 마지막으로 합은 '무분별한 성형은 제도적인 보완이나 규제가 필요하다.'는 주장이라 할 수 있다. 변증법의 장점은 바로 일방적이고 공격적인 반론만을 제시하는 것이 아니라, 상대방의 주장을 인정하되 단점을 보완할 수 있는 반론을 가지고 주장을 펼치는 일종의 타협의 논증방식이라는 점에서 매력적이라 할 수 있다. 우리가 100분 토론에서 보는 상대방을 무시하거나 일방적인 자기주장만을 펼치는 토론은 절대로 좋은 논증방식이라 할 수 없다. 특히, 실제 토론 면접에서 그러한 일방적인 주장은 면접관들에게 '저 친구는 소통을 하기가 어렵겠다.'라는 부정적인 이미지를 심어줄 수도 있다.

(성형수술 찬성에 대한 최후변론)

A : 물론 무분별한 성형은 부작용을 나을 수 있습니다.
하지만, 우리나라는 민주주의를 추구하는 국가이고, 개인의 자유와 권리는 민주주의의 중요한 원칙에 해당됩니다. 결혼제도의 폐해로 인해 결혼의 행복을 없앨 수 없듯이, 성형에 대한 부작용으로 인해 개인의 행복과 자유를 침탈할 수는 없습니다. 따라서 무분별하지 않은 선에서 개인의 자유의지는 반드시 보장해야 된다고 생각합니다.

> **tip**
>
> 성형수술에 대한 찬성 최후변론을 펼치고 있다. 먼저 상대방의 주장을 무조건적으로 배격하는 것이 아니라, 인정할 부분은 말하되 왜 찬성을 하는지에 대해 다시 한 번 구체적인 논거를 가지고 얘기를 했다. 여기서의 구체적인 설명방식은 비유에 해당된다. 비유는 'A가 B인 것처럼 C는 D에 해당한다.'라고 말하는 설명방식이다. 즉, '결혼제도의 폐해로 인해 결혼의 행복을 없앨 수 없듯이, 성형에 대한 부작용으로 인해 개인의 행복과 자유를 침탈할 수는 없다.'라는 부분이다. 하지만 비유를 할 때는 반드시 비슷한 토대와 환경을 바탕으로 해야 한다. 윗부분에서는 결혼과 성형이라는 각기 다른 주제지만 '제도'라는 공통점을 기반으로 '제도가 자유를 침범할 수 없다.'라는 공통적인 토대를 마련했다. 하지만 가령, '일본이 우리나라를 침범할 수 없듯이 성형에 대한 부작용으로 인해 개인의 자유를 침탈할 수 없다.;라는 비유에 있어서는 어떠한 공통적인 토대도 없을뿐더러 비유의 확대에 해당하기 때문에 적절한 비유라고 할 수 없는 것이다.

(성형수술 반대에 대한 최후변론)

B : 물론 개인의 자유를 무시할 수는 없습니다.
지만, 외모지상주의로 인해 성형을 권장하는 것이 문제라는 것입니다.
외모를 그 사람의 노력으로 꾸미는 것과 성형으로 외모를 바꾸는 것은 엄연히 다릅니다. 한 순간의 수술로 사람의 인생이 달라지거나 평가가 달라진다면 상대적인 소외감과 박탈감 역시 팽배해 질 것입니다. 분명 그것은 짚고 넘어가야 할 부분이라는 것입니다. 콤플렉스 등 꼭 필요한 성형이 아니라 무분별한 성형이라면 제도적인 보완이 있어야 합니다.

> **tip**
>
> 성형수술에 대한 반대 최후변론을 펼치고 있다. 변증법적인 논증방식의 전체적인 형태이고 반론을 제기할 때는 예시의 설명방식을 활용했다. '개인의 자유를 무시할 수 없다.'가 정에 해당하고 '한 순간의 수술로 인생이 달라진다면 소외감과 박탈감이 팽배해 질 것이다.'라는 부분이 반에 해당한다. 그리고 '제도적인 보완이 필요하다.'라는 부분이 합에 해당한다. 변증법적인 방식으로 논증을 할 때는 '반'을 통한 '합'을 도출하는 추론이 중요하므로 반드시 구체적 사실과 증명이 가능한 논거를 가지고 주장을 펼쳐야 한다. 주장이 비약적이거나 일반화의 오류나 감정호소의 오류가 포함되어 있다면 설득력이 떨어질 수밖에 없다.

질문 : 성범죄자 신상공개(찬,반)
반대 : 성범죄자의 신상을 공개한다는 것은 인권침해입니다.
찬성 : 물론 성범죄자의 개인적 인권도 중요하지만, 더 중요한 부분은 선량한 시민의 보호입니다. 인권의 가치를 논하기 전에, 국민이 안전하게 살 수 있게 만드는 것이 무엇보다 선행 되어야 할 국가의 의무입니다. 그렇기 때문에 신상공개는 대의를 위한 성범죄자의 희생이 아니라 국민의 안전을 위한 국가의 최선의 노력입니다.

> **tip**
> 성범죄자의 신상공개에 대한 찬성 주장을 펼치고 있다. 성범죄자의 개인의 인권도 중요하지만 더 선행되어야 할 부분이 선량한 시민의 보호라는 핵심을 가지고 논리적으로 주장을 하고 있다.

질문 : 성범죄자 신상공개(찬,반)
찬성 : 성범죄자의 신상공개는 국민의 안전을 위해 필요합니다.
반대 : 찬성 측의 반론 잘 들었습니다. 저는 여기서 한 가지를 묻고 싶습니다. 과연 '국민'의 정의가 무엇인지요? 그리고 '선량한 시민'이라는 정의가 어떤 것인지요? 인권은 그 어떤 것으로도 대체할 수가 없습니다. 또한 어떤 무엇으로도 희생을 강요할 수 없는 것입니다. 만약 인권이 '대의를 위한 희생', 또는 '다수의 국민을 위한 배려'로 여겨진다면 이것은 포퓰리즘을 위한 정의가 되어버리는 것입니다.

> **tip**
> 문제제기 형태의 스토리텔링 방법으로 반론을 펼치고 있다. 어떠한 것도 인권 보다 선행해야 하는 권리는 없다는 주장을 얘기하고 있다. '다수라는 명목으로 인권이라는 신성한 권리를 침범해서는 안 된다.' 라는 주장은 비약적이지 않은 논거라고 할 수 있다.

질문 : 성범죄자 신상공개(찬,반)
반대 : 그 무엇으로든 인권은 희생을 강요할 수 없습니다.
찬성 : 인권이라는 것이 매우 신성한 권리이며 어떤 것으로 대체할 수 없다는 점은 인정합니다. 하지만, 국가는 선량한 시민을 보호해야 할 책임이 있고, 안전한 나라를 위해 최선을 다해야 할 의무가 있습니다. 인권을 논하기 전에 그 인권이라는 것이 과연 무엇을 위해 존재해야 하는 가를 먼저 생각해야 할 것입니다. 그 어떤 권리도 국민의 안전보다 선행되어야 할 수는 없습니다. 왜냐하면 국가는 국민을 위해 존재해야 하기 때문입니다.

> **tip**
>
> 인권이 신성한 것은 인정하지만 국가는 국민을 보호해야 하는 의무가 있기 때문에 어떤 권리도 국민의 안전보다 선행될 수는 없다는 주장이다. 여기서의 핵심은 국가의 의무가 우선이냐 인간의 권리가 우선이냐 하는 점이다. 자칫 논리 유희로 전개될 수 있기 때문에 이러한 주장을 할 때는 반드시 구체적이고 사실적인 논거를 바탕으로 해야 하며 감정적 호소나 일반화의 오류를 범하지 않도록 주의해야 한다.

이처럼 토론 면접을 할 때의 핵심은 논증의 방식과 설명의 방법을 정확히 이해하고 어떠한 방식으로 접근할지를 충분히 고민하고 실습해야 한다는 점이다. 또한, 반드시 구체적 근거와 사실적 논거를 바탕으로 해야 하고 연역법, 귀납법, 변증법의 방식을 충분히 활용해서 설득력 있는 주장을 펼칠 수 있도록 다양한 주제를 가지고 연습을 하는 것이 중요하다.

특히 일반화, 감정호소, 흑백논리의 오류를 범하는 일이 없도록 주의해서 훈련을 하는 것이 설득력 있고 조리 있는 토론을 위한 효과적인 방법임을 명심해야 한다.

6 압박면접

압박면접은 기업 면접이나 최종면접 또는 공무원면접에서 주로 하는 네거티브 면접유형이다. 말 그대로 어떻게 하면 면접자를 당황시킬까를 연구한다.

그렇기 때문에 생각지도 못한 또는 날카롭게 허를 찌르는 질문에 대응하는 대범함과 침착함 그리고 유연성이 아주 중요하다. 마치 칼이 자신의 앞으로 오는 상황에서도 똑바로 칼을 쳐다볼 줄 아는 '호연지기'가 중요한 것이다.

가령, 성적이 좋지 않네요?" 라고 물었을 때 "네, 성적은 하지만 성격은 좋습니다."라고 말하는 것은 센스가 탁월한 답변이지만, "성적이 왜 중요하죠?"라든가 "네 성적이 안 좋습니다. 제가 좀 머리가 나쁜 것 같습니다."라는 대답은 유연함이 떨어지는 답변이다.

그런 대범함과 센스를 키우는 능력은 바로 연습이다. 꾸준한 연습을 통해 어떠한 질문에도 당황하지 않고 여유를 가지고 면접관에게 대처할 수 있는 훈련을 해야 한다.

> **개인에 대한 질문**
>
> 성적이 왜 이렇게 안 좋아요?
> 시험에서 많이 떨어진 이유가 뭐예요?

질문 : 성적이 왜 이렇게 안 좋아요?

나쁜 예 : 솔직히 학창시절에 공부를 많이 하지 않았습니다. 하지만 노력은 나름 많이 하려 했습니다. 노력에 비해 결과가 좋지 않은 점은 인정합니다. 하지만 회사에 들어오면 학창시절과는 분명 다른 모습을 보게 될 것입니다. 제 능력을 적극 발휘해서 회사에 꼭 보탬이 되는 인재가 되겠습니다.

> **tip**
>
> 면접관에게 자신을 구체적으로 어필해야 한다. 추상적으로 열심히 노력하겠다는 말은 면접관에게 아무런 의미를 주지 못한다. 자신의 경험을 살린 구체적인 대답, 자신이 느낀 바를 인상적으로 얘기하는 말이 면접관들의 마음을 흔들 수 있다.

좋은 예 : 네. 보시는 바와 같이 성적이 좋은 편은 아닙니다. 하지만 여기 OO기업의 인재상이 다재다능한 실무 능력인 것처럼 저는 성적보다 더 중요한 것이 세상을 보는 눈과 경험이라고 생각했습니다. 그래서 다양한 동아리 활동과 해외여행을 통해 견문과 시각을 넓혔고, 학창시절 조그만 사업체를 운영해서 연매출 6000만 원을 올릴 정도로 실무에 능했다고 자부합니다.

> **개인에 대한 질문**
>
> 여기 말고 또 어디 시험을 봤어요?
> 이것만큼은 최고다 하는 것이 무엇입니까?

질문 : 이것만큼은 최고다 하는 것이 있다면?

나쁜 예 : 솔직히 저는 특별히 내세울 것은 없습니다. 남들에 비해 자신감이 없는 편이기 때문에 어떤 것을 내세우는 것에 있어 어색해 하는 경향이 있습니다. 하지만 회사에 입사하게 되면 소극적인 모습보다는 적극적이고 긍정적으로 바꾸도록 노력하겠습니다.

> **tip**
>
> 면접에서 솔직하게 얘기하는 것과 자신의 단점과 치부를 있는 그대로 얘기하는 것은 차이가 있다. 자신의 단점 자체를 얘기하는 것은 나쁘지 않고 오히려 인간적으로 비추어 질 수 있지만, 그 단점을 면접자가 어떻게 극복하려고 노력했는지 또는 그 단점으로 인해 어떤 부분을 느꼈는지를 발전적으로 얘기하는 것이 현명한 답변이다.

좋은 예 : 저를 아는 사람들은 '너는 참 사막에 떨어뜨려도 생존할 수 있을 거야.'라고 얘기합니다. 그만큼 생활력 하나는 자신합니다. 어디 가서 절대 밥을 굶지는 않을 것입니다. 즉, 아무리 최악의 상황이라고 거기서 참신한 아이디어와 제 나름대로의 타고난 근면함으로 위기를 이겨낼 자신이 있습니다. 제가 ○○기업에 들어오면 그런 악바리 정신으로 '저 놈 근성하나는 최고네' 라는 소리를 듣겠습니다.

개인에 대한 질문

아르바이트 경험이 별로 없네요?
나이가 생각보다 많네요?

질문 : 나이가 생각보다 많네요?

나쁜 예 : 솔직히 저는 나이가 많습니다. 그래서 다른 경쟁자에 비해 더 조급했었고 무언가를 더 빨리 하려고 스스로 독려하기도 했습니다. 하지만 회사에 들어오게 되면 선배를 잘 따르고 깍듯이 모시겠습니다.

> **tip**
>
> 마치 '나는 사람을 때렸지만, 이제는 때리지 않겠다.'라는 말과 같다. 그러한 말보다는 자신의 잘못된 행동으로 인해 어떤 점을 반성했고 어떻게 그 부분을 개선하려고 노력했는지를 구체적으로 말하는 것이 면접관에게 좋은 인상을 심어줄 수 있다.

좋은 예 : 솔직히 저는 나이가 많습니다. 그래서 다른 동료들에 비해 더 간절했습니다. 그리고 더 열심히 하고자 했습니다. 오래된 포도주가 깊은 맛을 내듯이 저의 경험은 어린 친구들이 따라올 수 없는 재산이라고 생각합니다. 그리고 믿기 힘드시겠지만 학창시절 운동회 때마다 달리기 대회에서 1등을 할 정도로 체력이 좋습니다. 원하신다면 이 자리에서도 증명할 수 있습니다.

회사, 시사에 대한 질문

상사가 술을 마신 상태에서 훈계를 한다면?
본인이 오너라면 어떤 것을 개선하고 싶어요?

질문 : 팀워크에서 상사와의 의견과 불일치한다면?

나쁜 예 : 상사의 결정에 무조건 따르겠습니다. 일단 회사에서 저보다 많이 알고 경험도 많은 분들이기에 존중을 하는 것이 맞다고 생각합니다. 설사 상사의 의견이 저와 다르다고 하더라도 상사는 상사이기 때문에 선배의 의견에 토를 다는 것은 겸손하지 않은 행동이라고 생각합니다.

> **tip**
>
> 지금은 무조건적인 'yes'맨을 선호하는 시대는 지났다. 그러한 군대에서의 계급적인 대답보다는 갈등이 생겼을 때 타협과 조율을 어떻게 지혜로운 방법으로 제시하는 것이 현명한 대답이다.

좋은 예 : 상사이기 때문에 먼저 존중을 하겠습니다. 그리고 어떤 점에 의견이 맞지 않은 지를 먼저 고려하겠습니다. 만약 제가 고쳐야 할 점이 생긴다면 적극적으로 고치고, 제 의견이 보다 팀을 위한 것이라면 최선을 다해 타협점을 찾겠습니다.

회사, 시사에 대한 질문

당신이 경영주라면 무엇을 바꾸고 싶나요?
00기업의 인재상에 대해 알고 있나요?

질문 : 당신이 경영주라면 무엇을 바꾸고 싶나요?

나쁜 예 : 제가 경영주라면 유통구조를 바꾸겠습니다. 지금의 유통구조는 무언가 비합리적이고 비효율적으로 느껴집니다. 그것을 조금 더 지금의 현실에 맞게 현대적이고 선진형 시스템으로 바꾸려는 노력을 하겠습니다.

> **tip**
> 역시 진부한 답변이다. 유통구조를 바꾸겠다는 말, 비효율적이라는 말은 누구나 할 수 있는 대답이다. 왜 유통구조를 바꿔야 하는 지, 그리고 문제점이 과연 무엇인지를 논리적으로 얘기하는 것이 중요하다.

좋은 예 : 작년 매출이 제 작년에 비해 20% 경감했다고 알고 있습니다.
문제는 유통구조가 복잡한 데서 기인한다고 생각합니다. 제가 경영주라면 지금의 '제조사, 소매상, 종합화장품, 소비자'의 복잡한 유통구조가 아니라 '제조사, 소비자'로 이어질 수 있는 직통구조로 바꿔서 30%의 유통비용 절감을 통해 20%의 매출이익을 창출하겠습니다.

회사, 시사에 대한 질문

보수와 인간관계 중 무엇이 더 중요해요?
개인능력과 화합 중 무엇이 우선이라 생각해요?

질문 : 개인능력과 화합 중 무엇이 더 우선이라고 생각해요?

나쁜 예 : 개인능력과 화합 중 우선을 고르라는 것은 마치 자장면과 짬뽕 중 하나를 택하라는 것과 같습니다. 그만큼 둘 다 중요한 요소라고 생각합니다. 하지만 그 중 하나를 고르라면 화합입니다. 무엇이든 하나보단 둘이 낫다고 생각합니다. 저의 경우도 친구의 도움으로 성장할 수 있었습니다.

> **tip**
> 전체적으로 답변이 잘못되지는 않았다. 하지만 어디 하나 인상적인 부분이나 와 닿는 부분은 딱히 없다. 수많은 면접자들 중 내가 면접관에게 인상에 남으려면 진부한 표현이나 구태의연한 이야기보다는 참신한 얘기와 표현으로 말을 해야 면접관들에게 선명한 인상을 남길 수 있다.

좋은 예 : 개인능력도 중요하지만 그 개인능력들이 모여 시너지효과를 발휘하는 것이 더 중요하다고 생각합니다. 2002년 월드컵에서 당시 한국축구선수들은 개인적인 능력은 축구선진국에 비해 비길 바가 아니었지만, 개인의 능력이 모여 화합이 되었을 때 얼마나 큰 힘이 발휘되는 지 여실히 보여주었습니다. 그만큼 화합의 힘은 위대하다고 생각합니다.

압박면접은 네거티브 한 질문으로 면접자를 당황시키는 유형이기 때문에 어떠한 질문에도 당황하지 않을 수 있는 감정 처세 훈련을 해야 한다. '들숨'과 '날숨'의 호흡을 통해 미소를 짓는 연습과 흥분하지 않을 수 있는 평정심을 연습해야 한다. 또한, 공격적인 질문의 유형을 취합하고 그것을 바탕으로 스스로 실전이라고 생각하고 모의 면접을 통해서 표정과 침착함을 기르는 연습을 꾸준히 하는 것이 중요하다.

그렇게 하다보면 어느새 조금씩 태연하고 침착하게 질문에 대답하고 있는 자신을 발견할 수 있을 것이다.

말은 곧 그 사람의 품격과 능력이다.

어렸을 때부터 우리는 말에 대한 스트레스에 시달린다.
우리는 자신의 생각과 감정을 주체적으로 표현하는 것이 아니라
사람들에 대한 의식과 지나친 긴장에 익숙해져 있기 때문에
자신의 의견이나 생각을 주체적으로 설명하는데 어색한 부분이 많다.

이 책은 말을 주체적으로 잘 할 수 있는 실질적인 방법을 제시한다.
어휘력과 논리와 표현력을 기반으로 해서 자기소개, 면접, 대화,
프레젠테이션, 소통, 토의, 토론 등 스피치에 관한 모든 방법을 제시한다.

SNA연기스피치

대표 : 김규현
주소 : 서울시 강남구 개포동 1196-7
Tel : 070) 8274-3225
홈페이지 : www.esna.co.kr
페이스북 : https://www.facebook.com/sna4225
이메일 : kkhyun1004@hanmail.net
블로그 : http://blog.naver.com/cello4225